Margret Jakobs

Den Unterschied machst Du ...
... jedoch nicht dadurch, was DU für den Herrn tun kannst, sondern was DER HERR durch Dich tun kann.

Margret Jakobs

Den Unterschied machst Du ...

... jedoch nicht dadurch, was DU für den Herrn tun kannst, sondern was DER HERR durch Dich tun kann.

Rediroma-Verlag

Bibliografische Information der Deutschen Nationalbibliothek:
Die Deutsche Nationalbibliothek verzeichnet diese Publikation in der Deutschen Nationalbibliografie; detaillierte bibliografische Daten sind im Internet über http://portal.dnb.de abrufbar.

ISBN 978-3-98885-346-2

www.rediroma-verlag.de
16,95 Euro (D)

„Steh auf, werde Licht! Denn dein Licht ist gekommen, und die Herrlichkeit des Herrn ist über Dir aufgegangen. Denn siehe, Finsternis bedeckt die Erde und Dunkel die Völkerschaften; aber über dir strahlt der Herr auf, und Seine Herrlichkeit erscheint über dir.“
Jes.60.1-3

Inhaltsverzeichnis

Einführung

Ziemlich genau vor einem Jahr veröffentlichte ich mein erstes Buch mit dem Titel „Unfassbar, diese Liebe!“ im Frommverlag. Es handelt von der riesigen, überwältigenden Liebe, die Gott für jeden einzelnen Menschen hegt. Persönlich erlebte Zeugnisse von mehreren Menschen in sehr unterschiedlichen Lebenslagen verdeutlichen, wie individuell Gott dem einzelnen in den verschiedensten Umständen genau die Unterstützung zukommen lässt, die gerade benötigt wird. Dieses Buch richtet sich an alle interessierten Leser!
Schon bevor es veröffentlicht war, wusste ich in meinem Herzen, dass ich ein weiteres Buch schreiben würde mit genau folgendem Inhalt.
Es richtet sich eher an Personen, die sich selbst als Christen bezeichnen würden, und denen diese Überzeugung wichtig ist.
Bevor ich richtig starten konnte, ereilten mich einige zum Teil wirklich erschütternde Schläge, die meine Aufmerksamkeit erst einmal gefangen hielten.
Damit meine ich nicht den Ausnahmezustand, den das Coronavirus in der ganzen Welt verursacht hat. Doch zu jedem Zeitpunkt war mir klar, dass ich, egal wie die Umstände auch sein mögen, auch dieses Buch schreiben würde.
Nun, ein Jahr, nachdem ich eigentlich hatte anfangen wollen, ist es so weit. Durch das, was in der Zwischenzeit alles passiert ist, verändert sich der Gehalt der Aussage noch einmal spürbar.
Schon seit nunmehr vier Jahren nahm ich sehr deutlich den Aufruf Des Herrn sowohl an mich als auch an Seine Gemeinde wahr. Er lautete und tut es noch immer:

„Reinigt Euch, heiligt euch!“

Der gleiche Gedanke erreichte mich auch immer wieder in Worten und Predigten aus unserer Gemeinde oder in Predigten, die ich im

Internet verfolgt hatte.
Er brachte mich gerade in der erzwungenen Ruhe der „Coronazeit" dazu, über mein eigenes Christentum nachzudenken.
Ich habe vor 30 Jahren Jesus Christus als meinen persönlichen Herrn angenommen und durch Sein vollbrachtes Werk am Kreuz vollkommene Sündenvergebung, ewiges Leben, freien Zugang zum Vater, ein Bürgerrecht im Himmel und hier auf Erden ein Leben im Sieg völlig unverdient geschenkt bekommen. Dieses freiwillig erbrachte Geschenk kann mir keiner mehr nehmen und auch nicht all die damit verbundenen Verheißungen und Segnungen.
Dafür hat Jesus Christus, Sohn Gottes, Immanuel, Herr über Himmel und Erde sich dermaßen erniedrigt, dass Er, ganz Gott als rechtloser, kleiner Mensch auf die Erde kam, um die Trennung von Gott, die der Mensch durch sein egoistisches Verhalten bewirkt hatte, durch Sein vollkommenes Opfer am Kreuz aufzuheben. Er war ein Mensch wie wir alle mit Gefühlen und Sehnsüchten, jedoch ohne jemals irgendwie oder irgendwo schuldig zu werden.
So ertrug Er, Der Himmelskönig ein Leben in relativer Armut, wuchs heran, lernte einen Beruf, lehrte während Seiner letzten drei Lebensjahre hier auf Erden jeden, der offenen Herzens war, die Liebe Gottes zu den Menschen und heilte alle Kranken, denen Er begegnete, ohne Ansehen der Person. Er schulte und liebte Seine Jünger bis zum Schluss voller Geduld, obwohl sie Ihn für den neuen, irdischen Erlöser ihres unterdrückten Volkes hielten und sich von ihrer Nachfolge einen wichtigen Platz im befreiten Israel versprachen. Am Ende ließ Er sich anstelle von jedem, der Schuld auf sich geladen hatte, also von uns allen, schmachvoll ergreifen, verhöhnen, erniedrigen, grausamst foltern über Stunden, um schließlich einen langsamen, qualvollen Tod am Kreuz zu sterben. Die Bibel sagt uns, dass Er nicht nur dieses erlitt, sondern zusätzlich trug Er noch alle Sünden, die jemals begangen wurden und werden sowie deren Bestrafung an unserer Statt.
Warum tat er das alles für Menschen, die ihn nicht mal kannten oder ihn ablehnen. Er tat es aus unbeschreiblicher Liebe, um damit

jedem Menschen, der je gelebt hat oder leben wird, die Möglichkeit des wiederhergestellten ewigen Lebens bei Gott zu geben.
Was bedeutet dieses unfassbar große unverdiente Geschenk nun für mich?
Nun, ich bin auf jeden Fall auf dem Weg in den Himmel. Das ist wunderbar, denn nirgendwo ist es so schön wie im Himmlischen Zuhause.
Warum holt Der Herr dann die erretteten Menschen nicht sofort nach Hause?
Warum sind wir noch hier auf der Erde, wo wir mit all den irdischen Herausforderungen zu kämpfen haben. Haben wir jetzt eine Beziehung zu Gott, damit Er uns unsere Wünsche erfüllt und segnet, was wir zu tun beschließen? Haben wir als Christen nun ein Anrecht auf ein „happy life“ auf Erden? Geht es darum, nun so komfortabel und glücklich wie möglich bis zum Ende zu leben, um nach dem Tod die vollkommene Glückseligkeit im Himmel zu haben?
Oder – bedeutet ein Christ zu sein noch etwas völlig anderes, etwas Tieferes?
Die Bibel spricht von einem Erbe für jeden einzelnen. Gibt es das automatisch, wenn wir bei Gott sind, kann man dieses Erbe auch verfehlen?
Was für ein Potenzial steckt in unserem neuen Bürgerrecht im Himmel?
Sind alle Christen automatisch die Braut Christi?
Fragen über Fragen.
In diesem Buch möchte ich versuchen zu ergründen, um was genau es im Leben eines wiedergeborenen Christen eigentlich geht.
So begebe ich mich nun gemeinsam mit dem Leser auf die Reise in die Tiefe des Lebens als Christ und hoffe, dazu einige herausfordernde Antworten zu finden.
An dieser Stelle möchte ich noch anfügen, dass ich alle Pronomen, die Gott betreffen, entgegen der deutschen Grammatik großgeschrieben habe. Dieses tat ich, um Seine Größe im Unterschied zu

uns darzustellen und IHM zur Ehre!

Intension

Im Frühling letzten Jahres las ich „zufällig“ ein Buch von Danielle Strickland mit dem Titel „Angstfrei“. Ich hatte es mir selbst zum Geburtstag gegönnt, weil Angst in meinem Leben lange ein großes Thema war. Darin geht es um Befreiung von innerer und äußerer Sklaverei anhand der Geschichte vom Auszug des Volkes Gottes aus Ägypten ins gelobte Land. Sehr interessante Betrachtungsweise, welche die Autorin hier verwendet, um ihren Lesern einen Weg in die Freiheit aufzuzeigen. Ich möchte dieses Buch auch als weiterführende Literatur empfehlen.

Besonders im Gedächtnis blieb mir daraus ein Traum, welchen die Autorin wiederholt geträumt hatte. Sie kam in einen Raum mit einem Spinnennetz, in dessen Türrahmen eine dicke Spinne saß, die ihr jedoch nicht auffiel. Dass sie gebissen wurde, fiel ihr auch nicht auf, so wechselte sie in den nächsten Raum, wo sie sich wegen aufkommender Müdigkeit auf ein Feldbett legte, das mitten im Raum stand. So daliegend verschlimmerte sich ihre Müdigkeit in Bewegungslosigkeit. Sie bemerkte Tausende kleine Spinnen, die auf sie zu krabbelten und sie bissen, ohne dass sie sich wehren konnte. So wurde sie langsam von diesen kleinen Spinnen aufgefressen. Am Anfang wies sie diesen Traum als Albtraum ab, doch irgendwann zeigte Gott ihr die Bedeutung. Die fette Spinne stand für den Geist dieser Welt und die Bequemlichkeit. Das „Feldbett“ ist der Ort, an dem wir enden, wenn wir erst einmal gebissen wurden. Dieses führt zum Tod.

Dieser Traum sprach mich besonders an. Passte er doch genau zu dem, was Gott mir und vielen anderen Christen immer wieder ins Herz gegeben hatte. Das Buch ist im Jahre 2019 veröffentlicht worden. Es beschäftigt sich praktisch mit demselben Thema wie dieses. Es beleuchtet den Aspekt im Leben eines Christen von innerer und äußerer Sklaverei zur Freiheit. Also, was sind nun die Dinge, von denen wir uns reinigen sollen, und was bedeutet

Heiligung?
Kann es sein, dass die Gemeinde Christi sich nicht dort befindet, wo sie sein sollte?
Joyce Meyer erzählte einmal die Vision, die eine ihrer Freundinnen im Gebet hatte.
Sie sah, wie Gottvater frühmorgens in die Häuser Seiner amerikanischen Kinder ging, um mit ihnen Gemeinschaft zu haben. Er wartete, doch keiner hatte Zeit für Ihn, den ganzen Tag. Immer wieder hatten sie vorher noch etwas Wichtiges zu erledigen. Schließlich machte sich Gott traurig auf den Rückweg. Keiner hatte die Zeit gefunden, mit IHM Gemeinschaft zu haben. Alle sagten sie „Später, Herr später!"
Wie mich selbst diese Geschichte anspricht. Wie oft sind wir mit so vielen meistens auch noch guten, wichtigen Dingen beschäftigt, dass wir das Wichtigste, das uns überhaupt als Christ erst lebensfähig macht, verpassen – die Gemeinschaft mit Dem Allerhöchsten. Wenn wir dafür keine Zeit mehr finden, sind wir schlicht zu beschäftigt und sollten dringend unsere Prioritäten überdenken.
Das ist nun wirklich kein rein amerikanisches Problem. Gottes Kinder auf der ganzen Welt sollten darüber nachdenken.
So wollen wir uns im Folgenden mit einigen Themen beschäftigen, die uns vielleicht wichtige Antworten und Erkenntnisse mitgeben, damit zu sehen ist, wo jeder einzelne im Moment steht und bereit sein, wenn Jesus wiederkommt, ein Teil Seiner vorbereiteten, strahlend weißen Braut zu sein.

Wer bist Du?

Lieber Lesende, wenn Du diese Zeilen liest, als was für eine Art Christ würdest Du Dich selbst bezeichnen? Nennst Du Dich selbst Christ, weil Du als Baby in eine christliche Kirche hinein getauft wurdest? Oder nennst Du Dich selbst Christ, weil Du an Gott glaubst?

Weißt Du, wovon ich rede, wenn ich über Wiedergeburt spreche? Hast Du Dein Leben schon ganz bewusst Jesus Christus gegeben, Sein stellvertretendes Opfer am Kreuz angenommen und von Ihm ein neues Leben erhalten? Herzlichen Glückwunsch, wenn das der Fall ist. Jesus Christus allein ist der Weg, die Wahrheit und das Leben. Du bist nun auf jeden Fall auf dem Weg in den Himmel. Ein neues spannendes Leben hat begonnen.

Dabei sieht jedes Christliche Leben anders aus. Keines gleicht dem anderen. Wir haben alle dasselbe unverdiente Geschenk erhalten, dürfen alle die gleichen Verheißungen für uns beanspruchen, doch hat jeder Mensch seine eigene Geschichte, seine eigenen Vorfahren, seinen eigenen Charakter sowie Gaben und Talente. So ist die alte „Festplatte" des Lebens bei jedem unterschiedlich. Jedoch muss jede einzelne durch das Wort Gottes erneuert werden, damit das wiedergeborene Christenbaby wachsen und gedeihen kann. Das Wachstum geschieht wie im natürlichen Leben in Abschnitten, vom hilflosen Baby, welches frische Windeln, Nahrung und viel Aufmerksamkeit braucht, über ein entdeckungsfreudiges Kind, das zum Laufen lernen viel Hilfe beim Aufstehen benötigt, über den Teenager, der alles infrage stellt und seinen eigenen Weg mit dem Herrn finden muss zum mündigen Erwachsenen, der nicht mehr von Mich lebt sondern feste Speise isst, das heißt die Glaubensgrundlagen verinnerlicht hat und alle Waffen, die uns Der Herr für ein siegreiches Leben hier auf der Erde bereits gegeben hat, kennt und benutzt, und deshalb mit Herausforderungen gut umgehen kann. Ein reifer Christ lebt nicht mehr für sich selbst sondern für

Jesus, und was Sein Herz bewegt. Er vergleicht sich nicht mehr mit anderen, sondern weiß, dass unser Herr mit jedem Seinen ganz individuellen Weg geht. Heute morgen habe ich in der Morgenandacht von Joyce Meyer gehört, dass es unfair ist, sich mit anderen zu vergleichen; unfair gegen uns selbst, gegen die anderen und vor allem unfair gegen Gott. Denn Er verteilt Talente, Gaben und Gelegenheiten, wie es in den individuellen Plan passt. Halte ich das für ungerecht, weil ich zum Beispiel finde, diesen Posten hätte ich mehr verdient, zweifle ich Seine Souveränität an. Das ist doch wohl mehr als vermessen, oder? Ich sollte vielmehr darauf vertrauen, dass Er mir das Gute, was Er für mich hat, zu Seiner Zeit gibt und mich für den, der jetzt gerade gesegnet wird, freuen.
Hört sich das alles für Dich herausfordernd an?
Schauen wir in alle christlichen Gemeinden, so finden wir dort wiedergeborene Christen in jedem Entwicklungsstadium, was ja auch völlig normal ist. Tragisch ist nur, dass es unglaublich viele Christen gibt, die sich nach ihrer Wiedergeburt überhaupt nicht mehr weiterentwickelt haben, oder irgendwo in Kindheit oder Jugendalter steckengeblieben sind. Alle sind auf dem Weg in den Himmel, das ist für einige genug. Sie leben ihr Leben weiter wie bisher und hoffen, dass Gott ihre Pläne segnet, nach dem Motto: „ich, mich, meiner, mir, Herr segne doch uns vier.“ Diesen Christen kommt es einfach nur darauf an, die Reise in den Himmel möglichst komfortabel für sich selbst und ihre Familien zu gestalten. Ein Tag mit Herausforderungen ist für sie eine Niederlage. Sie verstehen nicht, warum Gott in ihrem Leben Schwierigkeiten und Herausforderungen überhaupt zulässt. Bei Schwierigkeiten geben sie oft anderen oder gar Gott selbst die Schuld. Manche geben dann auf, von wegen, das funktioniert ja gar nicht. Es fällt ihnen auch schwer, sich über Erfolge anderer einfach zu freuen oder zu vergeben. Sie fühlen sich oft benachteiligt, wie weiter oben eben beschrieben. Andere leben oft ihr altes Leben weiter, nur jetzt mit christlichem Anstrich. Sie wollen jetzt mit ihren Gaben und Talenten für den Herrn in der Gemeinde glänzen und geben ihr Bestes wie in einer Art Wettbewerb,

so nach dem Motto: „Freut euch, jetzt komm ich!“
Einige Gotteskinder versuchen hart, ein guter Christ zu sein und scheitern selbstverständlich immer wieder, da unsere eigenen Anstrengungen nicht zu einem siegreichen Leben führen können, weil sie fleischlich sind.
Andere halten sich selbst für starke Kämpfer für ihren Herrn. Sie nehmen gerne an Gebetstreffen teil und weisen dort den Bösen in die ihm von Gott gegebenen Schranken. Manche können dabei sogar ziemlich laut werden. An dieser Stelle konnte auch ich mich wiederfinden. Um nicht falsch verstanden zu werden, Gebetstreffen sind wirklich wichtig. Es ist wundervoll, wenn sich Geschwister in ihren Gebeten ergänzen. Dorthin hat der Herr ganz besonderen Segen verheißen. (Wo zwei oder drei in meinem Namen versammelt sind...)
Nur kommt es wirklich nicht darauf an, mit welcher Intensität wir dem Bösen Paroli bieten.
Ein geistlicher Kämpfer für den Herrn zu sein, bedeutet etwas völlig anderes. Dazu kommen wir später noch. Auch ich durfte in Gottes Geduld und Gnade lernen, worauf es im geistlichen Kampf wirklich ankommt. An dieser Stelle möchte ich betonen, wie dankbar ich dem Heiligen Geist bin, dass Er uns so geduldig, voller Liebe und Weisheit und ganz individuell passend korrigiert und lehrt. Wir sind alle auf dem Weg, fallen und stehen mit Seiner Hilfe wieder auf. Weiter geht`s.
Dann gibt es in den Gemeinden die notorischen Pessimisten. Für sie ist das Glas grundsätzlich halbleer. Sie sehen überall Hindernisse und Schwierigkeiten. Sie sorgen sich um alles und haben ein besonderes Auge für Steine auf ihrem Weg. Eines ihrer Lieblingswörter ist „aber“. So verlieren sie den Blick für die unzähligen Segnungen Gottes, die sie täglich umgeben. Sie befinden sich immer in irgendeinem Kampf und sind selten glücklich. Oft scheinen sie irgendwie verbissen auszusehen. Dabei versäumen sie, ihren Fokus auf die Dankbarkeit zu setzten. Einfach mal dem Herrn zu danken für all das, was Er uns erkauft hat, wer wir in Ihm sind und wer Er

ist, vertreibt die Sorgen und macht richtiggehend glücklich. Probiert es aus. Es funktioniert. Diese Art von Christen, und auch da sehe ich mich selbst manchmal, muss lernen in die Ruhe Gottes einzugehen.

Dann finden wir noch diejenigen Christen, die von sich selbst gar nicht viel halten. Sie sehen sich im Spiegel an und fragen sich: „Was soll ich in Gottes Reich schon ausrichten?"

Ich bin alt und schwach oder krank. Oder ich bin jung und unerfahren. Oder ich bin völlig ungebildet... usw. Der menschliche Verstand findet manchmal tausend Ausreden. „was für Ausreden?" fragst Du jetzt vielleicht entrüstet. „Das sind doch Tatsachen!" Mag sein, dass es von uns erlebte Wirklichkeiten sind, das Wort Gottes sagt uns jedoch etwas anderes. Auch dieses Thema werden wir behandeln.

An diesem Punkt habe ich mich oft wiedergefunden. Diese Christen vergessen, dass es im Reich Gottes nicht auf unsere Fähigkeiten ankommt, sondern auf das, was Jesus Christus für uns schon getan hat. Wir müssen einfach DARIN leben. Alles, was Er von uns will, ist unser Herz. Auch diesen wichtigen Aspekt werden wir später noch genau betrachten.

Jeder Mensch hat durch seine Herkunftsfamilie, seine Kultur, seine Prägung, Erziehung und seinen Charakter ein ganz eigenes Bild von sich selbst. Dieses Bild prägt dann unser Auftreten und alles, was wir tun. Die Gesellschaft spiegelt uns dann oft das von uns selbst empfundene eigene Bild. Für das Leben und Wirken in Gottes Reich ist aber all das gar nicht von Belang, sondern einzig und allein, das wie Gott uns sieht, wer wir in Jesus Christus sind.

Ich bin eine Frau in den Best-Ager-Jahren und schaue öfters am Tag in den Spiegel, ich sehe mich darin schon alleine deshalb öfters am Tag, weil in mehreren Räumen ein Spiegel hängt.

Meistens gefällt mir nicht wirklich, was ich sehe. Tatsache ist halt, dass mit den Jahren die Schwerkraft immer mehr ihren Tribut verlangt. Obwohl meine Haut noch ziemlich glatt ist für mein Alter, entdecken meine Argusaugen dauernd neue Fältchen. „Du hast auch schon mal besser ausgesehen“ geht es mir dann durch den Kopf. Gleichzeitig melden sich dann meine altersbedingten Zipperlein. Ich bin schon fast vier Jahre frühberentet, da ich nach einer langen Krankheitsphase einfach noch immer wenig körperliche Kraft besitze. Also bin ich schon mal nicht „systemrelevant“. Auch in der Gemeinde musste ich aufgrund meiner Situation meine ehrenamtliche Arbeit sehr beschränken. Das fällt in dieser Zeit nicht weiter auf, da das meiste sowieso online abläuft. Das bin also ich im Jahre 2021. Wer kann denn mit mir überhaupt noch etwas anfangen? Warum bin ich eigentlich noch hier? In dieser Gesellschaft ist diese Frage absolut berechtigt. Allerdings, wie denkt Gott darüber? Was sagt uns die Bibel dazu?

„Denn Du bildetest meine Nieren, Du wobst mich in meiner Mutter Leib. Ich preise Dich darüber, dass ich auf eine erstaunliche, ausgezeichnete Weise gemacht bin.
Wunderbar sind Deine Werke, und meine Seele erkennt dies sehr wohl. Nicht verborgen war mein Gebein vor Dir, als ich gemacht wurde im Verborgenen, gewoben in den Tiefen der Erde. Meine Urform sahen Deine Augen. Und in Dein Buch waren sie alle eingeschrieben, die Tage, die gebildet wurden, als noch keiner von ihnen da war. Für mich aber – wie schwer sind Deine Gedanken o Gott...“
Ps.139.13-17

-„...denn, wer euch antastet, tastet Meinen Augapfel an“
Sach.2.12

Aha! Egal, was ich selbst über mich denke, oder welchen Status ich gerade in der Gesellschaft habe. Der Allmächtige Schöpfer, mein Gott hat mich so gestaltet, wie ich aussehe. Er befindet es als ausgezeichnet. Unser Gott bezeichnet Seine Kinder sogar als Seinen Augapfel. Er kennt auch alle meine Tage. Also sollte ich doch lieber zufrieden sein und meine Zukunft Ihm überlassen und alle meine Tage auf dieser spannenden, wunderbaren Reise des Lebens zu

genießen.
Wenn ich mir die verschiedenen Arten von Christen betrachte, fällt auf, dass ich mich öfter mal irgendwo wiederfinde. So lässt sich also eine Person nicht einfach ganz und gar in eine Schublade einordnen. Unser Wachstum verläuft individuell. Mal zeigt uns Der Heilige Geist dieses oder jenes neu, das wir schon lange überwunden zu haben glaubten. Danke dafür wunderbarer Heiliger Geist!!! Denn bei Ihm gibt es keine Anklage. Er korrigiert in Liebe und Geduld, verurteilt nie, sondern ermahnt und lehrt, uns zum Wachstum. Wie tief wir in diesen Genuss kommen, liegt daran, wie wir unsere Prioritäten setzen. Ein weiterer interessanter Punkt, den wir im Laufe dieses Buches näher betrachten werden.

Da sind wir also, Millionen von Christen verschiedenster Denominationen auf der ganzen Welt. Jeder von uns wiedergeborenen Christen hat von Jesus Christus das vollkommene Geschenk der Erlösung völlig umsonst, ohne eigenes Zutun oder Leistung als Geschenk erhalten. Wir haben also alle die gleiche Grundlage: Jesus Christus! (siehe 1.Kor.3.11)
Die Frage ist nun, wie bauen wir auf dieser Grundlage weiter?
Welche Art Christ möchtest Du sein?
Warum frage ich das? Die Verantwortung dafür liegt allein in deinen Händen. Gott hat alles dafür getan, dass Du ein erfülltes, fruchtbares Christenleben im ständigen Sieg auf Erden führen kannst, sowie ein wunderbares Erbe für Dich vorbereitet. Was daraus wird, bestimmst Du durch Deine Haltung und Dein Verhalten. Auf dem Weg in den Himmel sind alle wiedergeborenen Christen, das „wie“ jedoch bestimmt jeder für sich allein.
Bei langen Flügen gibt es für Piloten einen „ point of no return“. Soweit ich das verstanden habe, ist das der Punkt, an dem er besser weiter zum Ziel fliegen kann als zurück. Für das Umdrehen würde das Kerosin nicht mehr reichen. Wenn ich der Pilot wäre, wäre ich über den point of no return schon drübergeflogen. Ich habe mich entschieden, bis ans Ziel zu kommen.

Wie ist es mit Dir? Was denkst Du darüber?
Wenn es Dir nun ernst ist wie mir, das Leben zu führen, wozu Gott uns berufen hat, sogar auch eines Tages Dein von Ihm vorbereitetes Erbe in Besitz zu nehmen, was hilft uns, dorthin zu gelangen? In den folgenden Themen wollen wir uns dazu einiges genauer anschauen, das auf jeden Fall hilfreich ist, wobei ich keinerlei Anspruch auf Vollständigkeit erhebe. Jedes Erkennen ist nur Stückwerk. Daher brauchen wir alle einander, da Der Heilige Geist in allen wirken kann und will.

Das bist Du in Jesus Christus

So viele Christen, die es mit ihrem Leben für Jesus Christus wirklich ehrlich meinen, mühen sich nach ihrer Bekehrung ihr Leben lang ab,
um vor Gott annehmbar zu sein
um in Christus zu wachsen
um Süchte zu überwinden
um effektiv in Seinem Reich arbeiten zu können
um geistliche Kämpfer zu sein
um vergeben zu können
um möglichst viele gute Werke zu tun.

Sie geben wirklich ihr Bestes, damit Gott geehrt wird, und um Sein Reich mitzubauen. Sie engagieren sich, bilden sich, besuchen Konferenzen, nehmen viele Dienste an, geben Zehnten und Opfer, versuchen sich an die Gebote zu halten und ihre Fehler und Schwächen zu überwinden. Mit ihrem ganzen Leben und von ganzem Herzen wollen sie ihrem Herrn Jesus Christus nachfolgen. Das alles tun sie eine lange Zeit, manchmal zwanzig Jahre oder mehr, bis sie einfach nicht mehr können und auf irgendeine Weise krank werden. Wie viel tausende engagierte Leiter und auch Mitarbeiter gibt es im Reich Gottes, die völlig ausgebrannt sind?
Woran liegt das? Ist damit das sanfte Joch und die leichte Last, von der Jesus Christus selber in Mt.11,29 spricht gemeint? Ganz offensichtlich nicht! Das liegt daran, dass Millionen von Christen auf der ganzen Welt entweder so leben, als gäbe es das vollbrachte Werk am Kreuz von Jesus gar nicht, oder aber deren Kraft gar nicht kennen, folge dessen auch nicht darin leben, sondern so lange in ihrer eigenen Kraft gehen, bis sie nicht mehr können.
Letztens las ich eine Andacht von Joseph Prince, die das Problem verdeutlicht. Er lehrte über das Gleichnis der alten und neuen Weinschläuche (Mk.2.22). Wir alle kennen dieses Gleichnis. Es hat

sogar Eingang in den deutschen Sprachgebrauch gefunden. Niemand füllt neuen Wein in alte Schläuche. Das halten sie nicht aus, sie platzen, weil sie brüchig sind.
Joseph Prince bezog nun den alten Weinschlauch auf den alten Bund, das Gesetz. Das Gesetz ist genauso hart und unbiegsam wie ein alter Weinschlauch. Wenn Du nun den neuen Wein der Gnade des neuen Bundes in den alten Weinschlauch des Gesetzes füllst, verlierst Du beides. Der Schlauch platzt und der Wein wird verschüttet. Vermischst Du die Gnade des neuen Bundes mit dem Gesetz des alten Bundes, heben die Wirkungen beider Bünde sich auf und gehen verloren. Interessanter Gedanke! Derek Prince, ein sehr bekannter bereits verstorbener Bibellehrer, nicht verwandt mit Joseph Prince hat ein ganzes Buch darübergeschrieben. (Siehe Anhang)
Gibt es etwas Tragischeres, als zu erkennen, dass man sein ganzes Leben den Schlüssel für ein siegreiches erfülltes Christenleben so zu sagen in der Tasche hatte, ihn aber nicht beachtet und ganz sicher nicht eingesetzt hat? Dieses äußerst wichtige Thema beschäftigt mich selber seit über einem Jahr, seitdem ich wegen der vielen Zeit in der „Coronakrise“ auf die vielen Predigten von Reinhard Hirtler gestoßen bin. Seit letztem Frühling habe ich sehr viele Predigten von ihm aber auch von anderen Predigern wie beispielsweise Joseph Prince gehört.
Darin geht es um das **vollbrachte Werk des Kreuzes**, durch welches Jesus Christus ein neues Leben für uns erschaffen hat, ein Leben nicht mehr nach dem Gesetzt, sondern allein durch Gnade. Wie schon Martin Luther vor über fünfhundert Jahren lehrte: „Sola gratia!“ (allein durch Gnade). Jedoch lebt, teilweise auch lehrt wirklich leider ein großer Teil der Christenheit oft mal etwas anderes, nämlich die Betonung auf die guten Werke. Das führt schnell in religiöse Denkweisen, die eigenes Handeln in den Vordergrund stellen und Jesu Christi Handeln und deren Bedeutung nicht gebührend beachten, und damit letztendlich nicht wertschätzen, sicherlich unbeabsichtigt! Viele bekannten Lieder und

Gebete hören sich an, als lebten wir noch im Alten Testament, im alten Bund.
Dem ist natürlich keinesfalls so.

Leben im neuen Bund

Durch das, was Jesus Christus durch Sein Leben, Sein Leiden und Seinen Tod am Kreuz für uns bewirkt hat, leben wir *seit Seinem Tod in einem neuen Bund*. Diesen Bund hat ER selber in Stellvertretung für uns, weil wir dazu niemals fähig wären, mit Gott geschlossen. Als Jesus starb, riss der Vorhang im Tempel von unten nach oben durch. Das symbolisiert, dass Er die Trennung des Menschen von Gott aufgehoben hat. *Er selbst hat diesen Bund eingesetzt*. (siehe Hebr.9.12 und 10.19-21)
Nicht, dass ich diese wiederentdeckte Botschaft des Lebens unter Gnade vorher noch nie gehört hätte. Seit letztem Jahr ist sie mir jedoch so wichtig geworden, dass ich einige Wochen damit verbracht habe, mir alles aus den neu Testamentlichen Briefen herauszuschreiben, was über die Gottfakten handelt. Diesen Ausdruck habe ich bei Reinhard Hirtler gehört. Er beschreibt die vielen einzelnen Punkte der Wahrheiten, die Jesus Christus für jeden von uns durch Sein Leiden und Sterben am Kreuz äußerst teuer erworben hat, damit wir nicht nur für Zeit und Ewigkeit gerettet sind, sondern auch in jeder Lebenssituation und unter allen Umständen in IHM den Sieg haben können. Auch von Reinhard Hirtler hörte ich, wie deutlich der Epheserbrief 1-14 einige tiefe Wahrheiten des neuen Bundes beschreibt.

Bevor Gott die Welt erschuf, hat ER uns vor Augen gehabt, als Menschen, die **zu Christus** gehören. (1.4)
In Christus hat ER uns *schon damals erwählt*, dass wir heilig und fehlerlos vor Ihm stünden. (1.4)
Aus Liebe hat Er uns dazu bestimmt, Seine Söhne und Töchter zu werden. (1.5)

Durch Christus und im Blick auf IHN hat ER uns Anteil gegeben an der Fülle der Gaben Seines Geistes... (1.3)
Durch Jesu Blut sind wir erlöst und unsere ganze Schuld ist vergeben. (1.7)
In Seiner überströmenden Güte schenkte Er uns Einsicht und ließ uns Seine Wege erkennen. (1.8)
ER hielt Sein *Geheimnis* vor allen verborgen; niemand erfuhr etwas von dem Plan, den ER **durch Christus** ausführen wollte. (1-9)
Uns aber hat ER bekannt gemacht, wie ER nach Seiner Absicht die Zeiten zur Erfüllung bringt. (1.10)
Alles im Himmel und auf der Erde wollte Er zur Einheit zusammenführen... (1.10)
...mit Jesus Christus als dem Haupt. (1.10)
Durch Christus haben wir Anteil bekommen am künftigen Heil. (1.11)
Dazu hat Gott uns von Anfang an bestimmt. (1.11)
Denn ein Lobpreis Seiner Herrlichkeit sollen wir sein. (1.12)
Wir alle, die wir **durch Christus** von Hoffnung erfüllt sind. (1.12)
Durch Christus habt ihr das Wort der Wahrheit gehört. (1.13)
Durch Christus hat Gott euch Den Heiligen Geist gegeben. (1.13)
Durch Christus hat ER euch Sein Siegel aufgedrückt. (1.13)

Das, was wir tun müssen, ist diese Wahrheiten zu kennen, sie **im Glauben** für uns persönlich zu ergreifen und darin zu leben. Immens wichtig ist, dass wir, das was Christus uns erkauft hat, **besitzen in IHM, durch Ihn und zu Ihm hin.** Ohne Ihn können wir gar nichts.
Frans, einer der Ältesten in meiner Gemeinde, der Christengemeinde Nordhorn, brachte in einer seiner Predigten vor einiger Zeit, ein Beispiel zur Verdeutlichung dieser Situation:
„Stellt Euch einmal vor, jemand schenkt Euch, ohne dass Ihr etwas dafür tun müsst, einen Urlaub auf einem richtig noblen Kreuzfahrtschiff. Ihr nehmt das unerwartete Geschenk dankbar an und begebt Euch wirklich mit diesem Luxuskreuzfahrtschiff auf eine

unverschämt teure Reise. Irgendwie fühlt Ihr Euch unter all diesen reichen Leuten, denen man ihren Reichtum auch ansieht, nicht wirklich wohl, sogar richtiggehend fehl am Platz. So haltet Ihr Euch über Tag irgendwo auf den Fluren auf. Manchmal besonders zu den Mahlzeiten schaut ihr sehnsüchtig durch die Glastür in das fünf Sterne Restaurant, in dem alle anderen Passagiere ihre Mahlzeiten einnehmen. Durch die Scheibe erkennt Ihr auf dem Buffet die erlesensten, teuersten Speisen, liebevoll und kunstvoll vom Küchenteam zum genussvollen Verzehr dargeboten. Ihr beobachtet die Kellner, welche die teuersten Getränke zu den fröhlich lachenden, elegant gekleideten Menschen an den Tischen tragen. Während Euch das Wasser im Munde zusammenläuft, kauert ihr euch in eine Ecke, beißt in eines eurer trockenen, mitgebrachten Butterbrote und denkt: „Wie schön, dass ich auf diesem noblen Kreuzfahrtschiff mitreisen darf.“ Was ihr nicht wusstet: Auch euer geschenktes Ticket ist „all inclusive.“ Für jede Annehmlichkeit, jeden Luxus, alle Speisen und Getränke, Service und Aktivitäten wurde bereits der volle Preis bezahlt. Ihr könnt einfach teilnehmen und genießen.

Genauso ist es auch in unserem neuen Leben in Jesus Christus.

Als wir Jesus Christus als den Herrn unseres Lebens angenommen haben, erhielten wir ein neues Herz. Damit sind wir vom Königreich, das unter der Herrschaft des Teufels stand, in das Königreich Gottes gewechselt. Also gelten für uns nicht mehr die alten Regeln und Werte, sondern wir haben „den neuen Menschen angezogen, der nach Gott geschaffen ist, in wahrhaftiger Gerechtigkeit und Heiligkeit.“(Eph.3.24).

Wir sind auf den Weg in den Himmel, leben jedoch noch auf der Erde mit all ihrem Schmerz, Ungerechtigkeit, Krankheit, Egoismus. So haben sich die Umstände zwar nicht geändert, jedoch wohl die Voraussetzungen, unter denen wir ihnen begegnen können. Nehmen wir all das, was Jesus uns erkauft hat, im Glauben an und leben darin, haben wir schon hier auf der Erde ein Leben in völligem Sieg durch Gottes Gnade allein.

Das Leben nicht aus Gesetz, sondern aus Gnade kann gar nicht

genug betont werden. Wie schnell klopfen wir uns auf die Schulter, wenn uns etwas gut gelungen ist. Wie schnell schleichen sich selbstgefällige Gedanken bei uns ein. Etwa:
„verglichen mit dem Bruder bin ich wohl schon weiter" oder
„so etwas würde mir nie passieren". Oder
„warum sieht keiner, wie viele Dienste ich in der Gemeinde mit ganzem Pflichtbewusstsein verrichte."

Denken wir so, leben wir in unserer eigenen vermeintlichen Gerechtigkeit., messen uns an unseren vermeintlich guten Werken. Warum schreibe ich an dieser Stelle „vermeintlich"? Die Werke sind doch gut, oder nicht? Sie mögen gut sein, jedoch stellt sich hier die Frage nach den Motiven dafür. Darauf werden wir aber an anderer Stelle noch genauer eingehen.

Andersherum verurteilen wir uns selbst, wenn wir wieder einmal gefallen sind. Im Grunde genommen, wissen wir, dass wir aus unserer eigenen Kraft das Gesetz niemals halten können. An einem Tag haben wir an einer Stelle Erfolg und meinen, jetzt geht es weiter mit meiner geistlichen Reife. Am folgenden Tag tappen wir in eine so unglaublich dumme Falle, dass wir uns gleich als ganze Person in Frage stellen und uns am liebsten verdammen wollen. Die Frage, wie uns das als langjähriger Christ noch passieren konnte, lässt uns fast verzweifeln.

Das einzig Positive daran ist, dass uns hier bewusst wird, dass wir aus uns heraus wirklich nichts Gutes verdienen. Nun kommt Gottes Gnade ins Spiel. Sie ist ja eine völlig unverdiente, Leistungsunabhängige Gunst Gottes. Gott gibt sie uns auch an dem Punkt, wo wir selbst völlig versagt haben. Denn diese Gnade, die übrigens jeden Tag neu ist, beruht einzig und allein auf Jesu Christi Gerechtigkeit. Wir bekommen sie, weil wir durch die Wiedergeburt in Christus sind, in Seiner Gerechtigkeit. Allein Gottes Gnade befähigt uns, das zu tun, was wir selbst nicht leisten können. Das Einzige, was wir tun müssen, ist dieses Geschenk anzunehmen, sonst nützt sie uns gar nichts.

Ein Beispiel dafür las ich heute im Buch „Leben ist mehr" Dort

wurde die Geschichte von einem Verbrecher erzählt, der im Jahre 1829 in den USA für seine Vergehen hingerichtet wurde. Er hatte mächtige Freunde, die ihm beim Präsidenten eine Begnadigung verschafft hatten. Er jedoch lehnte diese ab und wollte davon keinen Gebrauch machen. So entschied der oberste Gerichtshof der USA: „Das Gericht kann dem Gefangenen keine Begnadigung gewähren, es sei denn, er beansprucht sie. Er kann sie akzeptieren, oder nicht, wie es ihm gefällt." Der oberste Richter John Marshall schrieb: „Eine Begnadigung ist ein Gnadenakt, der von der Macht ausgeht, die mit der Ausführung der Gesetze betraut ist. Aber die Ausführung wird nicht ohne Annahme gewährt. Sie kann von der Person abgelehnt werden, an die sie gerichtet wurde. Wir haben keine gerichtliche Befugnis, sie ihm aufzuzwingen."
(aus Leben ist mehr, Impulse für jeden Tag)
Genauso ist es mit der Gnade Gottes. Das gilt natürlich erst einmal für die Rettung durch Jesus Christus. Jesus hat alle Menschen mit ans Kreuz genommen, aber nur diejenigen sind gerettet, die dieses große Gnadengeschenk persönlich für sich angenommen haben, sind wirklich auf dem Weg in den Himmel. Die anderen nicht, es ist die Entscheidung jedes Einzelnen. Das gilt jedoch genauso für die Gnade, die jeden Tag neu für uns bereitsteht, um im Sieg zu bleiben. Ich kann sie ignorieren, in meiner eigenen Kraft gehen und ausbrennen, oder ich nehme sie täglich an und gehe von Sieg zu Sieg. Der Schlüssel dazu ist *Glauben*!

„... indem ich nicht meine eigene Gerechtigkeit habe, die aus dem Gesetz kommt, sondern die durch den Glauben an Jesus Christus, die Gerechtigkeit aus Gott aufgrund des Glaubens."
Phil.3.9

Das allein ist der Grund, warum uns der Vater auch nicht eine Seiner zahlreichen Segnungen im Leben vorenthält.
Zweifelst Du manchmal daran, dass Der Herr Dir wirklich alle

Segnungen geben will? Oft denken wir Christen immer noch, dass wir nur Segnungen vom Herrn erhalten, wenn wir gerade keine Sünden begangen haben. Beziehungsweise umgekehrt denken wir, wenn uns irgendetwas Schlimmes passiert, das ist jetzt bestimmt die Strafe für... Heute morgen las ich in einer Andacht von Joseph Prince über dieses weitverbreitete Problem unter uns Christen.

Er sagte: „ Die Hauptaussage des neuen Bundes ist die Vergebung aller deiner Sünden durch das vergossene Blut Jesu Christi. Deine Vergebung hängt nicht davon ab, wie viel Geld du gespendet hast, wie viele gute Taten du vollbracht hast, oder welche Leiterposition du innehast. Nein, ALLES hängt vom vergossenen Blut Jesu ab!
Gott hat den Grundsatz des neuen Bundes (siehe Heb.8.12) zur Schlusserklärung gemacht, um zu zeugen, das ERST DAMIT alles in unserem Leben funktioniert. Wenn du diesen Grundsatz, der zugleich Schlusserklärung ist, nicht glaubst, wirst du die vollen Segnungen des neuen Bundes nicht erleben. Außerdem leugnest du damit das Wort Gottes und das vollbrachte Werk Jesu!“

Es hat ein Austausch am Kreuz stattgefunden. Hier habe ich ein paar Wahrheiten aufgelistet, die sich in unserem neuen Leben für immer geändert haben.

Der Austausch am Kreuz

Jesus wurde **bestraft,** damit uns **vergeben** würde.

Jesus wurde **geschlagen,** damit wir **heil** würden.

Jesus wurde zur **Sünde durch unsere Sündhaftigkeit**, damit wir **gerecht** würden **durch Seine** Gerechtigkeit.

Jesus starb unseren **Tod,** damit wir Sein **Leben** hätten.

Jesus wurde zum **Fluch,** damit uns der **Segen** zuteil würde.

Jesus trug unsere **Armut,** damit wir an Seiner **Fülle** teilhaben können.

Jesus trug unsere **Scham,** damit wir Anteil hätten an Seiner **Herrlichkeit.**

Jesus trug unsere **Ablehnung,** damit wir Seine **Annahme** beim Vater hätten.

Jesus wurde durch den Tod **vom Vater getrennt,** damit wir **ewig Gemeinschaft mit Gott** hätten.

Unser **alter Mensch** wurde in ihm getötet, damit der **neue Mensch** in uns zum Leben käme.

Das sind nur einige der Gottfakten, die nun für uns gelten.

Ich habe alles, was ich herausgeschrieben habe, in den Anhang gepackt. Für mich ist jede Bibelstelle ein äußerst wertvoller Diamant, über den zu meditieren, sich wirklich lohnt. Sie zu kennen und zu verinnerlichen bedeutet, immer die richtige Waffe im Gepäck gegen Angriffe von woher auch immer bereit zu haben, die zu 100 Prozent zum Sieg führen.
Auch alle Verheißungen des Alten Testamentes gelten nun für uns. Denn Jesus hat ja, als Er den neuen Bund einsetzte, das Gesetz komplett erfüllt. Er ist zum Fluch geworden, so dass wir jetzt auch den ganzen Segen, der im Alten Testament beschrieben ist, ernten. An dieser Stelle möchte ich Dich geradezu herausfordern, Dich eingehend mit den Gottfakten und auch mit den Verheißungen zu beschäftigen, sie betend mit Dem Heiligen Geist zu betrachten, um eine Offenbarung dessen zu bitten, was sie für Dein Leben bedeuten, sie zu verinnerlichen, so viele auswendig zu lernen, wie Du kannst, und sie im entsprechenden Angriffsmoment nicht nur parat zu haben, sondern sie als Angriffswaffe einzusetzen.
Das zu praktizieren, wird Deine Sicht auf Dich selbst als Christ für immer verändern.
Du erkennst dadurch auf Deiner Lebensreise mit der Zeit immer mehr, welchen Reichtum Jesus Christus Dir ein für alle Mal erkauft hat.

Wer willst Du sein? Deine Wahl

Die Geschichte vom Adler, der glaubte ein Huhn zu sein

Ein Bauer fand einmal ein Adler-Ei und legte es einer seiner Hennen im Hühnerhof ins Nest. Der Adler wurde zusammen mit den Küken ausgebrütet und wuchs mit ihnen auf. Da er sich für ein Huhn hielt, gackerte er. Er schlug mit den Flügeln und flatterte immer nur höchstens einen oder anderthalb Meter in die Höhe, wie ein anständiges Huhn. Und er scharrte in der Erde nach Würmern und Insekten.
So verging Jahr um Jahr und der Adler wurde alt. Eines Tages sah er einen prächtigen Vogel, der hoch oben am Himmel majestätisch seine Kreise zog. Bewundernd blickte der alte Adler nach oben. „Wer ist das?“ fragte er ein Huhn, das gerade neben ihm stand. „Das ist der Adler, der König der Vögel“, antwortete das Huhn. „Wäre es nicht herrlich, wenn wir auch so hoch am Himmel kreisen könnten?“sagte der Adler. „Vergiss es“, sagte das Huhn. „Wir sind Hühner.“ Also vergaß der Adler es wieder. Und er lebte genauso weiter und starb in dem Glauben, ein Huhn gewesen zu sein.
(nach einer afrikanischen Fabel)

Viele von Euch werden diese Geschichte schon einmal gehört haben. Sie kann eine Metapher für vieles sein, zum Beispiel für verpasste Chancen. Wir können diese Geschichte jedoch auch wunderbar auf unser Leben als Christ beziehen. Daher wollen wir die Situation des Adlers, der glaubte, ein Huhn zu sein, einmal genauer betrachten. Der Adler wurde ja bereits von einer Henne ausgebrütet und kannte nichts anderes als das Leben als Huhn in einem Hühnerhof. Also gab er sich mit einem minderwertigen Leben zufrieden, das sowohl völlig unter seinen Möglichkeiten lag als auch überhaupt nicht für ihn, den Adler bestimmt war.
„Warum nicht einfach zufrieden sein, mit dem, was man hat?“

fragst Du vielleicht. „Vielleicht war er ja glücklich, so wie es war?“ Vielleicht war er das, obwohl die Geschichte auch von seiner Sehnsucht erzählt, als er einmal einen anderen Adler hoch in der Luft betrachtet. Er ahnt also, dass es mehr gibt als dieses Hühnerleben, lässt sich aber sofort von einem Huhn entmutigen. So bleibt er sein ganzes Leben weit unter seinen Möglichkeiten und stirbt praktisch nach einem Leben als Huhn. Wie tragisch, oder nicht?

„Was ist denn an einem Leben als Huhn so schlecht?“ magst Du Dich fragen. Ja, wenn man ein Huhn ist, nichts. Hühner haben durchaus positive Eigenschaften wie zum Beispiel ein ausgeprägtes Sozialverhalten. Sie leben ein Leben auf ihrem Hof, wenn sie das Glück haben, nicht in einer Legebatterie ihr Dasein fristen zu müssen. Sie scharren, schnattern und gackern, gucken oft auf den Boden auf ihrer Suche nach Würmern und Insekten. Sie sind ziemlich leicht zu erschrecken und laufen in Gefahr oder vermeintlicher Gefahr alle panisch durcheinander. Was beim Leben im Hühnerhof auch auffällt, ist die Hackordnung der Hühner.

„Die Hackordnung ist eine soziale Struktur innerhalb der Gruppe. Welches Huhn ganz oben steht, hängt von seinem Alter und seiner Persönlichkeit ab. Eine ehrgeizige Henne wird am Ende der Leiter beginnen und ihre schüchternen Mitbewohner nach und nach herausfordern und einschüchtern.“

(Quelle: https:/www.versele-laga.com)

Hühner sind ihr das ganzes Erwachsenenleben damit beschäftigt, fleißig Eier zu legen…

Na, wer findet sich, seine Familie, seinen Arbeitsplatz oder seine Gemeinde in der Geschichte vom Hühnerhof, die unbewusst einen Adler beherbergte, wieder? Wer kennt eine Gemeinde, in der die Gemeindemitglieder fleißig sind wie die Hühner aber nie zu einem befriedigenden Ende kommen, weil sie im „Fleisch“ gehen? Wer kennt Geschwister, die sich mit wenig zufriedengeben, weil sie nie nach dem Besten gesucht haben? Hast Du schon mal Geschwister erlebt, die ihren Blick meistens auf die Erde mit ihren Problemen gerichtet haben, statt nach oben in den Himmel? Sahst Du jemals Geschwister, die in einer Notlage völlig durcheinander durch die Gegend liefen wie ein in Panik geratener Hühnerhaufen, statt sofort Hilfe bei ihrem Herrn zu suchen? Wie oft bremsen uns selbst wohlmeinende Mitchristen in unseren Träumen und von Gott geschenkten Berufungen aus, weil sie nur auf menschliche Möglichkeiten schauen und nicht auf Gott?

Hast *Du* schon mal jemanden entmutigt, indem Du ihn wissen ließest, er wäre zu jung, zu ungebildet, zu alt zu schüchtern zu dies oder das um etwas Bestimmtes tun oder sein zu können? Fandest Du Dich selbst sogar besser geeignet als ihn?

Ich finde mich selbst an einigen Stellen in der Geschichte wieder in der Entwicklung vom Huhn zum Adler. Wie ist es bei Dir?

Gott sei Dank ist Der Herr geduldig und lehrt uns unser Leben lang, wenn wir unser Hühnerleben im Hühnerhof hinter uns lassen möchten und bereit sind, ein Adlerleben zu leben. Doch was ist nun der Unterschied vom Hühnerleben zum Adlerleben? Um das herauszufinden, wollen wir erst einmal die Eigenschaften eines Adlers genauer betrachten.

„Der Adler steht für Stärke, Mut und ewiges Leben. ...Er steht für Weitblick und Kraft. Er ist der König der Lüfte... Weil er (angeblich) beim Auffliegen stets direkt in die Sonne sieht, wurde er zum Symbol der Auferstehung, der Erlösung und des ewigen Lebens. Weiterhin gilt der Adler als einer der größten Greifvögel der Welt, außerdem als zweitschnellster Vogel der Welt. Seine Augen sehen so scharf, dass er seine Beute noch aus mehreren Kilometern Entfernung erkennt. Er erkennt Farben gut, nimmt sogar ultraviolettes Licht wahr. Adler sind ihrem Partner ein Leben lang treu. Abgesehen von Milben und Krankheiten hat der Adler keine natürlichen Feinde."

(Stefanie Probst,https/blog.wwf.de)

Interessant ist auch, wie Mutteradler ihren Jungen das Fliegen beibringen. „Auf einmal schiebt sie den Kleinen aus dem Nest, und der Adler fällt die Klippe hinunter, um sicher zerstört zu werden. Aber

nicht so! Blitzschnell fliegt der große Mutteradler nach unten, fängt den Kleinen auf dem Rücken und fliegt nach oben und legt ihn im Nest ab."
(https://antwortenhier.de)
Ein- bis zweimal im Leben eines Adlers kommt er in die Mauser. Das heißt, er verliert seine Federn und bekommt neue. Diese Situation kann für ihn sehr kritisch und gefährlich werden.
„Der Adler gilt als alt, wenn er in diese Mauser hineinkommt. Bis dahin sind die Federn immer länger geworden, die Röhren sind immer dicker geworden, und schließlich wird sein Federkleid so schwer, dass sich der Adler nicht mehr in die Lüfte erheben kann. Erst fliegt er nur noch selten, er wird träge vom Fliegen, und bald gibt er es dann ganz auf. Er geht nicht mehr auf die Jagd, er geht nicht mehr auf Beute aus... Seine Lage wird mit der Zeit so erbärmlich, dass er keine Nahrung mehr aufnehmen kann und sich kaum noch bewegen kann. An diesem Punkt sterben viele der in die Mauser gekommenen Adler. Einige fangen jedoch irgendwann nach einem Impuls an, sich immer heftiger zu bewegen und schütteln dadurch ihr komplettes altes hinderliches Federkleid ab, bis sie ganz nackt sind. Sie schlagen sich selbst kahl. Dann schaben sie den ihnen gewachsenen Überschnabel, der sie irgendwann auch noch gehindert hatte, das zu fressen, was andere Adler übriggelassen haben, stundenlang am Felsen ab. So können sie wieder fressen und päppeln sich langsam auf. Schließlich wachsen ihnen sogar neue Federn. Die ganze Prozedur kann bis zu drei Monaten dauern. Danach stürzen sie sich ausgehungert aber mit neuer Kraft wieder auf Beute und werden selbst wieder zum Nahrungsträger für junge und alte Adler. Das Besondere an diesem Adler nach der Mauser ist: Er wird fast nicht mehr zu fassen für Jäger oder Fallensteller. Denn er besitzt die Erfahrung und Reife des Alters gepaart mit der Flugkraft und Dynamik eines jungen Adlers. Er kann mit ungeheurer Schwungkraft wieder auffahren mit Flügeln wie ein junger Adler. "
(Aus Predigt: Jürgen Schuler. 19.11.06)

Wow! Wenn wir diese Eigenschaften näher betrachten, wird uns klar, warum wir als wiedergeborene Christen ein Leben als Adler leben sollten. Selbst, wenn wir uns manchmal eher wie ein Huhn fühlen, können wir durch die Gnade Gottes im neuen Bund diese Eigenschaften des Adlers für uns in Anspruch nehmen. Wir können, statt unseren Blick nach unten zu richten wie ein Huhn, nach oben schauen, Weitblick und die Perspektive des Himmels haben wie ein Adler. Wir können in Herausforderungen und Gefahr, statt kopflos durch die Gegend zu laufen wie die Hühner, stark und mutig sein wie ein Adler. Die Bibel fordert uns im Alten Testament mehrmals dazu auf.

Wir können stark sein, wie ein Adler, weil Gott uns in Seinem Wort zusagt, dass wir in IHM stark sind, auch wenn wir schwach sind. Wir können darauf vertrauen, dass Gott uns nach einer Phase der Schwachheit wieder herstellt wie einen Adler nach der Mauser.

Wir können sicher sein, dass Er uns, wenn wir beginnen zu „fliegen", nicht alleine lässt, sondern uns auffängt wie ein Mutteradler, wenn wir fallen. Wir können auf dem Wind (des Heiligen Geistes) fliegen wie ein Adler, statt uns abzumühen „wie ein blindes Huhn, das auch mal ein Korn findet."

Die Bibel erwähnt das Bild des Adlers, wenn ich richtig gezählt habe, einunddreißigmal.

Besonders sprechen mich folgende Bibelstellen an:

„aber, die auf Den Herrn harren, kriegen neue Kraft, dass sie auffahren mit Flügeln wie Adler, dass sie laufen und nicht matt werden, dass sie wandeln und nicht müde werden."

(Lutherbibel, Jes.40.31)

„Der deinen Mund fröhlich macht und du wieder jung wirst wie ein Adler."

(Lutherbibel, Ps.103.5)

„Wie ein Adler ausführt seine Jungen und über ihnen schwebt, breitete Er Seine Fittiche aus und nahm ihn und trug ihn auf Seinen Flügeln.“
(Lutherbibel, 5.Mo.32.11)

Thermostat oder Thermometer?

Wir wissen von unserem Gott, dass ER sich nie ändert. Das Wort Gottes sagt uns, dass Er „Derselbe ist. Gestern, heute und in Ewigkeit.“ (Hebr.13.8)
Wer und wie Er ist, werden wir an anderer Stelle noch einmal genau betrachten. Darüber Bescheid zu wissen, ist für unsere Beziehung zu Ihm in Seiner Dreifaltigkeit äußerst wichtig. Nun wollen wir erst einmal unseren Teil der Beziehung ansehen. Er ist immer gleich, wie ist das mit uns? Wie wollen wir sein? Wie wichtig ist uns die Entwicklung vom „Huhn zum Adler?“ Sind wir Menschen, die sich dem Umfeld anpassen wie ein Thermometer?
Weiß Dein Umfeld, dass Du Christ bist? Merken die Menschen um Dich herum im täglichen Leben, dass Du zum Königreich Gottes gehörst durch das, was Du in der Medienwelt konsumierst oder auch nicht, durch Dein Auftreten, Deinen Umgang mit Mitmenschen, Finanzen, der Wahrheit, dadurch wie Du mit der wichtigen Ressource, Deiner Zeit umgehst.
Gehen wir mit unserem Alltag genauso um wie unsere nichtchristlichen Mitmenschen, hat das ernste Folgen für unser geistliches Wachstum und unsere Beziehung zum Herrn. Nicht dass unser Herr uns weniger liebt. Seine Liebe ist völlig unabhängig von unseren Handlungen und basiert einzig und allein auf Jesus Christus und Seinem vollbrachten Werk am Kreuz für uns. Wir selbst sind es, denen wir mit einem weltlichen Christenleben schaden, indem wir selbst uns von Gottes Segnungen abschneiden und Wachstum verhindern.
Schauen wir heutzutage auch nur im „öffentlich-rechtlichen“

Programm fern, ist es schon fast unmöglich einen Film ohne Bettszenen oder rohe Gewalt zu erwischen. Macht doch nichts? Machen doch alle? Mag sein, dass viele Christen so etwas gerne gucken. Ich für mich habe beschlossen, solche Dinge nicht mehr durch das Fernsehen in meinen Kopf zu lassen. Das, was man hineinlässt, ist drin. Die Wirkungen von solchen Bildern im Kopf kennen wir alle. Ich möchte meine Gedanken nicht mit solch einem Müll verschmutzen und auch Den Heiligen Geist damit nicht betrüben.

Wie gehen wir mit der Wahrheit um? Mal Fünfe gerade sein lassen, um einen Vorteil zu haben oder nicht zu verlieren? Mir fällt da eine Geschichte ein, die ich selbst erlebt habe.

Ein bisschen schummeln

Heute war wieder einer dieser hektischen Tage. Gefühlte tausend Kleinigkeiten hatte ich an diesem Vormittag schon erledigt. Erschöpft ließ ich mich auf meinen Bürostuhl fallen. Nachdem ich auf meinem Schreibtisch ein wenig für Ordnung gesorgt hatte, schaute ich zur Seite aus dem großen Bürofenster und betrachtete den Verkehr auf der Hauptstraße, die von hier aus gut zu sehen war. „Schönes Wetter ist heute auch nicht gerade", dachte ich, als ich die Haustürglocke vernahm. Seufzend erhob ich mich, um den Besucher hineinzubitten. Während ich die Tür öffnete, realisierte ich nervös geworden, wer da vor mir stand. „Guten Tag, Firma Koelmann. Ich bin gekommen, um die Elektronik der Haustür neu einzustellen. Da hatten Sie doch funktionelle Schwierigkeiten," meinte der Servicemitarbeiter freundlich. „Guten Tag" antwortete ich. „Das tut mir leid, die sind gestern von einer anderen Firma, die wegen diverser weiterer Probleme hier war, mit behoben worden. Die Tür funktioniert wieder. Jetzt sind Sie umsonst gekommen. Ehrlich gesagt, habe ich vergessen, Ihnen abzusagen. In dem ganzen Trubel bin ich so darüber weggekommen." „Tja, die Anfahrt muss ich Ihnen natürlich berechnen, das ist Ihnen klar, oder?" gab der Servicetechniker zu bedenken. „Das ist mir natürlich klar" antwortete ich und ärgerte mich über mich selbst. „Warten Sie!" überlegte der

Servicetechniker „Ich bin doch nächste Woche sowieso hier wegen anderer elektronischer Arbeiten. Da deklariere ich die Anfahrtskosten einfach um und füge sie der nächsten Rechnung hinzu. Ein bisschen schummeln ist doch wohl erlaubt! So bekommen Sie keinen Ärger mit ihrer Dienststelle!" Ich bedankte mich für seine Freundlichkeit. Aber es dauerte keine zehn Sekunden, bis ich den Vorschlag ablehnte. Eine Umdeklarierung der Anfahrtskosten war eine Lüge! Als Christ kam für mich eine bewusste Lüge nicht infrage. Ich wusste, dass bewusst zu lügen kein von Gott gesegnetes Verhalten war. Auch wollte ich nicht ungehorsam sein und meinen Herrn nicht betrüben. Lieber trug ich selbst die Konsequenzen, für den „Mist", den ich gebaut hatte. Da musste ich wohl „in den sauren Apfel beißen!" „Schreiben Sie ruhig eine gesonderte Rechnung über die Anfahrtskosten. Ich habe es verbockt und werde es privat bezahlen", teilte ich ihm also mit. „Wie Sie wünschen", antwortete er erstaunt und verabschiedete sich.
Wieder im Büro, beschloss ich, sofort telefonisch meinen direkten Vorgesetzten zu kontaktieren, damit er über die Vorkommnisse im Bilde war. Ich entschuldigte mich bei ihm für mein Versäumnis und erklärte, die anfallende Rechnung natürlich selbst zu begleichen. „Ihre Ehrlichkeit ehrt Sie" antwortete er. „Allerdings machen wir alle Fehler. Die Rechnung übernimmt die Dienststelle, das brauchen Sie nicht zu bezahlen." Mir fiel ein kleiner Stein vom Herzen. Diese Reaktion war durchaus nicht selbstverständlich! Nun hatte ich meinen Frieden und keinerlei Schaden. Wie wunderbar hat mich mein Herr auch dort versorgt!

Das ist nur ein kleines Beispiel. Mein Arbeitgeber hätte sich die kleine Schummelei gut leisten können, nur ich als Christ konnte damit nicht leben. Ich will nicht bewusst lügen. Außerdem hätte das fortwährend mein Gewissen belastet, dem Teufel legalen Raum in meinem Leben gegeben und meine Beziehung zum Herrn getrübt. Ein weiteres Beispiel ist der Umgang mit der jährlichen Steuererklärung. Auch wenn „alle" das tun, sollten wir Christen dabei nicht

flunkern, sondern ehrlich bleiben, eventuell auf eine höhere Rückzahlung verzichten und damit unseren Herrn ehren. Unser Umgang mit dem Geld ist wichtig. Es zu besitzen und zu horten, sollte bei uns Christen nicht wichtig sein. Wissen wir doch, dass Der Vater uns versorgt. Natürlich brauchen wir Geld als Zahlungsmittel, sollen jedoch weise damit umgehen. So wie Joyce Meyer in einer Predigt sagte: „Einen Teil sparen, einen Teil spenden, einen Teil ausgeben."
Geld an sich ist kein Problem, sehr wohl jedoch die Liebe zum Geld. Sie ist „die Wurzel allen Übels."(1.Tim.6.10) So dürfen wir gerne viel Geld verdienen, wenn es uns nicht wichtiger ist, als unsere Beziehung zum Herrn. Denn dann wird es zum Götzen. Wie wir aus der Bibel wissen, hasst unser Herr Götzendienst.
Mir gefällt ein Spruch von Maria Prean: „Geld ist ein schlimmer Meister, aber ein guter Diener." Das bringt es auf den Punkt. Wir sollten uns als Christen darüber im Klaren sein, dass unser gesamter Besitz im Grunde genommen Gott gehört. Er hat ihn uns zur Verfügung gestellt, damit wir ihn weise verwalten. Für einen reifen Christen ist es eine Selbstverständlichkeit, ja sogar eine Freude, Geld in Gottes Reich zu geben und Menschen in Not zu helfen. Dieses Thema hat mich selbst vor längerer Zeit massiv beschäftigt. Damals ging es um das biblische Prinzip des Zehntengebens. Ich möchte Euch die Geschichte nicht vorenthalten.

Prüft Mich doch

„Nun schau Dir das an!" forderte mich mein Mann auf. Ein Blick auf den Bildschirm unseres Computers bestätigte meine Befürchtungen. Er hatte die Serviceseite unserer Bank aufgerufen und betrachtete gerade kopfschüttelnd die aktuellen Daten unserer Konten. Der Stand meines Gehaltskontos wies nur noch fünfhundert Euro auf. Der Monat war noch nicht zu Ende und wir wollten doch noch in den Urlaub nach Madeira fliegen. „Den Urlaub schenke ich Dir zum Geburtstag!" beruhigte mein Mann mich „aber du musst wohl ein bisschen besser rechnen" Ja, das sah wohl so aus. Mein

Gehalt bei der großen Kosmetikfirma, für die ich arbeitete, schwankte ziemlich. Zum niedrigen Grundgehalt gab es nur dann einen Bonus, wenn ich meinen Plan erreichte. Dieses hing von mehreren Faktoren ab und war gar nicht so einfach. Trotzdem war ich sehr froh, überhaupt Arbeit zu haben, um meinen Teil zu den laufenden Haushaltskosten beitragen zu können. Ich musste halt wirklich besser aufpassen, was ich ausgab. Mich beschäftigte allerdings noch ein Gedanke.

Dieser Gedanke wurde mir im Urlaub in der stillen Zeit wieder ganz groß. Vorausgegangen waren einige Predigten über das Zehnten geben. Interessanterweise kamen sie nie von unseren eigenen Leitern. Entweder hörte ich sie von Gastpredigern oder fand sie „zufällig" im Internet. Der Herr wollte mir wohl irgendetwas sagen....

Im Gebet rang ich mit mir und klagte dem Herrn: „Ja Herr, ich sehe das ja alles wohl ein. Aber weißt Du, was ich alles für Verbindlichkeiten habe? Die Kinder, für die ich allein aufkomme, die alten Geschichten aus meiner Vergangenheit...Ich spende ja gern, aber jeden Monat 10 Prozent meines Gehaltes? Ich komme ja jetzt schon nicht mit meinem Geld aus! Das passt einfach nicht." Dieses Gefühl, etwas Wichtiges nicht zu tun, nicht gehorsam zu sein und etwas Wichtiges zu verpassen, bohrte weiter in meinem Inneren.

Eines schönen morgens im Urlaub bekam ich während der stillen Zeit den Eindruck, ich solle Maleachi. 3.10-12 lesen. Das war deutlich! So überlegte ich nicht mehr und beschloss, einfach gehorsam zu sein. Wieder zu Hause setzte ich mich an den Computer und richtete einen Dauerauftrag ein, mit der Summe, die ich ausgerechnet hatte. Danach schaute ich nachdenklich auf den Kontostand und sagte zum Herrn: „Du siehst auch, dass das mit den laufenden Ausgaben nicht passen kann. Aber das ist jetzt Dein Ding, denn DU wirst mich versorgen."

In der nächsten Zeit schaute ich so selten wie möglich auf meinen Kontostand. In einigen Monaten war es knapp, aber ich litt nie unter totaler Geldnot!

Und was soll ich sagen? Nach ein paar Jahren erhöhte ich meinen

Zehnten auf 10 Prozent vom Bruttolohn. Auch machte es mir von Jahr zu Jahr mehr Freude, mein Geld in Gottes Reich zu investieren. Die Anfänge meines Zehntengebens sind jetzt vierzehn Jahre her. Ich hatte Gelegenheit, den Herrn zu prüfen. Wenn ich zurückblicke, erkenne ich, dass mein Einkommen seitdem permanent gewachsen ist. Hatte ich wirklich mal eine schwere Phase, half mir der Herr auf jede nur erdenkliche Weise. Nie fehlte mir etwas. Ich kann wirklich bezeugen: Der Herr hält Seine Versprechen!
Prüft IHN doch!

Mittlerweile sind wieder einige Jahre ins Land gezogen. Dass Gott dieses Thema wichtig ist, habe ich in meinem eigenen Leben schon öfters erfahren. Dazu gibt es noch eine weitere Geschichte aus meinem Leben, dieses Mal mit einem anderen Aspekt.

Gib und Dir wird gegeben werden

Wie jedes Jahr hatte auch dieses Jahr im Herbst wieder eine Gemeindeversammlung
stattgefunden. Dort wurden, wie unser Pastor Eddie immer sagt, Familienangelegenheiten besprochen. Da ging es um die Arbeit der zahlreichen verschiedenen Teams, neue Herausforderungen, die auf uns als Gemeinde warteten, und um die Finanzen, die aufgeschlüsselt und für alle sichtbar dargestellt wurden. Ich hörte etwas gestresst von der Arbeit zu, als sich in mir eine kleine, fiese Stimme meldete. „Die brauchen bestimmt wieder Geld für irgend etwas Wichtiges." Ich erschrak. Also nein! Was war das denn für ein Gedanke? Ganz abwegig war er jedoch nicht, denn natürlich wird im Reich Gottes mit realem Geld gearbeitet, welches Seine Kinder dort hineingeben. Der Vortrag über die Finanzen und wie sie in jenem Jahr eingesetzt wurden, ging zu Ende. Mm, kein Wort über ein dringend benötigtes Sonderopfer, über das wir nachdenken und beten sollten, dieses Jahr.
Nachdem die Kassenprüfer die Finanzen abgesegnet hatten und Eddie ein paar abschließende Worte gesagt hatte, war die

Gemeindeversammlung beendet. Mir fiel auf, es war überhaupt nicht über Geld geredet worden, auch nicht über Zehnten geben oder Opfer im Allgemeinen. Einige Tage vergingen. Die Gemeindeversammlung war in meinem Bewusstsein schon ein Stück weiter nach hinten gerückt. Am Sonntagmorgen darauf wachte ich mit einem sehr klaren deutlichen Gedanken auf.
„Gib und dir wird gegeben werden.!“ Verwirrt schaute ich mich um. Der Gedanke war in meinem Inneren so laut, dass er mich geweckt hatte. Nur woher kam er? Ich überlegte: Vom Bösen wohl eher nicht, das passte nicht. von mir selbst? Konnte ich mir auch nicht vorstellen. „Herr, war das von Dir?“ fragte ich. Als Antwort kam er noch einmal. Ich fragte: „wie viel und wohin?“ Prompt kam mir exakt die ausgeliehene Summe in den Sinn, die ich in bar gerade zurückerhalten hatte und „Gemeinde“. Wow! Der Herr kennt unsere Gedanken, jetzt hieß es für mich, gehorsam sein! Ich stand auf, machte mich für den Gottesdienst fertig und packte die besagte Summe ein, ohne sie mir noch einmal genau anzusehen (sie steckte in einem Buch), bevor sich mein Schweinehund mit Bedenken melden konnte.
Ich fuhr in die Gemeinde, genoss wie immer einen wunderbaren Gottesdienst und versuchte, nicht mehr an das Geld zu denken. Als der Opferkorb herumging, warf ich es schnell unauffällig hinein. Als das geschafft war, kam eine tiefe Freude über mich. Ich wusste, wenn der Herr dieses Geld heute für Sein Reich von mir erbat, würde es mir nicht fehlen.
Genauso war es auch. Mir fehlte nirgendwo etwas, im Gegenteil! Ich verfügte weiterhin über alles, was ich brauchte. So hatte ich wieder etwas Wichtiges gelernt. Unser Herr möchte, dass ER uns wichtiger ist als unsere Finanzen. Denn alle Versorgung und alle guten Gaben kommen sowieso von IHM. ER wird uns immer versorgen. Wir sollen IHM vertrauen, und das, was uns anvertraut wurde, verwalten. Was immer ER uns fragt hilft nicht nur in Seinem Reich, sondern segnet uns besonders und schenkt tiefe Freude. In der Bibel steht: Der Herr liebt einen fröhlichen Geber! Wenn wir geben,

sollen wir es mit Freude tun und es wird seinen Segen auf uns haben. Stimmt! Ganz sicher, probiere es aus!

So dürfen wir auf unserer Reise mit Gott lernen, *dass wir alles loslassen können, worum Er uns bittet.* Unser Besitz sollte uns einfach nicht zu viel bedeuten. Sonst macht uns das unfrei, manipulierbar, geizig ja sogar hart gegenüber den Nöten unserer Mitmenschen. Maria Prean ging in einer ihrer Predigten sogar mal so weit zu sagen: „Besitzen führt zur Besessenheit."

Wie behandeln wir unsere Mitmenschen? Beteiligen wir uns an dem Klatsch der Kollegen in der Mittagspause? Es macht ja so viel Spaß, über merkwürdige Leute zu lästern. Oder?
Eines sollte uns klar sein. Diejenigen, die über einen abwesenden Kollegen lästern, werden das Gleiche über uns tun, wenn wir den Raum verlassen, keine schöne Vorstellung! Dazu habe ich ein kleines Beispiel von mir selbst.

Plausch unter Nachbarn
Schön fand ich es, dass in unsere Straße in den letzten 1,5 Jahren gleich vier junge Familien mit Kindern gezogen waren. Durch die jungen Leute im Alter unserer Kinder sowie deren Nachwuchs kam wirklich „Leben" in unsere Straße. Ich liebe es, auf der Straße, zum Glück eine Spielstraße, glückliches Kinderlachen und Geschnatter zu hören. Eine Familie kannte ich schon lange. Die Frau ist die älteste Freundin meiner Tochter. Auch die anderen drei Familien waren uns durch kurze Gespräche über den Gartenzaun und eine Kennlern-Party, zu dem wir als einzige ältere „Semester" eingeladen waren, schon etwas vertrauter geworden. Heute Abend hatten wir uns alle in der Hofauffahrt einer Familie getroffen, um den letzten Samstag im Sommer mit einem gemeinsamen Grillen ausklingen zu lassen. Die Männer standen alle mit einem Getränk am Grill und gaben gute Ratschläge, nach welcher Garzeit das Fleisch am saftigsten, welches Bier am süffigsten und welcher Fußballverein

der erfolgreichste sei. Die Kinder spielten auf der Straße mit ihren Bobby-Cars und Dreirädern. Sie hatten sichtlich Spaß dabei. Ich setzte mich zu den Mamas an den langen Tisch der Bierzeltgarnitur und lauschte ihren Gesprächen. Natürlich ging es zuerst um die Bedürfnisse der Kinder: was sie gerne essen und was nicht; wann sie „trocken" geworden waren; was sie gerne spielen und mit wem; ihre Schlafgewohnheiten tags und nachts sowie natürlich die fehlenden Kitaplätze. Bei allen Themen konnte ich meinen Beitrag leisten, da ich selbst drei Kinder großgezogen und zehn Jahre in einer Kindertagesstätte gearbeitet habe.
Irgendwann bemerkte eine der jungen Mütter, wie angenehm es sei, in dieser Straße zu wohnen. Im Allgemeinen käme sie mit allen Bewohnern dieser Straße gut aus. Diejenigen, mit denen sie keinen persönlichen Kontakt pflege, grüßten jedenfalls mehr oder weniger freundlich, wenn man sich begegne. Alle - außer einer Dame! „ich weiß, wen Du meinst" bestätigten die anderen." Ich wusste natürlich auch sofort, wer gemeint war und verspürte nicht übel Lust, in die beginnenden Schimpftiraden meiner Nachbarinnen einzufallen, hatte ich doch auch so meine Erfahrungen gemacht, wenn ich unzählige Male freundlich gegrüßt hatte, jedoch von besagter Dame einfach ignoriert worden war. Bevor ich jedoch auch noch meine schlechten Erfahrungen mit der Dame zum Ausdruck bringen konnte, vernahm ich in meinem Inneren die sanfte Stimme des HL. Geistes: "Nein!" Der Herr erinnerte mich an Psalm 1, in dem es heißt, dass wir nicht im Kreis der Spötter sitzen sollen. Ein winzig kleiner Teil von mir dachte noch „schade", denn irgendwie macht es ja sogar Spaß, sich mit anderen über das Fehlverhalten eines Menschen zu echauffieren. Dann fühlen wir uns ja viel besser, denn wir verhalten uns nicht so schlecht, wir sind ja nett – oder? Mir wurde bewusst, dass es völlig falsch war, mit meinen Nachbarinnen in die gleiche Kerbe zu schlagen. „Jeder kehre vor seiner eigenen Tür!" hatte meine Mutter in solchen Fällen immer gesagt. Wie recht sie hat. Wir wissen ja gar nicht die Hintergründe, warum sich jemand nicht angemessen verhält und sollten deshalb auch nicht

verurteilen. Wenn wir schlecht über jemanden reden, vergiftet das die Atmosphäre. Wie oft hatte ich gebetet „Herr stelle eine Wache an meine Zunge“ denn mit unserer Zunge können wir viel Unheil stiften. Deshalb sagte ich nichts dazu. Stattdessen nahm ich mir vor, für die unfreundliche Dame zu beten. Gesagt, getan. Jedes Mal, wenn ich sie traf, und sie wieder nicht zurückgrüßte, lächelte ich und betete für sie.“ Herr Du kennst diese Frau und weißt, was sie zu ihrem unfreundlichen Verhalten veranlasst. Ich segne sie in Deinem Namen und bitte Dich um Hilfe für sie“
Das Ergebnis davon war, dass sie nach einer Zeit begann, mein Lächeln zu erwidern. Bald erwiderte sie auch meinen Gruß. So ist es bis heute!

Was sagt die Bibel dazu?

„Glücklich der Mann, der nicht folgt dem Rat der Gottlosen, den Weg der Sünder nicht betritt und nicht im Kreis der Spötter sitzt, sondern seine Lust hat am Gesetz des Herrn und über Sein Gesetz sinnt Tag und Nacht! Er ist wie ein Baum, gepflanzt an Wasserbächen, der seine Frucht bringt zu seiner Zeit, und dessen Laub nicht verwelkt; alles, was er tut, gelingt ihm.
Ps.1. 1-3

Hier finden wir gleich noch eine Weisheit aus dem Wort Gottes. Wir sollen nicht nur nicht lästern oder spotten, sondern bei Sorgen und Problemen nicht den Rat von Nichtchristen suchen, sondern den vom Herrn. Auch darin unterscheiden wir uns von anderen Menschen.
Wenn wir denn kein Thermometer sein wollen, sollten wir lieber ein Thermostat sein. Dieses *bestimmt* die Raumtemperatur. Das bedeutet für uns Christen: Wo wir leben, oder uns aufhalten, beeinflussen wir die Umgebung allein durch unsere Gegenwart
und durch die Art, wie wir aus Gottes Gnade heraus von Sieg zu Sieg gehen, niemals aufgeben, voller Frieden sind, egal wie unsere

äußeren Umstände sich gerade gestalten. Nicht wir passen uns der Umgebung an, sondern die Umgebung wird deutlich durch unsere Anwesenheit beeinflusst.
Welches Leben Du als Christ führen willst, entscheidest einzig und allein Du. Du, nur Du entscheidest über die Qualität Deiner Beziehung zu Gott in Seiner Dreifaltigkeit. ER sagt uns in Seinem Wort zu, dass Er sich finden lässt, wenn wir Ihn aufrichtig suchen.
Unser Pastor Eddie gab vor vielen Jahren ein Beispiel dazu, wie wir oft mit unserer Beziehung zu Jesus umgehen.
„Stellt euch mal vor, ich hätte meine Braut in Südafrika gelassen. Ich rufe sie an, um Zeit mit ihr zu verbringen, bis wir uns endlich wiedersehen. In letzter Zeit fällt mir auf, dass sie gar nicht mehr fragt, wann ich endlich zurückkomme. Als ich ihr dann irgendwann endlich den genauen Termin meiner Rückkehr mitteile, meint sie, ich solle mir ruhig Zeit lassen, vorher wolle sie noch dies und jenes tun, Spaß mit ihren Freundinnen haben, wichtige Dinge erledigen. Es reiche doch auch in ein paar Monaten." Eddie stellte uns die Frage, ob wir so eine Braut noch heiraten würden.
Doch wie oft verhalten wir uns gegenüber unserem Bräutigam Jesus genauso wie diese Braut. Er wartet auf jeden einzelnen von uns, um uns persönlich zu Seiner Braut zu machen. Das heißt für uns, IHN an die erste Stelle unserer Prioritäten zu setzen, Ihn leidenschaftlich zu lieben und Seine Gegenwart jeden Tag zu suchen.
Denn nur hier werden wir verändert.

Life happens – Leben passiert

Gerade in diesen Zeiten der sich verstärkenden Umbrüche und Unsicherheiten, ist jeder Einzelne von uns gefragt, seinen Platz im Königreich Gottes einzunehmen.
Vor einigen Monaten befand ich mich in einer Reha. Da wegen des „Coronaproblems" viele Therapien ausfielen, hatte ich sehr viel Zeit für mich, um mich geistlich weiter zu bilden. Da ich mir das Zimmer mit einer anderen netten Dame teilte, hatte ich meine direkte stille Zeit öfters nachts oder spätabends. Obwohl es mir selber mental und körperlich nicht gut ging, wusste ich mich zu jeder Zeit von Gott getragen und fand immer im Wort Gottes oder durch gute Predigten verschiedener bekannter Prediger im Internet Antworten auf meine Fragen. Ich hörte unzählige Predigten aus aller Welt. Eines hatten sie alle gemeinsam: Einen weltweiten Aufruf Gottes an alle Seine Kinder, aufzuwachen und sich durch eine sehr enge Beziehung zum Herrn vorzubereiten, auf das, was die Zukunft bringt. An einem Tag hörte ich über Facebook den eindringlichen Aufruf an *alle* Kinder Gottes, für Gottes Reich aufzustehen. Er richtete sich besonders an alle, die glaubten, aufgrund ihrer Situation oder Umstände dazu nicht tauglich zu sein.

die Alten
die sehr Jungen
die Kraftlosen
die Menschen mit einer körperlichen Einschränkung
die Menschen mit einer seelischen Erkrankung
die körperlich Kranken
die Ungebildeten
die Schüchternen
die Gefangenen in inneren oder äußeren Gefängnissen
die mit Schuld beladenen, die sich selber noch nicht vergeben konnten

Fragst Du Dich, warum Gott gerade Dich gebrauchen sollte? Die Antwort hat Er in der Bibel selbst gegeben

„...sondern das Törichte in der Welt hat Gott erwählt, um die Weisen zuschanden zu machen,
und das Schwache in der Welt hat Gott erwählt, um das Starke zuschanden zu machen.
Und das Niedrige in der Welt und das Verachtete hat Gott erwählt: Das, was nichts ist, um das , was etwas ist, zu vernichten."
(1.Kor.1.27.28)

Egal, wer wir sind, oder an welchem Platz wir uns derzeit befinden, in Jesus Christus durch Seine Gnade des neuen Bundes, die jeden Tag neu ist, können wir genau dort ein Licht für unsere Umgebung sein. Joyce Meyer betonte in ihrer Morgenandacht heute, dass, wenn Gott Dich ruft, Er Dich auch befähigt! Er wählt nämlich gerne ganz normale Menschen wie Dich und mich. Gerade in den letzten Tagen hörte ich in einer online Prophetie wiederholt von mehreren Sprechern auf verschiedenen Erdteilen, dass Gott jetzt gerade die ruft, die sich selber nicht für würdig halten, die, die noch nie irgendwo aufgefallen sind, aber einen Traum haben, die Ungebildeten, sozusagen die Narren Gottes! Fühlst Du Dich manchmal unwürdig, inkompetent wie ein „Narr"? Beuge dich in Demut vor dem Herrn, ER kann und wird Dich gebrauchen!
Ich durfte dieses selbst in mehreren Rehas erfahren. Oft konnte ich mein Zeugnis weitergeben und dadurch viele Menschen ermutigen.
Natürlich habe auch ich mich manchmal gefragt, warum ich so lange schwach sein musste, warum mir so viele Schicksalsschläge passierten. Die Antwort ist wohl: Wir leben in einer gefallenen Welt und das Leben passiert!! Fakt ist auch: Es gibt kein Leben ohne Leid! Die Bibel sagt uns sogar, dass uns Christen die Gnade verliehen wurde, um Jesu willen zu leiden. (siehe Phil.1.29). Hört sich das für Dich erschreckend an? Wir alle wissen, dass überall in der Welt

besonders in Asien und in großen Teilen Afrikas die bekennenden Christen große Repressionen bis hin zu Gefängnis, Folter und Hinrichtung zu befürchten haben. Noch niemals in der ganzen Zeitrechnung gab es so viele Märtyrer wie heute. Was bedeutet das für die Gemeinde in diesen Gebieten? Schrumpft sie dadurch unaufhörlich? Nein, das Gegenteil ist der Fall. Sie wächst und wächst. Die verfolgten Christen bleiben sehr oft standhaft, harren manchmal jahrelang in Gefängnissen aus und sind stolz darauf, für ihren Herrn leiden zu dürfen. Diese Haltung ist nur durch die täglich frische Gnade des Herrn möglich, Der für jeden neuen Tag die passende Portion gibt.

Es gibt übrigens mehrere Organisationen, die sich um verfolgte Christen kümmern. Eine der bekanntesten ist Open Doors. Über diese Organisation kannst Du auch die verfolgten Christen durch Gebet oder Spenden unterstützen.

Wie ist das nun hier in Europa oder den USA? Hast Du schon einmal für Deinen Glauben gelitten? Noch haben wir in diesen Gebieten Religionsfreiheit. Ich würde jedoch nicht mehr allzu lange darauf zählen. Immer öfter hören wir, dass jemand, der für christliche Werte eintritt, seine Überzeugungen mit dem Verlust seiner gesellschaftlichen Stellung oder seines Jobs bezahlt. Ist Dir selbst schon einmal aufgefallen, dass gerade nach einem für Dich reich gesegneten Gottesdienst Probleme oder Streit auf Dich warteten, wenn Du nach Hause kamst? Ich habe das unzählige Male erlebt. Oft berichten frisch bekehrte Christen, dass sie nach ihrer Glaubenstaufe mit vermehrten Problemen im Alltag konfrontiert waren.

Auch nach einem geistlichen Durchbruch, oder wenn wir uns in der Gemeinde besonders engagiert haben, warten oft unerwartete Stolpersteine auf uns.

Ich habe dies nach dem Frauentag im November 2016 in unserer Nordhorner Gemeinde, den ich im Frauenteam durch mehrere Beiträge mitgestaltet hatte, massiv erlebt. Der ganze Tag war von vorne bis hinten angegriffen, sowohl von außen wie auch von innen. Trotz der ganzen Schwierigkeiten im Vorfeld erlebten wir einen tollen, gesegneten Tag mit vielen positiven Rückmeldungen anwesender Frauen. Einige Damen waren an diesem Tag das erste Mal in der Gemeinde und wurden durch unsere lockere Art, mit der wir tiefe Inhalte weitergaben, inspiriert und ermutigt. Sie sind nach viereinhalb Jahren immer noch in unserer Gemeinde.

Am Montag nach dem Event, fiel in der Kindertagesstätte, die ich zu der Zeit leitete, die gesamte Telefonanlage aus. Das bekam ich aber erst mit, als sich vier der Erzieherinnen über mein Handy krankmeldeten. Das erste Mal in der Geschichte dieser Kindertagesstätte musste eine Gruppe, die Krippengruppe komplett für zwei Tage geschlossen werden, da sämtliche Mitarbeiter dieser Gruppe erkrankt waren, und kein Ersatz aufzutreiben war, da wir sowieso unterbesetzt waren. Mir war klar, dass diese Situation durch einen geistlichen Angriff verursacht worden war. Ich stellte das Team und die gesamte Einrichtung unter Gottes Schutz, Jesu Blut und Seinen Sieg. So kamen wir ohne weitere Schwierigkeiten durch diese anstrengenden zwei Tage. Alles wurde repariert und die Eltern der Krippengruppe waren sehr verständnisvoll.

Ein anderes Beispiel ist die Veröffentlichung meines ersten Buches im Mai 2020. Kurz nachdem ich das Manuskript im April an den Verlag gemailt hatte, brach ich mir durch einen Treppensturz den rechten Fuß. Die Heilung dauerte ungefähr 10 Wochen. Im August brach ich mir den linken Fuß durch eine plötzliche Drehung. Diese Heilung dauerte ebenso lange.

Ich ließ mich aber nicht entmutigen und habe mir selbst das Meckern verboten. Stattdessen sagte ich: „Mein Leben ist trotzdem ein Fest.!“

Am ersten Oktober musste ich einen derart schmerzhaften Schicksalsschlag einstecken, dass die Heilung längere Zeit braucht. Nun gleicht mein Leben eher einer Herausforderung. Allerdings wusste ich mich in jedem schmerzhaften Moment extrem von Gott geliebt, in den Arm genommen und durchgetragen. In den ersten Monaten, als der Schmerz derart in meinem Inneren brüllte, dass ich glaubte, vor eine Wand rennen zu müssen, sagte Der Herr immer wieder zu mir: „**Sieh *nicht* auf Deine Umstände. Schau *nur auf Mich*!**" Das tat ich und wie! Ich klammerte mich regelrecht an Jesus.

Irgendwann fand ich im Internet eine Geschichte, die mich total an Seine Anweisung erinnerte. Sie handelte von einem Artisten, der auf einem Seil vom Dach des einen viele Meter über einem sehr tiefen Abgrund zum Dach eines anderen Hochhauses balancierte. Nachdem er sicher auf der anderen Seite angekommen war, sprach er eine Einladung an die unten stehen gebliebenen Passanten aus. „Wer traut sich, diesen Weg über das Seil in einer von mir geschobenen Schubkarre mit mir zu gehen?" Ein Raunen entstand in der Menge und es waren viele schüttelnde Köpfe zu sehen. Plötzlich meldete sich aber ein junger Mann, der diesen Versuch tatsächlich wagte. Als dieser nach dem erfolgreichen Experiment wieder unten in der Menge eintraf, wurde er von einem zufällig anwesenden Reporter interviewt. Auf die Frage, warum er dieses aberwitzige Unterfangen mitgemacht und so sein Leben riskiert habe, antwortete er lächelnd: „Der Artist ist mein Vater!" Was für ein Vertrauen.

Ich dachte daran, dass der junge Mann bestimmt nicht in den Abgrund geschaut hat, sondern ausschließlich auf seinen Vater, der sein Handwerk versteht. Der Blick in den Abgrund hätte ihn sicherlich nervös werden lassen, so dass er sich in der Schubkarre bewegt hätte. Dieses hätte dann zu gefährlichen Schwankungen geführt.

Heute morgen fand ich in einem Podcast von Joseph Prince eine kleine Andacht aus seinem Buch „Hundert Tage der Gunst", die uns genau das lehrt, was Jesus mir selbst gesagt hat. Er stellte in dieser Andacht die Notwendigkeit für jeden Christen dar, dieses zu tun und erinnerte an die Geschichte, als Petrus auf Jesu Ruf aus dem sicheren Boot ausstieg und Ihm über die wogenden Wellen entgegenlief. Solange er dabei auf Jesus schaute, ging er *auf* dem Wasser. Als er jedoch einmal zur Seite auf die peitschenden Wellen blickte, begann er zu sinken.

(siehe Mt.14.22-33). In dieser Geschichte lehrt uns Jesus eine Lektion über Gottvertrauen und eine tiefe biblische Wahrheit, die sich auch in folgender Bibelstelle widerspiegelt.

„Wir alle aber, indem wir mit unverhülltem Angesicht die Herrlichkeit des Herrn anschauen wie in einem Spiegel, werden verwandelt in dasselbe Bild von Herrlichkeit zu Herrlichkeit“
(2.Kor.3.18)

Wenn wir IHN anschauen, werden wir ihn SEIN Bild verwandelt. Das heißt, wir werden „wie ER“. Was das heißt, kannst Du Dir im Kapitel über die Eigenschaften Jesu noch einmal genauer zu Gemüte führen. Diese Verwandlung von „Herrlichkeit zu Herrlichkeit“ geschieht nicht durch unsere Aktivitäten oder Anstrengungen, sondern einzig und allein durch das SCHAUEN auf IHN.
Immer, wenn ich genau das tat, manchmal scheinbar hundertmal am Tag, besonders aber in der Nacht, wich die würgende Verzweiflung tiefem Frieden. So durchstand ich jede Schmerzattacke, konnte sogar Freude empfinden und lachen. Viele Menschen in meinem Umfeld wunderten sich, wie „gelassen“ ich mit meinen Umständen umging.
Der Herr lehrte mich in diesen ersten Monaten auch, was genau es heißt, „Der Mensch lebt nicht vom Brot allein, sondern von jedem Wort, dass aus dem Munde Gottes kommt.“
(siehe Mt.4.4). Jeden Morgen nach einer schmerzvollen Nacht schnappte ich mir als erstes die Bibel und „aß“ Seine Worte regelrecht. Ich meditierte darüber und proklamierte viele Schriftstellen, die in meine Umstände passten, über mein Leben. Sehr oft vollzog ich für mich den Tausch am Kreuz!

Ich gab IHM meinen Schmerz, meine Verletzungen und nahm von IHM Heilung.
Ich gab IHM meine Verwirrung und nahm Seine Weisheit.
Ich gab IHM meine Wut und empfing Seinen Frieden.
Ich gab IHM aufkeimende Bitterkeit und empfing ein weiches Herz und Vergebungsbereitschaft.
Ich gab IHM meine Trauer und empfing von IHM Freudenöl.

Ich gab IHM meine Ablehnung und empfing Seine wunderbare, tiefe Annahme

Das funktioniert wirklich! Zu der Zeit hatte ich schon alle Gottfakten des Neuen Testamentes herausgeschrieben und proklamierte sie fleißig. So ausgestattet und auch mit allen anderen Waffen, die Gott uns zur Verfügung stellt, überlebte ich die ersten quälenden Monate und schaffte es, nicht bitter zu werden. Das Gute in diesen Umständen ist, dass meine Beziehung zum Herrn noch nie so tief war wie jetzt.

Seitdem lebe ich das erste Mal seit 20 Jahren ganz allein. Ist es das alles wert? Meine Antwort darauf ist ein klares „Ja". Denn mein Leben gehört Jesus. Ich lebe in erster Linie für IHN.

Wenn Du durch eine Krise gehst, stelle Dir die richtige Frage: Nicht „warum", sondern „wozu". Dieses hörte ich einmal in einer Predigt von Johannes Hartl. Nirgendwo in der Bibel steht, dass es unser höchstes Ziel sei, glücklich zu sein. Klar, schön sind sie, die Momente ungetrübten Glückes. Die harten Zeiten sind es jedoch, die uns näher zu Gott ziehen, wenn wir uns die richtigen Fragen stellen, Beispielsweise:

Was zeigt diese Krise mir?
Was bringt sie in mir hervor?
Was kann ich hier lernen?
Wie kann ich mich mit Gottes Hilfe verändern?
Lasse ich es zu, dass Gott mich durch diese Krise erzieht? (siehe Spr.3.11-12)

Dann kann sie uns reifer werden lassen, wenn wir unsere Sorgen auf IHN werfen, auf IHN harren, uns von IHM tragen lassen. und es nicht zulassen, dass in uns durch das erfahrene Leid die „Wurzel der Bitterkeit aufsprosst." (siehe Hebr.12.15)

Du fragst Dich jetzt, was das sein soll? Bitterkeit „wird deshalb oftmals auch als gesteigerte Form der Unzufriedenheit betrachtet, als Groll auf alles und jeden oder auch als Frust auf die gesamte Situation, in der sich ein Mensch befindet. Gleichzeitig wird Bitterkeit

aber auch als Ablehnung und Aversion oder Feindseligkeit verstanden."
(https:/karrierebibel.de)
Ich wage zu behaupten, dass jeder Christ in einer Notsituation oder einer Phase dauernder Schwierigkeiten schon einmal einen Anflug von Bitterkeit verspürt hat. Natürlich dürfen wir in Not und Gefühlschaos zum Herrn gehen und uns einmal so richtig ausweinen, IHM alles sagen, was unser Herz bewegt, sogar meckern und klagen – allerdings *nur* vor IHM. Das ist sogar heilsam. Viele Psalmen handeln davon. Deshalb ist ihr Studium in Zeiten der Not besonders heilsam. Beklagen wir uns jedoch dauernd bei anderen über unsere Situation und darüber, wie schwer wir es doch haben, laufen wir Gefahr, in die Selbstmitleidsfalle zu tappen. Dadurch bleiben wir in der Opferrolle und machen es uns manchmal dort sogar bequem, nach dem Motto „wenn du wüsstest, wie schwer ich es immer habe." Damit verhindern wir den Segen Gottes, der uns in jeder Situation zur Verfügung steht, wenn wir Gott suchen, statt zu klagen. Manchmal sollten wir uns dann selbst fragen, ob wir überhaupt eine Veränderung zum Guten in unserem Leben wünschen!
Jesus sagt zu dem „Lahmen" am Teich Betesda: „Willst du gesund werden?" (siehe Joh.5.1-9). Hört sich das für Dich hart an? Klar, Krankheiten können lange dauern, uns alles abverlangen. Das kann auch ich bestätigen. Manchmal verändert sich scheinbar gar nichts zum Guten. Da bleibt aber immer noch die Haltung, mit der wir durch schwere Zeiten gehen.
Mein Vater hat immer gerne Sprüche zitiert. Einer seiner Lieblingszitate war ungefähr folgendermaßen: „Und wenn dich auch das Schicksal von allen Seiten schlägt, bleibt immer noch die Haltung, mit der man es erträgt."

Ein wunderbares Beispiel für einen Christen, der sich in einer dauerhaft schweren, ja sogar lebensbedrohlichen Situation als „Thermostat" erwies, ist der junge Youtuber Philip Mickenbecker. Auch als er das zweite Mal an Krebs erkrankte, haderte er nicht etwa mit

seinem Glauben, sondern blieb voller Frieden und Freude bis zum Schluss. Anfang Juni dieses Jahrs ist er gestorben. Seitdem gehen seine Videos viral „durch die Decke.“ Was für ein Zeugnis für so viele junge Leute, aber auch für kranke Menschen hat dieser 23jährige fröhliche Mann hinterlassen. Das wird auch in vielen Jahren noch Herzen berühren.
Ein weiteres wunderbares Beispiel für ein Leben als Thermostat ist die Familie Kock in meiner Gemeinde. Der Familienvater hat zwei Jahre mit Bauchspeicheldrüsenkrebs gekämpft. Die Ärzte hatten ihm damals nur einige Wochen gegeben. Frans war immer zufrieden. Nie sah man ihn klagen. Im Gegenteil, er hat seine Umgebung getröstet. Bis vor ein paar Wochen hat er, so wie es seine Kraft noch zuließ, in der Gemeinde mitgeholfen, Menschen ermutigt, gepredigt via Zoom. Er hat seinen Humor und seine Kreativität nie verloren. Er ist der liebevollste Mensch, den ich kennen lernen durfte. Das Gleiche gilt für Tanya, seine Frau und meine Freundin. In diesen Jahren hat die gesamte Familie nie die Hoffnung verloren aber auch zu jedem Zeitpunkt Kraft und Frieden in vollem Vertrauen auf ihren Gott ausgestrahlt.
Sie sind für jeden, der ihnen begegnete, ein Zeichen der Hoffnung und des Lichts, unabhängig von ihrer ausdauernd herausfordernder Situation!

Wie wichtig ist es, dass wir in jeder Situation selbst die Verantwortung für unser Leben übernehmen. Es liegt alleine an uns selber, ob wir selbst die Verletzungen aus der Vergangenheit unser Leben für immer bestimmen lassen, oder ob wir sie von Gott heilen lassen und somit die Opferrolle verlassend ein Leben in Seinem Sieg beginnen. Es ist immer unsere Wahl, ob wir, wie Reinhard Hirtler sagt, unser Leiden verschwenden oder es verwenden.
Gestern haben wir Frans zu Grabe getragen. Am Sonntag fand ein Gedenkgottesdienst statt, um sein Leben zu feiern. Der Gottesdienst dauerte ca. zwei Stunden, weil so viele Menschen etwas Schönes aus ihren Erfahrungen mit ihm zu berichten hatten. Frans hat 62 Jahre auf dieser Erde gelebt. Als junger Mann verließ er mit

seiner Familie seine Heimat Südafrika, gab sein Haus und seine Beamtenlaufbahn als Lehrer auf, um mit seinem besten Freund, Eddie Backer eine kleine Missionsschule in Nordhorn, meine Wahlheimat im Nordwesten Deutschlands zu leiten. Die jungen Missionare und ihre Familien wussten manchmal bis kurz vor dem Essen noch nicht, ob es überhaupt etwas geben würde, wurden aber immer wunderbar mit allem Nötigen vom Herrn versorgt. Sie können aus dieser Zeit von vielen Wundern berichten. Frans ist vom Temperament her ein ruhiger besonnener Mensch. Er ist einer der wenigen Menschen, die erst denken und dann reden und richtig gut zuhören können. Darin ist er absolut auch mein Vorbild. Jederzeit strahlte er Gottes Liebe zu den Menschen aus. Er liebte es zu kochen, zu malen, sein Lieblingssport war Tennis. Er hatte einen wunderbaren trockenen Humor. Vor allem liebte er aber Jesus Christus, seine Familie und die Gemeinde Gottes weltweit. Dafür gab er alles, was er im Leben hatte. Er war laut Guido, einem Mit Ältesten eine „wandelnde Konkordanz." So lehrte und predigte er und ermutigte unzählige Menschen. Als er vor genau zwei Jahren die Diagnose „Bauchspeicheldrüsenkrebs" erhielt, nahm er alle schwerwiegenden Behandlungsformen klaglos auf sich. Er selbst und auch seine Frau Tanya verströmten jederzeit Ruhe, Gelassenheit und tiefen Frieden. Sie hörten nie auf, anderen Menschen zu dienen, egal wie ernst ihre eigene Situation war. Frans verhielt sich nicht wie ein Kranker, sondern tanzte durchs Leben. So wurde er noch kurze Zeit vor seinem letzten Krankenhausaufenthalt beim Einkaufen im Supermarkt gesehen, wo er die Zutaten für neue Rezepte besorgte, von denen er selbst nicht mehr viel essen konnte. Auf seinem Totenbett betete er noch für viele Menschen. Einige Früchte dieses stillen Lebens für den Herrn werden erst später gesehen. Wie viele Leben er jedoch positiv berührt hat, ließ sich an der Menge der Trauergäste auf der ganzen Welt erkennen, die an seiner Gedenkfeier life oder per Internetübertragung teilnahmen. Obwohl er relativ früh gehen musste, haderte er nie mit seinem Schicksal und vertraute Gott grenzenlos. Laut Eddie sagte Frans in einem ihrer letzten Gespräche etwas sehr Bedeutsames:

„Die Länge deines Lebens wird nicht durch deine Umstände bestimmt, sondern durch jedes Wort, das Gott zu dir und durch dich spricht!“

Sowohl das Eine als auch das Andere durfte Frans in seinem Leben hier täglich erleben. Nun ist er bei Jesus und hat seine Adresse gewechselt.
Wie Billy Graham kurz vor seinem Tod einmal bemerkte:

„Eines Tages werdet ihr in der Zeitung lesen, dass ich gestorben bin.
Glaubt kein Wort davon!
Ich habe dann lediglich die Adresse gewechselt.“

Thea, auch eine unserer Ältesten und Eddies Ehefrau erwähnte bei der Gedenkfeier folgenden Satz:

„Das Leben ist ein Geschenk Gottes an uns.
Was wir daraus machen, ist unser Geschenk an Gott!“

Frans hat seinen Lauf vollendet, (siehe 2.Tim.4.7). Seit seiner Bekehrung als junger Mann hat er seine Umgebung als Thermostat beeinflusst. Alles erlebte Leid hat er zur Ehre Gottes verwendet.
Verschwendet ist das Leid, wenn wir bitter darüber werden. Damit schaden wir uns letztendlich nur selbst. Ich hörte kürzlich den Spruch: „Selbstmitleid ist kuscheln an der Brust des Teufels!“ Das klingt wirklich hart, da ist aber was dran. Wenn wir selbstmitleidig sind, schauen wir auf uns statt auf Den Herrn und trauen Ihm nicht zu, unsere Kämpfe zu kämpfen, glauben nicht, dass Er immer gut ist und sich nie verändert. Selbstmitleid ist Götzendienst und betrübt den Heiligen Geist zutiefst.
Die Bibel sagt uns, dass wir in jeder Situation danken sollen. (siehe 1.Thess.5.18). Tun wir das, wird der Segen Gottes fließen. Nicht

umsonst befiehlt David seiner Seele in Psalm 103, Den Herrn zu preisen. Braucht Gott unseren Dank und unseren Lobpreis? Nein, aber Er liebt es, weil wir darin immer gesegnet werden!

Ein weiter alter Spruch lautet: „Danken schützt vor Wanken und Loben zieht nach oben!“

Sollen wir etwa immer danken, egal wie es uns geht, egal, wer uns verletzt hat? Ja absolut immer! Die Bibel spricht davon, Gott „Dank zu opfern“ (siehe Ps.50.23; Hebr.13.15; 1.Thess.5.18) Dazu fällt mir auch die Begebenheit aus der Apostelgeschichte ein, wo Petrus und Silas in einem stinkenden, grausamen Gefängnis, den sicheren Tod erwartend, anfangen, zu danken und Den Herrn zu loben. (siehe Apg.12.1-11)

Sie hätten genauso gut mit ihrem Schicksal hadern können. Ihr dankbares, lobendes Verhalten führt sie in die Freiheit und den Hauptmann zu Jesus Christus. Sie haben ihr Leiden verwendet. Wir können dies auch tun, wenn wir unsere entsprechende Leiderfahrung nutzen, um anderen Menschen in der gleichen Situation beizustehen und ihnen den Weg Gottes herauszuzeigen. Ein Beispiel: Keiner kann besser nachvollziehen, was ein Mensch mit Depressionen durchmacht, als derjenige, der selbst schon mal eine hatte.

Das Gleiche gilt für andere schwere Erfahrungen wie Mobbing, Verlust des Arbeitsplatzes, Verlust der finanziellen oder Gesellschaftlichen Existenz, Scheidung oder gar Verlust eines geliebten Menschen und vieles weitere.

Gerade gestern hörte ich im Sonntagsgottesdienst eine Predigt von unserem Pastor Eddie Bakker, die zu diesem Thema passt. Er sagte in Bezug auf 2.Tim.3.1, auch wir hier in der Gegenwart merken, dass schwierige Zeiten anfangen zu geschehen. Es ist an uns, Entscheidungen zu treffen. Verhalte ich mich genau wie die Welt, oder lebe ich für den Herrn? Die Zeit der lauwarmen Christen ist vorbei. Wer willst Du sein?

Wer ist der Regisseur Deines Lebens

Deine Bedürfnisse versus das wichtigste Gebot

Als wiedergeborener Christ ist ja nun alles gut. Unsere Geschichte hat ein „happy end“ gefunden. Wir sind auf dem Weg in den Himmel. Nur was passiert jetzt? Unsere Geschichte im alten Königreich des Teufels ist hiermit beendet. Die unseres Weges in Gottes Königreich hat gerade erst begonnen. Sie ist nebenbei bemerkt unendlich. Sie hört auch in der Ewigkeit nicht auf, denn wir leben für immer! Nach der ersten Begeisterung fällt uns schnell auf, dass doch nicht alles so einfach läuft, wie wir es uns vorgestellt hatten. Widerstände jeglicher Art treffen uns. Unsere Seele schreit auf, dass ihre Bedürfnisse nicht immer gestillt werden, so wie sie es sich vorstellt. Wir müssen investieren, wenn wir geistlich reifen wollen. Das betrifft mehrere Lebensbereiche, zum Beispiel unsere Zeit, unsere Gewohnheiten, eventuell unsere Berufswahl, unsere Hobbys, unsere Finanzen, unseren Umgang. Verstehe mich nicht falsch. Gott gönnt uns alles Gute und versorgt uns prächtig, wenn wir Ihn lassen. Vor allem lässt ER uns aber unsere Freiheit!

In Seinem Wort finden wir Antworten auf jede Lebensfrage. Die Frage ist nur: Wie oft beschäftigen wir uns damit?

Wie oft habe ich mich dabei ertappt, dass ich selbst irgendwie Ausreden erfand, bevor ich mich hinsetzte, um vom Herrn in der Bibel zu lesen, Ihm zuzuhören oder Lobpreis zu machen. Dabei liebe ich Den Herrn seit langem und weiß, wie wichtig es ist, Qualitätszeit mit Ihm zu verbringen. Woran liegt das?

In irgendeiner Predigt, leider ist mir entfallen von wem, hörte ich, dass der Mensch mit dem Sündenfall nicht nur die Beziehung zu Gott verloren hat, sondern sich selbst sein eigener Gott wurde. „Damit hat er nicht nur das Vertrauensverhältnis mit seinem Schöpfer zerstört, nein dadurch hielt auch der Tod Einzug. Erst geistlich, später körperlich durch Altern und körperlichen Tod.“

(nach „die Schöpfung bewahren“ aus „Leben ist mehr“)
Jesus hat durch Sein Opfer am Kreuz die Beziehung zum Vater wiederhergestellt. Das ist unsere geistliche Wiedergeburt. Auf der Ebene des Geistes kommunizieren wir mit Gott. Dort hören wir Seine Stimme. Dort werden wir gelehrt, getröstet, ermahnt, erzogen. Dort wachsen wir, wenn wir es zulassen, vom Herrn geformt und verändert zu werden. Die Seele hat jedoch noch ihr altes Programm. Sie ist ja der Sitz unserer Gefühle, unseres Charakters und unserer Geschichte. Hier wohnt unser Ego. Wie wir wissen, ist unser Ego nur daran interessiert, seine Bedürfnisse gestillt zu bekommen. Findet nun unser Geist den Beifall der Seele? Nein, im Gegenteil, er steht ihr entgegen, wie Paulus in Gal. 5.16 sagt. Er nennt die Seele „das Fleisch“. Darauf werden wir zu einem späteren Zeitpunkt noch genauer eingehen.
Wahrscheinlich hast Du auch selbst schon gemerkt, dass Deine Seele dem Geist gegenübersteht. Ich war schon jahrelang Christ, bevor ich anfing, eine regelmäßige Zeit mit Dem Herrn einzuplanen. Dazu habe ich eine weitere Geschichte aus diesen Tagen.

Stille Zeit
„Machst Du eigentlich regelmäßig „stille“ Zeit“?“ fragte mich mein Hauskreisleiter, der auch gleichzeitig ein Freund war. „Ja, während der Autofahrten“ antwortete ich. Damit meinte ich die Zeit im Auto zwischen den Terminen während des Außendienstes. „Dann möchte ich dir nicht auf der Straße begegnen!“ bemerkte der Hauskreisleiter, der auch gleichzeitig ein weiser Mann war.
Ja, das Thema an diesem Hauskreisabend war „stille Zeit“. Was ist die „stille Zeit“? Wer macht sie? Wie kann man sie machen? Wozu ist sie gut?
Gute Frage! Zu diesem Zeitpunkt hatten nur wenige unseres damaligen Hauskreises jeden Tag eine „stille Zeit“. Ich ja wohl auch nicht, denn eine Gebetszeit während einer Autofahrt war damit nicht gemeint. An diesem Abend wurde das Thema von allen Seiten beleuchtet.

Das Hauskreisleiterehepaar erzählte von ihrer „stillen Zeit", und was sie währenddessen erlebt hatten. Beide suchten Den Herrn jeweils morgens vor der Arbeit. Sie begannen mit Danksagung und Lobpreis, lasen in der Bibel und beteten über die Bedeutung des gelesenen Wortes für sie persönlich. Sie berichteten, dass der Alltag auf diese Weise ganz anders verlief als sonst, viel geordneter. Beide betonten, dass sich ihr Tagesablauf, seitdem sie morgens erst mal Zeit mit dem Herrn verbrachten, drastisch zum Guten verändert habe. Ich beschloss, dieses „Morgenmodell" der „stillen Zeit" auch auszuprobieren, auch wenn ich dafür wesentlich früher aufstehen musste.

Am gleichen Abend zu Hause fragte ich Den Herrn, an welcher Stelle der Bibel ich beginnen sollte und blätterte in der Bibel. Dabei bekam ich den starken Eindruck, dass das Johannesevangelium für mich der richtige Einstieg sei.

Am nächsten Morgen schlug ich bei meiner „stillen Zeit" als erstes Kapitel Eins des Johannesevangeliums auf. Dort las ich:

Joh.1.1-5

„Am Anfang war das Wort, und das Wort war bei Gott, und das Wort ***war*** *Gott. Dieses war im Anfang bei Gott. Alles wurde durch dasselbe, und ohne dasselbe wurde auch nicht eines, das geworden ist. In Ihm war Leben, und das Leben war das Licht der Menschen. Und das Licht scheint in der Finsternis, und die Finsternis hat es nicht erfasst."*

Während des Lesens wurde mir sehr deutlich, dass JESUS das Wort Gottes **ist**. Wenn wir in der Bibel lesen, sind wir direkt bei IHM.

Joh.1.10-14

„Er war in der Welt und die Welt wurde durch IHN, und die Welt kannte IHN nicht. Er kam in das Seine und die Seinen nahmen IHN nicht an; ***so viele IHN aber aufnahmen, denen gab ER das Recht, Kinder Gottes zu werden, denen, die an Seinen Namen glauben****; die nicht aus Geblüt, auch nicht aus dem Willen des Fleisches, auch*

*nicht aus dem Willen des Mannes, **sondern aus Gott geboren sind**. Und das Wort wurde Fleisch und wohnte unter uns..."*

Was für ein schöner Einstieg in die morgendliche Bibellese! Sie ist nämlich ein sehr wichtiger Teil der „stillen Zeit"! Ich kann mir vorstellen, dass das „Stille" an der Zeit mit dem Herrn auch damit zu tun hat, bewusst **mit** Dem Heiligen Geist zu lesen, was ER gesagt hat und zu lauschen, was das für mein Leben bedeutet.
Seit diesem Morgen vor vielen Jahren, praktiziere ich regelmäßig meine „stille Zeit". Regelmäßig, weil ich leider immer noch nicht von mir behaupten kann, dass ich es wirklich jeden Tag „schaffe".

Diese Geschichte ist schon fast 20 Jahre alt. Seitdem ist vieles passiert. So oft merkte ich zu jeder Zeit, dass mein Ego gerne bestimmen möchte, auch wie mein Weg mit Jesus auszusehen hat.
Unsere Seele mit unserem Ego besitzt viele Facetten, die wir gleich noch näher betrachten werden. Zuerst möchte ich aber auf den zweiten Teil dieses Unterthemas eingehen.

Das wichtigste Gebot und das neue Gebot
Jesus selbst antwortet im Mathäusevangelium auf die Frage, was das wichtigste Gebot sei, folgendermaßen:

„Du sollst Den Herrn, deinen Gott, lieben mit ganzem Herzen, mit ganzer Seele und mit all deinen Gedanken. Du sollst deinen Nächsten lieben, wie dich selbst."

Wenn wir über diese Worte Jesu einmal längere Zeit meditieren, sehen wir hier die Worte „du sollst". Das ist eine Anweisung! Sie geht an unsere Seele mit dem Herzen und den Gedanken.
Das ist ein Lernprozess. Die Seele liebt den Herrn nicht von sich aus. Sie muss neu programmiert werden. Das Ego muss von seinem Thron gestoßen werden, damit Jesus durch den Heiligen Geist

einziehen kann. Der Herrschaftswechsel vom Gott Ego zu Gott in Seiner Dreifaltigkeit muss in unseren Herzen vollzogen werden. Aus eigner Erfahrung weiß ich, dass dieses ein langer, oft schmerzhafter Prozess sein kann. Viele Entscheidungen für welchen Gott ich leben will, müssen getroffen werden, oft mehrere am Tag. Fakt ist, wenn ich nicht in Gottes Königreich lebe, lebe ich im Königreich des Teufels. Da gibt es kein Niemandsland.
Wie gut, dass der im neuen Bund nicht davon abhängig ist, ob wir es schaffen, Gott immer an die erste Stelle zu setzten. Er weiß, dass wir dies aus uns heraus niemals schaffen werden. Das tut Seiner grenzenlosen Liebe und Annahme für uns keinen Abbruch. Denn Jesus hat auch das bereits für uns erfüllt. Joseph Prince, der sehr gerne über die Gnade des neuen Bundes spricht, erinnert immer wieder daran, dass die Betonung im neuen Bund nicht auf Deiner Liebe zu Gott liegt, sondern auf Seiner Liebe zu Dir! (siehe Joh.4.10)
.
Im wichtigsten Gebot geht es also um die Liebe - Zu Gott, zu unserem Nächsten, zu uns selbst. Bevor Jesus Seinen Leidensweg für uns antrat, gab Er den Jüngern beim letzten Abendmahl nach der Fußwaschung ein neues Gebot.

„Ein neues Gebot gebe ich euch, dass ihr einander liebt, damit, wie Ich euch geliebt habe, auch ihr einander liebt. Daran werden alle erkennen, dass ihr meine Jünger seid, wenn ihr Liebe untereinander habt.“
Joh.13.34,35

Hier geht Jesus noch einmal explizit auf die Nächstenliebe ein, besonders die Liebe der Christen untereinander! Das ist keine Bitte von Ihm, das ist ein Gebot. Das ist es, woran uns die Welt erkennen soll. Findet die Welt die Gemeinde Gottes so vor? Das ist eine Frage, die wir uns stellen sollten, bevor wir einen Mitchristen be- oder verurteilen oder kritisieren. Jesus hat Seinen Jüngern als Zeichen Seiner Liebe und als Vorbild für uns die Füße gewaschen. Ihm

war die Unvollkommenheit Seiner Jünger bestens bewusst. Er liebte sie so, wie sie waren, sogar Judas, der Ihn kurze Zeit später verriet.
Wann haben wir das mit der Fußwaschung füreinander zum letzten Mal getan?
Wenn wir uns Gottes unendlicher Liebe für uns zutiefst bewusst sind, können wir auch in Ihm unseren unvollkommenen Bruder oder Schwester einfach lieben.
Heute morgen hatte jemand in der Gebetsstunde für die Gemeinde ein Bild von einem Kochtopf, in den viele verschiedene Zutaten geworfen werden für einen schmackhaften Eintopf. Die Zutaten waren alle verschieden, wenn aber nur eine fehlt, fehlt dem Ganzen etwas. So sollten wir einander in unserer Einzigartigkeit, Verletzlichkeit und Unvollkommenheit einfach akzeptieren, respektieren und lieben. Gott kann den Bruder, die Schwester und mich gerade darum gebrauchen, weil wir so sind, wie wir sind. Gert Hoinle von der online Kirche hat einmal gesagt, „der eine kann den einen Prediger besser an den Ohren haben, der andere einen anderen.“ Das gilt nicht nur für das Predigen, sondern für alles andere auch. Auch, wenn uns die Andersartigkeit unseres Mitchristen manchmal auf die Nerven geht, ist diese Empfindung subjektiv. Einem anderen kann es mit uns genauso gehen. Die Bibel spricht davon, dass wir einander „ertragen“ sollen. (siehe Eph. 4.1). Des Weiteren sollten wir niemals vergessen, dass jeder von uns, also auch wir selbst seine eigenen Lernpunkte und Schwachstellen hat. Leider gibt es in den Gemeinden Zwistigkeiten, manchmal sogar Unversöhnlichkeit. Das ist NICHT der Wille Gottes, sondern zutiefst fleischlich. Manchmal steckt Stolz dahinter in seinen vielen versteckten Formen. Oft spielen uns unsere Gefühle einen Streich und lassen uns Dinge anders wahrnehmen, als sie wirklich sind. Auf beides gehen wir später noch ein.
Niemals sollten wir vergessen, woher wir selbst kommen. Wir sind alle aus Gnade errettet, nicht aus eigener Kraft.
Je mehr wir uns diesen essentiellen Wahrheiten bewusstwerden,

desto mehr wollen wir uns der Frage, wer der Regisseur in unserem Leben ist, mit den nächsten Unterthemen nähern.

Der Kampf mit dem „Schweinehund“

Ich nenne den Teil unserer Seele, der keine Lust hat, in Beziehung zu Gott zu treten, träge und faul ist und nur die eigenen Bedürfnisse verfolgt, einmal den „Schweinehund“. Wir alle haben einen und kennen ihn auch. Dazu eine Geschichte aus meinem Leben.

Der „Schweinehund“ brüllt

Gleich würde ich mich an den Ort zurückziehen, wo ich meine „stille Zeit“ mit dem Herrn beginnen würde. Wie oft hatte ich genau dort vom Herrn Trost, Lehre, Mahnung und Wegweisung erfahren. Seitdem ich diese feste Zeit mit dem Herrn praktizierte, war ich gelassener und sensibler für Sein leises Hineinsprechen in mein Leben geworden. Ich achtete mehr darauf, was ich wann zu wem sagte, und dass ich möglichst niemanden mit unbedachten Worten verletzte. Der Unterschied von den Tagen mit „Stille Zeit“ zu den Tagen ohne war überdeutlich spürbar. Ich hatte gelernt, Gottes Wort zu proklamieren, das heißt laut auszusprechen und auf mein Leben in den verschiedensten Situationen anzuwenden. Sehr oft fand ich in der Bibellese mein Rhema Wort. Das ist das Wort zu diesem Zeitpunkt genau für mich passend.

An den fünf Arbeitstagen hatte ich meine Routine. Immer kam direkt nach der Dusche die „stille Zeit“. Da gab es so gut wie nie eine Ablenkung oder Störung.

Am Wochenende allerdings musste ich für diese Zeit fast jedes Mal einen Kampf ausfechten – mit mir selbst!

Wieso denn das, wenn ich doch wusste, wie gut mir diese Zeit tat. Eine Zeit lang dachte ich, das läge an meinem hektischen Alltag. Ich musste ja so viel arbeiten, hatte drei halbwüchsige Kinder sowie einen Ehemann und somit einen ziemlich großen Haushalt.

Dann wurde ich aber wegen eines doppelten Bandscheibenvorfalls

zwei Monate krankgeschrieben. Bevor ich im Krankenhaus meine Schmerztherapie antreten konnte, lag ich meistens auf dem Sofa. Ich hatte also genug Zeit für „stille Zeit". Der Vorsatz stand auch fest. Jedoch schweiften meine Gedanken immer vorher schon ab. Alle möglichen Gedanken ploppten in meinem Kopf auf. Keiner davon hatte etwas mit meiner Beziehung zu JESUS zu tun. Es waren irgendwelche Alltagsangelegenheiten oder Ideen, die sich vorschoben.
Da war er, der Kampf in meinen Gedanken!
Joyce Meyer hat darüber ein sehr erfolgreiches Buch geschrieben. Es heißt: „ Das Schlachtfeld der Gedanken". Sie erklärt darin, dass wir uns, wenn wir in das Königreich JESU CHRISTI gewechselt haben, im Krieg mit dem Reich des Teufels befinden, aus dem wir ja kommen. Jedes Mal, wenn wir Gemeinschaft mit Dem Herrn suchen, versucht der Teufel, das zu stören oder gar zu verhindern. Klar, der will verhindern, dass wir gesegnet werden.
Der ist unser Feind!
Da war aber noch ein anderer Feind! Ich nenne ihn mal „Schweinehund". In mir war und ist immer noch ein Teil, der wirklich leider ist es so, keine Lust auf die Gemeinschaft mit meinem Erlöser hat. Allein, das so aufgeschrieben zu sehen, bringt Entrüstung in mir hervor. Wie undankbar! Und doch ist es leider die Wahrheit!
Gut zu wissen, wie die Dinge liegen. Wer seine Feinde kennt, kann sie bekämpfen!
Als ich die Strategien des Teufels wie Ablenkung und Störung mit Gottes Hilfe durchschaut hatte, und die Tatsache, dass auch in mir noch „das Fleisch" existiert, welches keine Lust hat, angenommen hatte, konnte ich Strategien lernen, mit deren Hilfe ich **in JESUS**" mehr als ein Überwinder" (siehe Röm. 8.37) sein kann." Mir wurde klar, dass es jedes Mal einen Kampf um dies kostbare Zeit geben wird! Diesen Kampf können wir allein nicht gewinnen, nur in JESUS! Deshalb ist es gut, „seine Gedanken unter den Gehorsam Jesu Christi zu stellen." (siehe 2.Kor.10,5)
Das hilft bei der Konzentration auf das Richtige.

Ich bin froh über jedes Mal, wenn ich die „stille Zeit“ gegen meine Feinde durchsetzen kann.
Dabei gilt auch, wie Churchill einst sagte: „Never, never give up!“
Jede „stille Zeit “mit dem Herrn bringt Segen und hat kurz- und langfristig positiven Einfluss auf mein Leben.

Der „Schweinehund “betrifft natürlich nicht nur die stille Zeit, sondern unser ganzes geistliches Wachstum. Wenn er kann, verhindert er Lobpreis, Bibellese, Dankbarkeit, Gebet, Dienste und am liebsten die tiefe Beziehung mit Dem Herrn. Er redet uns gerne ein, wir seien zu müde, zu ausgelaugt, es ist zu früh oder zu spät, das hat doch noch Zeit oder ähnliches. Wer hat das noch nie erlebt? Ich denke, der ist uns allen bestens bekannt.
Auch die Weltmenschen kennen ihn. Er verleitet zur Faulheit, zur Trägheit und gerne zur Völlerei. Der bekannte Ernährungsberater Patrick Heizmann kreierte den Spruch: „Bleib klein, Schweinehund!“ Ja, das ist uns allen zu wünschen. Doch wie bleibt er klein? Frans, einer unserer Ältesten erwähnte in einer Predigt zu diesem Thema einmal vor vielen Jahren, dass wir unseren Geist und unsere Seele mit einem weißen Hund und einem schwarzen Hund vergleichen könnten, die in uns kämpfen. Derjenige, den wir füttern , wird stärker und gewinnt.

Und dann wäre da noch....
Unser Ego

Was will unser Ego? Es will der „Bestimmer“ sein!
Es lässt sich nicht so einfach „vom Thron“ stoßen. Auch, wenn wir Christ sind, bestimmt unser Ego gerne, wo es „langgeht“. Auch in jedem wiedergeborenen Menschen steckt noch immer ein Teil, den die Bibel „das Fleisch“ nennt. Gemeint ist damit folgender Teil unserer Seele: das „Ich“ - das was **ich** will, was **ich** meine, wo **ich** mich sehe, wo **ich** hin will, **Selbst**verwirklichung**, meine** Meinung, **meine**

Rechte. Dieses „Ich" ist stolz, auf sich selbst bezogen und rebellisch! Es will sich nicht unterordnen.
Die Missionarin Maria Prean prägte in einer Predigt einmal folgenden Satz:

„Ich, mich, meiner, mir, Herr segne doch uns vier."

Das drückt es ungefähr bei einem Christen aus, der aus dem Fleisch lebt. Für diesen Christen ist es wichtig, dass Der Herr segnet, was **er** tut. Er selbst bestimmt seinen Weg, nicht JESUS!
Deshalb sagt Paulus an einer Stelle „nicht mehr lebe „ich", sondern JESUS in mir!" (siehe Gal.2.20) Das ist aber ein Prozess, der das ganze Leben dauert. Wenn wir es zulassen, verändert Der Heilige Geist uns mit der Zeit „von Herrlichkeit zu Herrlichkeit" wie die Bibel (siehe 2.Kor.3. 13-18) sagt. Das passiert in der Gemeinschaft mit dem Herrn. Deshalb ist sie auch so umkämpft, weil sie für unser Wachstum in Jesus und für ein Leben im Sieg so essenziell wichtig ist.

Johannes Hartl brachte für das Handeln des Egos in einer seiner wunderbaren Predigten einmal zwei Beispiele.
1.Eine Armee
Stell Dir eine Armee im gerade ausgebrochenen Krieg vor. Die Generäle haben den Schlachtplan entwickelt, die ganze Logistik und Technik ist vorbereitet, die Soldaten wurden einberufen. Leider haben einige gar keine Lust oder Zeit, überhaupt anzutreten.
Einige der anwesenden Soldaten beklagen sich über mangelnden Komfort in den Unterkünften. Als die Schlacht beginnen soll, beschließen einige, dass ihre Waffen für den Fußmarsch viel zu schwer sind und lassen sie im Lager. Einigen war die Uhrzeit, überhaupt aufzustehen, viel zu früh. Sie drehen sich lieber noch einmal im Bett um. Andere meinen: „warum hier lang gehen? Ich kenne einen bequemeren Weg! Ich habe ein Recht auf eine angemessene Behandlung." Wieder andere kritisieren den Schlachtplan des

Generals und haben mehrere „bessere“ Vorschläge.
Einer merkt an, dass, was von ihm verlangt werde, sei nicht seine Aufgabe. Ein weiterer Soldat verlangt, darüber abzustimmen. Als der Befehl zum Angriff kommt, rennen alle wie wild durcheinander und verursachen nur ein fürchterliches Chaos. Wird diese Schlacht wohl gewonnen werden?

2. Ein Orchester

Es soll ein großes Konzert sagen wir mal in der Elbphilharmonie stattfinden. Der Dirigent hat die Stücke sorgfältig gewählt, für die passende Technik ist gesorgt, das Orchester ist zur Probe eingeladen. Als der Dirigent den Start des ersten Stückes vorgibt, bemerkt er, dass einige der Flötisten gar nicht erschienen sind. Einer der Geigenspieler stürmt verspätet in die Probe. Der Cellospieler hatte vergessen, sein Instrument zu stimmen. Er bringt nur einige gequälte Töne heraus.
Diejenigen, die an alles gedacht haben und pünktlich da waren, werden allmählich ungeduldig! Der erste Blasinstrumentenspieler findet, dass man das Stück besser in einer anderen Tonlage spielen könnte. Der Dirigent steht am Rande der Verzweiflung! Wird dieses Orchester wohl erfolgreich sein?

An welcher Stelle finden wir selbst uns da wieder? Lies es ruhig noch einmal durch und denke länger darüber nach. An welcher Stelle sitzt Dein Ego noch auf dem Thron? Manchmal befinden wir uns so in unserer christlichen Tretmühle, dass wir gar nicht merken, wie sehr wir „unser eigenes Ding“, unsere eigene Vorstellung vom Christ sein leben.
Das ist mir im Leben mehr als einmal passiert. Hier kommen einige Beispiele.

Komm zurück

Heute hatte ich wieder lange Strecken zu meinen Terminen zu fahren. Manchmal schien ich den halben Tag im Auto zu sitzen. „Das ist halt der Außendienst“ sagte ich zu mir selbst.

Statt Radio hörte ich wie meistens christliche CDs. Die schöne Musik und die tiefgründigen Texte gaben mir Ruhe und brachten mich zum Nachdenken.
Ich liebte den Herrn nach wie vor, aber meine Beziehung zu IHM hatte im letzten Jahr gelitten. Obwohl ich so gut wie jeden Tag betete und in der Bibel las, wusste ich, dass ich in Seinen Augen nicht auf dem richtigen Weg war. Ich spürte das, was mich von IHM trennte, wie einen Graben. Allerdings merkte ich auch sehr deutlich, dass ich nicht in der Lage war, etwas zu ändern. Es tat weh, aber wie konnte ich da wieder herauskommen?
Plötzlich nahm ich den Text eines englischen Liedes überdeutlich wahr. Es handelte davon, wie Jesus sich nach der Gefangennahme und dem Verrat von Petrus zu ihm umdreht und ihn traurig ansieht. Lk.22,61
„Und Der Herr wandte sich um und blickte Petrus an; und Petrus gedachte an das Wort des Herrn, wie Er zu ihm sagte: Bevor der Hahn heute kräht, wirst du Mich dreimal verleugnen."

In meinem Inneren sah ich die Szene, nur, wen der Herr ansah, das war ich!
Die Zeit schien einen kleinen Moment still zu stehen. ER sah mich an. Sein Blick war voller Liebe und Trauer. Er sagte: „Komm zurück!" Tränen schossen mir in die Augen, ich ließ sie laufen, eine lange Zeit.
Diese Begegnung berührte mich auf eine tiefe Art und Weise. Ich wollte IHN nicht betrüben. So bat ich IHN um Vergebung und Hilfe, aus der derzeitigen falschen Situation herauszukommen. Mir wurde neu klar, dass das Wichtigste in meinem Leben JESUS ist. Es sollte nichts mehr zwischen uns stehen.
Wie Petrus, so gab ER auch mir eine neue Chance. Dieses Erlebnis im Auto während des Fahrens leitete die Wende in meiner Situation ein. Ich entschied mich noch einmal ganz neu und bewusst für IHN. ER hatte mich nie losgelassen. Seine große, unfassbare Liebe warb um mich, auch als ich untreu war. Wer kann Seiner Liebe

widerstehen? Ich nicht, und ich will es auch nicht. Denn es gibt nichts Besseres, nichts Reineres! ER verurteilte nicht, sondern legte Seinen Finger zart auf die Stelle, welche eine Trennung zwischen mir und IHM verursacht hatte. Als ich IHM die Situation ganz und völlig überließ, IHM neu die Priorität in meinem Leben gab, unabhängig davon, was ER aus dem Dilemma machen würde, fing die Situation an, sich zu ändern. Gottgewollte Wege taten sich auf, die ich gehen konnte. Und ich ging sie!

Alles wurde gut, nichts habe ich dabei verloren. Wie dankbar bin ich dem Herrn für Seine vergebende Liebe! Nie wieder will ich IHM bewusst ungehorsam sein! So eine schreckliche Zeit will ich nie wieder erleben.

Daraus gelernt habe ich auch, nicht zu verurteilen. Wie konnte mir, die ich schon zehn Jahre Christin war, ein bewusster Ungehorsam passieren? Ich habe lange gebraucht, mir selbst zu vergeben. Viele, viele Tränen sind in dem Prozess geflossen. Irgendwann gelang es mir, durch die Gnade Gottes.

Tatsache ist wohl, dass auch uns Christen alles mögliche Falsche passieren kann; wenn es uns in einer verletzten, schwachen Zeit trifft. Manchmal werden dann Entscheidungen getroffen, die nicht gut sind und einen unguten Einfluss auf unser Leben aber auch auf das Leben derer, die wir lieben, haben. Keiner ist davor gefeit. Auch wenn so mancher annimmt, so etwas könne ihm nicht passieren. "Mehr als ein Überwinder"(Röm.8,37) sind wir **nur in IHM**.

Dem Herrn sei Dank für Seine Liebe, Seine Vergebung, Seine Treue und Seine Gnade, die jeden Tag neu ist.

Resilient

Eine Weile telefonierte ich nun schon mit meinem Sohn in London. Er erzählte mir von einem Kollegen, der bei der Arbeit zusammengebrochen war. Er hatte nicht mehr aufhören können zu weinen. Schließlich war er mit einem Burn-out auf unbestimmte Zeit krankgeschrieben worden und kam wohl nicht mehr an seinen Platz zurück. Er war erst gerade so um die dreißig Jahre alt. Seine Kunden wurden nun auf die anderen Mitarbeiter der Firma aufgeteilt. „Klar, ich kann das wohl verstehen“, sagte ich, „bei euch geht es um viel Geld, und ständig steht ihr unter Zahlendruck.“ „Das macht mir gar nichts aus,“ bemerkte mein Sohn. „Ich liebe es, mit großen Summen umzugehen. Aber die Firmen in England müssen da total aufpassen, denn der Staat guckt sehr darauf, wie viel psychische Krankheiten es in den Firmen gibt.

Wie gut, Mama, dass solche Krankheiten bei uns nicht in der Familie liegen. Wir sind stark, nicht wahr?“ setzte er noch hinzu. „Tja, wir sind stark“, dachte ich ein wenig bitter, „oder müssen es sein. Für Schwäche ist keine Zeit, die Arbeit muss schließlich erledigt werden“.

Nachdem wir unser Telefonat beendet hatten, dachte ich weiter über unser Gespräch nach.

Vor zehn Jahren hatte ich mal eine Kur beantragt, als ich kraftlos den Außendienst bei einer großen Kosmetikfirma verlassen hatte. Damals war sie mir zwei Mal abgelehnt worden. Dann konnte ich in meinen alten Beruf als Erzieherin zurückkehren und verzichtete auf einen dritten Einspruch. Für mich war wohl so etwas wie staatliche Erholung nicht vorgesehen. Ich musste stark sein. Schließlich leitete ich seit fünf Jahren eine große Kindertagestätte. All den Widrigkeiten zum Trotz holte ich mir jeden Tag beim Herrn Kraft für meine Arbeit. Das klappte. Er versorgte mich für jeden Tag neu. Nur schlafen konnte ich seit mehreren Jahren schlecht bis gar nicht. Das war ja nun kein Grund, nicht zur Arbeit zu fahren, befand ich und hielt durch, Woche für Woche, Monat für Monat, Jahr für Jahr. Außerdem liebte ich meine Arbeit. Sie war mein Projekt. An einigen Stellen hatte ich schon ein bisschen Positives für die Kinder oder für das Team erkämpfen können. „Resilienz“ (die Fähigkeit, nach einem schweren Schlag wieder aufzustehen) war mein Lieblingsthema. Hier konnten auch gerade Kinder gestärkt werden, indem sie bei uns bedingungslose Annahme spüren durften. Diese Erfahrung konnte irgendwann in ihrem Leben, wenn es hart wurde, mal ihre Rettung sein. Es faszinierte mich, dass wir als Erzieher durch

unser positiv verstärkendes Handeln am Kind, nachhaltig in ihr Leben sprechen konnten. Und ich war ja auch resilient! Ich war nach allen Schlägen, die mir das Leben verpasst hatte, immer sofort wieder aufgestanden. So sollte es wohl mit Gottes Hilfe weitergehen.
Einige Wochen zuvor hielt ich mehrere meiner Fortbildungsnachweise aus den letzten Wochen in der Hand, bevor sie in die Personalabteilung wanderten. „Vielleicht sollte ich meine Bewerbungsunterlagen mal wieder auf den neuesten Stand bringen", dachte ich. „ach was, ich bleibe ja doch bis zur Rente in zwölf Jahren beim Deutschen Roten Kreuz", hatte ich mir so vorgestellt...
Knappe sechs Wochen später war ich es, die an ihrem geliebten Arbeitsplatz zusammenbrach, die ihre Tränen nicht mehr zurückhalten konnte. In voller Fahrt aus dem Arbeitsleben herausgerissen, begriff ich gar nicht, was mit mir passiert war. Die Diagnose des Therapeuten, den ich Gott sei Dank schnell gefunden hatte, lautete: Burn-out! Das konnte ich lange nicht annehmen. Das konnte mir doch nicht passiert sein! Niemals. Ich war doch stark. Der Herr hatte mir doch immer Kraft gegeben. Warum hatte er sie mir jetzt entzogen? Eines Nachts, als ich IHN ungehalten anklagte, weil ich wieder nicht schlafen konnte, hörte ich sofort in meinem Inneren „Lebe für Mich!" Ich hatte immer gemeint, das mache ich bereits. Was meinte ER?
Hatte ER etwa andere Pläne für mich?

Lebe für Mich

An einem wunderschönen Tag im Mai 2017, die Sonne schien, die Vögel sangen, die Blumen im Garten blühten in allen Farben, baumelte ich bei angenehmen 25 Grad in meiner Hängematte und konnte den herrlichen Tag nicht genießen. Ich fühlte mich schlapp, ausgelaugt, konnte keinen klaren Gedanken fassen, war verwirrt und traurig. Was war mit mir los, warum konnte ich mich nicht konzentrieren, mir nichts merken, warum stand ich ständig unter hoher Anspannung? Am liebsten wollte ich das Haus nicht mehr verlassen, erkannte mich nicht wieder, das war doch nicht ich. 2 Wochen war ich schon krankgeschrieben. Nichts änderte sich trotz

Tabletten.
Noch vor kurzer Zeit hatte ich eine große Kindertagesstätte mit 100 Kindern und einem Team von 19 Mitarbeitern im Brennpunkt einer Kleinstadt im Nordwesten Deutschlands geleitet. Trotz vieler widriger Umstände liebte ich meine Arbeit, und versuchte sie so zu tun, dass sich alle wohlfühlen konnten und jedes Kind bestmöglich gefördert wurde. Meine Arbeit war mein „Baby". Jede Herausforderung ging ich mit Hilfe meines Herrn Jesus an und ließ mich nicht unterkriegen. Nur schlafen konnte ich seit Jahren schlecht, wenig, oft gar nicht. Irgendwann war ich einfach unter Weinattacken zusammengebrochen, nichts ging mehr. Ich fühlte mich wie ein Esel, dem die Beine weggeknickt waren, der nicht mehr hochkam. Ich wollte diesen Esel anschieben, aber alle Bemühungen blieben erfolglos.

Ich bekam keine zwei Sätze mehr zusammen, ohne Fehler zu machen, ich die auf Grammatik immer so viel Wert gelegt hatte. Dauernd vergaß ich etwas, war unkonzentriert. Die Krankmeldung zum Briefkasten zu bringen, schien ein undurchführbares Projekt für mich zu sein. Obwohl es fast nichts zu erledigen gab, war ich non Stopp angespannt.

Ich schrie innerlich zum Herrn. „Was ist mit mir passiert? Hast Du mich nicht jeden Tag stark gemacht, mir täglich die Kraft gegeben, die ich brauchte? Haben wir nicht alles gemeinsam gemeistert? Habe ich Dir nicht vertraut, alle meine Lasten auf Dich geworfen, in Dir allen Angriffen widerstanden, getan, was getan werden musste, ausgehalten, was ausgehalten werden musste. Warum lässt mein Körper mich so im Stich und meine Seele weint nur noch? Das wollte ich nicht. Die Kita ist doch mein Platz, oder? Ich soll jetzt plötzlich eine Depression haben? ich? Das kann nicht sein, ich war immer stark in Dir. Wo bist Du?"

„Ich bin hier" hörte ich tief in meinem Herzen, und das jedes Mal, wenn ich danach fragte.

Na ja, wahrscheinlich brauchte ich einfach eine Auszeit. Ich dankte dafür und wartete darauf, dass es mir besser ging. Irgendwann

würde alles wieder beim Alten sein, oder?
Nach vielen Wochen wuchs in mir allmählich die Ahnung, dass Der Herr mich eine ganze Zeit in meinem Hamsterrad hatte laufen lassen, danebenstand und wartete. Ich hatte mir schon so ausgemalt, dass die Kita mein Platz war, an dem ich bis zur Rente in 11 Jahren mit Gottes Hilfe bleiben würde, und dabei nicht gemerkt, dass der Leistungsgedanke tief in mir steckte und ich irgendwie in meiner eigenen Kraft ging. Ich wollte doch „meinen Teil" tun, hatte Verständnis für die Schwachheiten anderer Leute, erlaubte mir jedoch selbst keine, wusste ich doch, wie damit umzugehen war. Bei Verletzungen vergeben, segnen, weiter geht`s. Meiner Seele schenkte ich nicht viel Beachtung., wollte ich doch im Herrn „mehr als ein Überwinder" sein. (Röm.8,37) Für mich stand fest, dass ich mich nicht über meine Stellung als Kitaleitung identifizierte, sondern über meinen Status als Gotteskind.
War das wirklich so, oder war mir meine Arbeit zu wichtig geworden? Nun war ich völlig zusammengebrochen. Die Stellung als Gotteskind, war alles, was mir blieb. Oft wurde ich über Gedanken und Träumen angegriffen. „Wer bist du nun noch, das Leben geht ohne dich weiter, du bist zu nichts mehr nutze. „hörte ich in mir. Gott sei Dank war der Herr immer bei mir. Nie hatte ich den Gedanken, dass Er mich verlassen hätte. Ich las oft in der Bibel, und da ich mich kaum konzentrieren konnte fand ich immer schnell „zufällig" die Stellen, die mich ermutigten. Z.B. Jer. 31, 3

"Ja mit ewiger Liebe habe Ich dich geliebt; darum habe Ich dir Meine Güte bewahrt".

Aus Wochen wurden Monate. Meine Familie unterstützte mich, so gut sie konnte. Meistens war ich völlig kraftlos, der Nachtschlaf klappte auch jetzt noch nicht. Jedoch hatte ich viel Zeit für meine Tochter, die wegen ihrer Schwangerschaft freigestellt war. Auch Beziehungen mit Frauen aus der Gemeinde konnte ich wieder pflegen. Für meinen Mann hatte ich viel mehr Zeit und Verständnis als früher, und versuchte ihm seinen Feierabend schön zu gestalten. Nach und nach räumte ich meinen gesamten Haushalt auf und legte einen kleinen Kräutergarten an. Allerdings „schaffte“ ich an einem Tag nur wenig. Es dauerte sehr lange, bis ich kein schlechtes Gewissen mehr hatte, kein „produktives Mitglied der Gesellschaft “mehr zu sein. Manchmal schämte ich mich, so lange zu Hause zu sein. Gott sei Dank wuchs meine Beziehung zu Gott. Ich hatte ja Zeit dafür, IHN zu suchen, zu beten, Predigten im Internet zu hören, Lobpreis zu machen. Fast jeden Tag hielt ich mich IHM so hin, wie ich war und erfuhr in Seinem Wort viel Ermutigung. An schwachen Tagen lernte ich, dass es gut war, einfach vor Ihm stille zu sein oder im Geist zu beten.

Gal.2,16

„Aber wir wissen, dass kein Mensch deshalb vor Gott als gerecht bestehen kann, weil er das Gesetz befolgt. Nur die finden bei Gott Anerkennung, die in vertrauendem Glauben annehmen, was Gott durch Jesus Christus für uns getan hat. Deshalb haben wir auch unser Vertrauen auf Jesus Christus gesetzt, um durch das Vertrauen auf IHN bei Gott Anerkennung zu finden und nicht durch Erfüllung des Gesetzes, denn mit Taten, wie sie das Gesetz verlangt, kann kein Mensch vor Gott bestehen. „

Ich erkannte diese Zeit nach und nach als Gnadenzeit., in der ich ausruhen und lernen durfte, in der ich von falschen Motiven gereinigt wurde.

„Siehe, Du hast Lust an der Wahrheit im Innen und im Verborgenen wirst Du mir Weisheit kundtun. Entsündige mich mit Ysop, und ich werde rein sein; wasche mich und ich werde weißer sein als der Schnee. 12 Erschaffe mir Gott ein reines Herz und erneuere in mir einen festen Geist. 14 Lass mir wiederkehren die Freude Deines Heils und stütze mich mit einem willigen Geist! 18 Herr, tue meine Lippen auf, dass mein Mund Dein Lob verkünde...19. Die Opfer Gottes sind ein zerbrochener Geist; ein zerbrochenes und zerschlagenes Herz, wirst Du Gott nicht verachten.“

Ps51,8

Das Wichtigste war für mich, in Seine Ruhe einzugehen und Seinen Willen für mein Leben zu finden.
Konnte es sein, dass Er doch einen anderen Weg für mich hatte? Ich bat Ihn um ein Zeichen. Und dies wollte ich nehmen, um zu erkennen, wenn meine Zeit in der Kita beendet war, dass bei meiner Wiedereingliederung entweder der Träger oder das Team Probleme macht.
Als die im Eilverfahren beantragte Reha beendet war, begann ich meine Wiedereingliederung. Nach einer Woche bat mich der Personalleiter des Trägers um ein Gespräch. Ohne sich lange mit Fragen nach meinem Befinden aufzuhalten, teilte er mir folgendes mit:" Sie können nicht schlafen. Widrigkeiten gibt es überall, so was muss Leitung können. Aus Fürsorgepflicht bitten wir Sie dringend ins zweite oder dritte Glied zurückzutreten, bevor der Träger reagieren muss."
Da hatte ich mein Zeichen. Aber es kam noch schlimmer. Ich bekam mit, dass sich einige Damen aus dem Team geäußert hatten, so wie es ist, sei es doch gut, so könne es doch bleiben. Obwohl ich für ein deutliches Zeichen gebetet hatte, brach meine Welt zusammen und mein Herz gleich mit. Ich bedankte mich beim Herrn für das deutliche Zeichen, litt aber wie ein kranker Hund. Mein Selbstwertgefühl war auf dem Nullpunkt. Ich hatte das Gefühl, keiner wollte mich, keiner brauchte mich. Alle Symptome der Depression waren wieder da:
Extreme Anspannung, Traurigkeit, massive Selbstzweifel, körperliche Erschöpfung und Schlaflosigkeit. Ich fragte den Herrn, warum das alles so hart sein musste, und bekam die Antwort: „damit du es loslassen kannst."
Die Wiedereingliederung wurde abgebrochen, seitdem bin ich wieder krankgeschrieben. Mittlerweile ist insgesamt ein Jahr vergangen und es geht mir immer noch nicht wieder gut. Ich danke dem Herrn jeden Tag, manchmal ist es ein Dankopfer, das heißt, ich

fühle mich nicht immer dankbar. Rückblickend war das letzte Jahr weltlich gesehen ein Jahr der Niederlagen. Allerdings mit Gottes Augen betrachtet ist diese Zeit ein voller Erfolg. Dadurch bin ich IHM viel nähergekommen, gehe durch eine Zeit der Ruhe, Einkehr, Reinigung und Heilung. Ich lerne, IHM von Tag zu Tag zu vertrauen. In meiner Schwäche hat ER mir gezeigt, dass die wahre Berufung, die jeder Christ hat, und die ewig bleibt, ist, mit IHM eine Beziehung zu pflegen, IHN anzubeten. Er bereitet mir wirklich einen Tisch vor dem Angesicht meiner Feinde (Ps23). Ich spüre, dass Der Herr mein Fels ist, auf Dem ich stehe.

Er schützt mich und versorgt mich prächtig. Dadurch, dass ich nichts leisten kann, hat ER mir gezeigt, dass ER mich auch jetzt extrem liebt, dass ich so, wie ich bin, voll angenommen bin, und zwar einzig und allein durch die Gnade, dass mein Herr Jesus für mich am Kreuz gestorben ist, und ich dieses Opfer im Glauben angenommen habe.

Allein dadurch bekomme ich einen Wert, den mir nichts in der Welt geben kann, der ewig bleibt. Meine Prioritäten werden wieder geradegerückt. Ich durfte lernen, dass es viele Arten von Stolz gibt. Wie oft hatte ich geglaubt, ich wisse schon, wie es geht und bin doch in meiner Kraft vorangeprescht. Dadurch, dass ich es selbst erlebe, weiß ich, wie sich eine Depression anfühlt und habe so echtes Verständnis für andere Menschen, die darin stecken. Jeden Tag entscheide ich mich für die Freude am Herrn und weiß, dass Er mir die Zeit gibt, die ich brauche, vergibt, mich lehrt und sanft ohne Verurteilung korrigiert und dass nichts mich von Seiner Liebe trennen kann.

„Nehmt es als Grund zur Freude, zur reinsten Freude, wenn ihr in vielfältiger Weise auf die Probe gestellt werdet. Denn ihr wisst: Wenn euer Glaube erprobt wird, führt euch das zur Standhaftigkeit; die Standhaftigkeit aber soll zum Tun des Rechten und Guten führen, damit ihr in jeder Hinsicht untadelig seid und euch zur Vollkommenheit nichts mehr fehlt.“

Jak. 1 2-4

Ich erinnere mich, dass ich im April 2017 mal nachts entrüstet aus dem Bett gesprungen bin, weil ich wieder nicht schlafen konnte. Ich klagte „Du siehst mich ja hier kaputtgehen."
Seine Antwort kam prompt: er sagte in meinem Herzen „Lebe für mich!"
Das hatte ich doch getan, oder meinte ER etwas Anderes?
In dieser Krankheitszeit durfte ich lernen, dass für IHN leben, nicht unbedingt heißen muss, für IHN zu arbeiten. Folgende Worte aus der Bibel wurden mir sehr lebendig.

„Er muss wachsen, ich aber abnehmen."
Joh. 3,31

So muss das Weizenkorn jeden Tag ein bisschen sterben, damit es Frucht bringen kann.

„Verlass dich nicht auf deinen Verstand, sondern setze dein Vertrauen ungeteilt auf den Herrn! Denk an IHN bei allem, was du tust, ER wird dir den richtigen Weg zeigen. Halte dich nicht selbst für klug und erfahren, sondern nimm den Herrn ernst und bleib allem Unrecht fern! Das ist eine Medizin, die dich heilt, die dich rundherum gesund erhält und deinen Körper erfrischt."
Spr3, 5-8

Wie es beruflich mit mir weitergeht, weiß ich nicht, wohl aber, dass ER mich niemals verlässt und ich in IHM und nur da vollständig geborgen bin. Deshalb kann ich hoffnungsvoll in die Zukunft blicken.

„Denn Ich weiß wohl, was Ich für Gedanken über euch habe, spricht Der Herr: Gedanken des Friedens und nicht des Leides, um euch Zukunft und Hoffnung zu bewahren"
Jer29,11

Zur Zeit dieser drei Geschichten war ich schon lange Christ und wollte immer gerne dem Herrn Freude bereiten. Was kam mir manchmal dazwischen? Die Antwort ist wohl das Leben. In der ersten Geschichte hat Der Herr mich sehr geduldig von einem „Umweg“ zurückgeführt. Es war Seine sanftmütige Art, die mich zutiefst bewegte und mir den Weg in die Buße und komplett zu Ihm zurück ermöglichte. Aus eigener Erfahrung kann ich sagen, dass das Ego, wenn wir einmal auf einen Umweg geraten sind, sehr gerne Ausreden für unser falsches Verhalten findet und die Schuld daran gerne anderen Menschen oder den Umständen zuschiebt. In solchen Situationen kritisiert das Ego auch mit Vorliebe diejenigen, die einen in Liebe darauf hinweisen, und findet Fehler bei ihnen. So nach dem Motto: „Der hat aber auch...“ Als ob das etwas zur Sache täte! Damit will das Ego nur von sich selbst ablenken.
Die zweite Geschichte handelt davon, wie wir uns manchmal selber sehen. Unser Ego hält sich selbst für ziemlich stark. So war es bei mir. Ich hatte schon so viele Schicksalsschläge in meinem Leben scheinbar erfolgreich weggesteckt, dass ich glaubte, das würde nun für immer so weitergehen. Da es viele andere auch taten, hielt ich mich selber für stark. Ich war diejenige, die Hilfe gab, nicht die, die Hilfe annahm. Das schaffte ich doch alles allein, oder? Irgendwie dachte ich auch wohl, „ja, ja, ich weiß schon, ... was du meinst,... wie es weitergeht,... was der Plan Gottes für mich ist,...was diese Predigt uns sagen will, alles schon mal gehört“, und so weiter. Das ist wirklich einer meiner Lernpunkte. Der Herr sagt, wir sollen uns kein „Bild“ von etwas machen. (siehe 2.Mo.20.4) Johannes Hartl hat dies einmal in einer Predigt auf genau dieses Problem bezogen. Wenn ich immer gleich denke, „ach das kenne ich schon“, mache ich mir davon mein eigenes „Bild“. Dabei ist es schnell möglich, das, was Der Herr mir wirklich sagen will, zu verpassen.
Heute fand ich auf Facebook einen Beitrag von Herbert Ulrich, der genau zu diesen Überlegungen passt. Er hatte einen Kleingruppenabend zum Thema „Hören“ durchgeführt. Die Quintessenz dessen

war:
„Grundlage für gutes Hören ist Bereitschaft, die Wahrheit des Gehörten umzusetzen.
Hören auf sich selbst, auf Andere und auf Gott bleibt ein Lernprozess. Zuhören ist nicht möglich – wenn wir vor dem Hören schon die Antwort parat haben – oder kein Interesse haben."
Er hatte dann noch einen schönen Spruch hinzugefügt, der mich erst auf das Thema aufmerksam machte.
„Sei beim Hören kein Besserwisser oder Ignorierer sondern ein Diener. Wer bereit ist, Wahrheit dienend umzusetzen, kann Wahrheit besser hören."
Das ist ein Spruch, den zumindest ich selbst mir hinter die Ohren schreiben werde!
Die dritte Geschichte hat natürlich auch mit dem Ego zu tun, führt uns aber auch zum nächsten Unterthema:

Wer ist Dein „ Bestimmer"?

In dieser Geschichte war ich mir ziemlich sicher, auf dem richtigen Platz zu sein, dort wo Gott durch mich wirken wollte. So hatte ich mich mit all meiner Kraft dort hineingegeben und merkte dabei gar nicht, dass ich in meiner eigenen Kraft lief. Schlimmer ist jedoch, dass ich mehr für diese wichtige Arbeit lebte als für Gott. In diese Falle tappen viele von uns Christen.
Als Der Herr mich dann aus meiner Tretmühle herausnahm und „auf Null" setzte, wie Maria Prean immer so schön sagt, war ich lange Zeit total verwirrt. Das konnte Gott doch nicht zulassen, dass mir so etwas passiert. Weinend erzählte ich einer Freundin am Telefon, von der Diagnose, die ich erhalten hatte. Ich schämte mich fürchterlich. Sie tröstete mich und meinte: „Das ist nicht schlimm, Margret, das wird dir guttun, es wird dich sanfter machen. Das geht vorbei." Damals stutzte ich etwas bei dieser Aussage. War ich denn nicht immer verständnisvoll zu allen gewesen? Später verstand ich,

was sie gemeint hatte. Nur der, der selber eine Depression (zu der auch das Krankheitsbild „Burn-out“ gehört) mitgemacht hat, weiß, was die Betroffenen wirklich durchmachen. Hätte ich mir das jemals selbst für mich ausgesucht? Nein! Durfte mein Gott mich da durch gehen lassen? Ja! Denn ich lebe für IHN.
Auch wenn mein Ego gerne „hier“ schreit, soll einzig und allein ER der „Bestimmer“ meines Lebens sein.

Er darf mich in meinem Tagesablauf „stören“.
Er darf meine Pläne ändern.
Er darf mir etwas Unangenehmes zumuten, um Seines Namens willen.
Er darf mich korrigieren. Ich bitte darum.
Er darf mich nachts aufwecken.
Er darf mir Menschen aufs Herz legen, die mein Gebet brauchen.
Er darf mir geben und nehmen, was Er beschließt.
Er darf mich gebrauchen, wann, wie und wo Er will.

Mein Statement zu Jesus ist jeden Morgen: „Ich gehöre DIR!“. Das sage ich auch zu mir selbst, da ich aufgrund meines Charakters immer mal Gefahr laufe, die Dinge selbst in die Hand zu nehmen. Wie oft meinen wir, wir wüssten schon, was gut für uns ist. Wenn Der Herr uns dann nicht unsere Herzensbitte erfüllt, oder wir lange auf eine Verheißung warten müssen, schmollen wir, oder schlimmer, wir handeln selbst.
Damit zeugen wir kleine „Ismaels.“ Jeder kennt die Geschichte, als Abraham nicht auf die Verheißung warten konnte, einen Sohn durch Sara zu bekommen. Er zeugte mit Saras Sklavin Hagar den Ismael. Obwohl er nicht der verheißene Sohn war, segnete Gott ihn auf Seine Weise. Die Folgen von diesem eigenständigen Handeln Abrahams sehen wir noch heute.
Wenn wir „die Sache selbst in die Hand nehmen“, weil wir nicht auf Gott warten können, handeln wir fleischlich. Das ist mir selbst auch schon passiert mit weitreichenden Auswirkungen! Der Herr

hat alle unsere Sünden am Kreuz vergeben, doch die Folgen davon spüren wir manchmal ein Leben lang.
Ein typisches Beispiel für einen fleischlichen Christen ist König Saul. Er schaute auf sich selbst und auf Menschen, mehr als auf Gott. Er konnte nicht warten mit dem Brandopfer, wie Gott es von ihm durch Samuel gefordert hatte. Er ließ sich von seinem Volk unter Druck setzen. Das machte ihn manipulierbar. Es ging ihm nicht um Gott , sondern um sich selbst. Letztendlich verlor er dadurch seine Königswürde an David, dem genauen Gegenteil von ihm selbst. Gott selbst sagte dazu durch Samuel:

„Was meinst du, was gefällt Dem Herrn besser? Brandopfer und Mahlopfer oder Gehorsam gegenüber Seinem Befehl? Lass dir gesagt sein: Wenn du Dem Herrn gehorchst, ist das besser als ein Opfer; und wenn du Ihm richtig zuhörst, ist das besser als das Fett von Widdern. Trotz gegen Gott ist ebenso schlimm wie Zauberei, Auflehnung gegen Ihn so schlimm wie Götzendienst."
Sam.15.22,23)

Das sind harte Realitäten, denen auch wir uns stellen sollten.
David ist ein gutes Beispiel für einen geistlich gesinnten Christen. Es ging ihm immer um Gott. Um Gottes Willen erlitt er Schmähung, Verfolgung und Todesangst. Er war schon sehr lange zum König gesalbt, bevor diese Tatsache für ihn wirklich zur Realität wurde. Er konnte ohne Murren auf Gottes Verheißungen warten, bis sie eintrafen. Klar, er fiel in seinem Leben auch fürchterlich. Doch er stand wieder auf, tat Buße und lebte weiter für Gott. Die Bibel nennt ihn „einen Mann nach Gottes Herzen." (siehe 1.Sa.13,14)

Gehorsam sein? Ja! Unbedingt!

Kommen wir noch einmal auf Saul zurück. War es denn so schlimm, dass er mit dem Brandopfer nicht wie von Gott befohlen auf Samuel wartete? Er war doch „fast" gehorsam, indem er ein Schlachtopfer vorbereitet hatte. Saul meinte es doch nicht böse! Es gibt einen alten Spruch, der besagt, dass das Gegenteil von Gutestun, Gutes meinen ist. Wenn Gott eine exakte Anweisung gibt, wie etwas zu tun ist, sollten wir dieser unbedingt genauso exakt folgen. Gott ist heilig und souverän. Nichts, was ER sagt, ist zufällig oder unwichtig! Sind wir nicht gehorsam, kann es uns so gehen wie Saul, der Seine Bestimmung verlor, oder wie dem Träger der Bundeslade, der diese trotz eindringlichem Verbot Gottes, da sie heilig war, berührte, um sie zu stützen, als sie zu fallen drohte. Es war vielleicht ein Reflex, aber es kostete ihn sein Leben. (siehe 2.Sam.6.6,7)
Ein gutes Beispiel für einen gehorsamen Menschen in der Bibel ist Josef. Er ließ sich nicht von den Umständen oder anderen Menschen manipulieren noch zu Ungehorsam hinreißen. Er blieb gehorsam, und das eine so lange Zeit, bis er zum Retter seines Volkes werden konnte. Was wäre geschehen, hätte er aufgegeben?
Ein weiteres Beispiel aus der Bibel ist Königin Esther. Unter Lebensgefahr trat sie beim König für ihr Volk ein und verhinderte damit seine Ausrottung. Was wäre geschehen, wenn sie zu ängstlich gewesen wäre?
Das allerbeste Beispiel in der Bibel ist natürlich der Mensch Jesus. Er verbrachte sehr viel Zeit mit Seinem Vater! Laut eigener Aussage tat Er nur das, was Er Den Vater tun sah. (siehe Joh.5.19). Den größten Beweis Seiner Liebe zu uns und Seines Gehorsams trat Er auf Seinem Weg zum Kreuz an. Er wusste, was genau Ihn erwartete, stellte aber den Willen Gottes über Seine Ängste und machte so den Weg für uns alle zum Vater frei. Wo wären wir alle, wenn dieses Opfer nicht geschehen wäre? Das war kein leichtes Opfer. Es hat IHN alles gekostet! Es ist auch keine „billige" Gnade, die wir dadurch erhalten haben. Es ist das Kostbarste im ganzen

Universum!! Dessen sollten wir uns immer bewusst sein, und es nicht auf „die leichte Schulter" nehmen.
Mit den Dingen Gottes sollte man auf keinen Fall leichtfertig umgehen. Mit Sünde zu spielen hat schon so manchen sehr viel gekostet. Oft merken wir nicht einmal, dass wir auf Sünde zusteuern, sondern gehen einfach unseren eigenen Weg. Unser Pastor Eddie sagt zu Sünde auch „Zielverfehlung". Wenn wir meinen, unsere Pläne für unseren Weg seien besser als die des Herrn, auch wenn sie vom Wort Gottes abweichen, ist dieses ganz klare Zielverfehlung!
Letztens hörte ich eine Predigt von Tobias Teichen vom ICF über Verführung. Das meiste davon passt besser zum Thema „Kenne deine Feinde". Darauf komme ich später zurück. Vieles, was er sagte, bestätigt aber, was ich von so vielen Seiten in der letzten Zeit gehört habe, zu diesem Thema des Gehorsams.
Auch er merkte an, dass seit dem Sündenfall unsere Seele unser Gott ist. Das was, wir selbst fühlen, wollen, brauchen, verstehen, ist unser Gott.
Wenn wir das Opfer Jesu angenommen haben, ist die Verbindung von uns zu Gott wieder hergestellt, jedoch neigt unsere Seele tendenziell stark dazu, das Wort Gottes nicht zu glauben, oder es nicht so wichtig zu nehmen. Es scheint oft, als nehmen wir das Wort Gottes nicht ernst. Dabei ist das, was ER sagt, genauso ein Naturgesetz wie zum Beispiel das Gesetz der Gravitation. Springen wir aus einem Fenster beispielsweise aus dem dritten Stock, werden wir auf der Erde aufschlagen wahrscheinlich mit tödlichen Folgen.
Gott hat uns sehr klare Anweisungen gegeben zu Themen wie:

- Finanzen
- Vergebung
- Ehe
- Familie
- Erziehung
- Umgang mit Herausforderungen

- Sexualität
- Versuchung und Anfechtung
- Umgang mit dem Zeitgeist u. v. m

Wenn wir als Christen beschließen, dem nicht zu folgen, können wir das tun. Zur Freiheit hat Gott uns berufen. (siehe Gal.5.13) Allerdings müssen wir wissen, dass wir dann geistlich aus dem Fenster springen und unten unsanft aufschlagen. Danke lieber Tobias Teichen für dieses prägnante Bild.
„Moment“ sagst Du jetzt vielleicht, „wir leben doch im neuen Bund“. In der Tat, das tun wir, das heißt jedoch nicht, dass die Wahrheiten Gottes für uns nicht mehr gelten. Jesus Christus hat das Gesetz erfüllt, weil wir es nicht konnten. Wenn wir in IHM bleiben, befähigt ER uns, so zu leben, wie ER es uns gesagt hat. Dann sind wir „mehr als ein Überwinder.“ (siehe Röm.8.37). Sind wir gefallen, vergibt uns Der Herr, sofort, wenn wir Ihm die Sünde bekennen, denn Er hat sie ja schon am Kreuz getragen. Das ist Gnade!
Die Folgen unserer Fehlentscheidungen beeinflussen unser Leben jedoch wie schon früher erwähnt, eventuell eine lange Zeit. Dafür können wir Gott nicht anklagen. Leider passiert das unter Christen nur allzu oft. Wir geben Gott die Schuld, wenn wir aufgrund unserer Fehlentscheidung in der Wüste oder in der Grube sitzen nach dem Motto „wie konntest du das zulassen?“ Sich bewusst Gott zu widersetzen ist „Rebellion“! Bei Teenagern ist Rebellion normal. Sollten wir aber nicht erwachsen sein?
Wer sind wir, dass wir es wagen, Gottes Wege in Frage zu stellen?
Wer sind wir, dass wir es wagen, Sein Wort nicht ernst zu nehmen?
In der letzten Zeit ist mir eine Wahrheit aus der Bibel besonders groß geworden.

„Denn das Wort Gottes ist lebendig und wirksam und schärfer als jedes zweischneidige Schwert und durchdringend bis zur Scheidung von Seele und Geist, sowohl der Gelenke als auch des Markes, und ein Richter der Gedanken und Gesinnungen des Herzens: und kein Geschöpf ist vor Ihm unsichtbar, sondern alles bloß und aufgedeckt vor den Augen Dessen, mit Dem wir es zu tun haben.“ Hebr.4.12,13

Wie oft habe ich dieses Wort schon gelesen. Erst jetzt wurde es mir so richtig zum „Rhema“ Wort. Das bedeutet, dass Der Heilige Geist mir persönlich durch dieses Wort aus dem gesamten Wort Gottes (Logos) in diesem Augenblick eine besondere Offenbarung für mein Leben gegeben hat (siehe Anhang). Es bestätigt, was Tobias Teichen zu unserer Seele gesagt hat. Auch meine Seele will gar nicht hören, was Der Herr mir persönlich durch Sein Wort offenbaren will. Das ist der Grund bei mir, weshalb meine stille Zeit in meinem Leben so umkämpft ist. Ich hatte mich schon gefragt, was mit mir an diesem Punkt nicht stimmt. Nun sehe ich, dass dies ein generelles Problem bei uns Christen ist, beim einen mehr, beim anderen weniger. Wie wunderbar, dass Gottes Gnade jeden Tag neu ist.

Wenn Du also mehr über Dich selbst aus der Tiefe Deines Herzens erfahren willst, beschäftige Dich mit dem Wort Gottes (Logos). Das ist sehr oft der Ort, wo Der Heilige Geist Dir direkte Offenbarungen für Dein Leben und über Dich selbst gibt.

Das ist der Ort, wo wir Gehorsam üben können. Beim Beten sprichst Du, beim Bibellesen spricht Der Herr.

Du fragst Dich jetzt vielleicht, warum sollen wir noch mal gehorsam sein? Die Antwort ist:

Der Herr ist „Der Töpfer“ und wir sind „der Ton.“

Dieses sagt uns die Bibel an mehreren Stellen. (Siehe: Jes.64.8; Jer.18.6)

Das bedeutet, keiner von uns kann sich selbst besser oder reifer machen. Es ist Gott selbst, Der dies in uns bewirkt, wenn wir es zulassen.

Betrachten wir uns einmal die Eigenschaften von Ton, wird einiges klar.

„Ton ist ein natürlich vorkommendes Material, das hauptsächlich aus Tonmineralteilchen besteht, bei ausreichenden Wassergehalten generell plastisch verformbar ist und spröde wird, wenn es getrocknet oder gebrannt wird."
(https/de.m.wikipedia.org.wiki)

Ton ist eine Bodenart. Erinnern wir uns, woraus Adam vom Herrn erschaffen wurde?
Er formte ihn aus „Staub vom Erdboden" und blies ihm Seinen Atem ein. Nebenbei bemerkt, der Mensch wurde nicht durch Gottes Wort erschaffen, wie alles andere Geschaffene, sondern geformt aus Erde. Nur ihm blies Gott Seinem Atem ein.
(siehe 1.Mo.2.7) Das zeigt uns, wie besonders wir sind, aber auch, woher wir kommen, aus Staub! Diese Tatsache sollten wir niemals vergessen. Die Bibel erinnert uns besonders im Alten Testament auch öfters daran.
Ton ist bei Wassergehalten formbar. Aha! Wer gibt das lebendige Wasser? Jesus!
Wenn wir IHN an uns heranlassen, uns Sein lebendiges Wasser durch Sein Wort zu geben, welches ER auch selber ist (siehe-Joh.1.1), dann kann ER uns formen, wozu Er uns bestimmt hat. Passiert das nicht, bleiben wir ein Klumpen Ton. Geben wir uns IHM hin, macht er aus uns die allerschönsten Gefäße, Ihm zur Ehre und uns und anderen Menschen zum Segen!
Damit das Gefäß fertig, komplett und beständig ist, wird es gebrannt! Aua! Das kann sehr heiß werden. Wir kennen alle solche Situationen in unserem Leben.
Oft benutzt Gott, um uns zu formen, auch Menschen, die uns übergeordnet sind in Autorität wie unsere Eltern in der natürlichen Familie und unsere Leiter in der Ortsgemeinde. Wenn sie in Gottes Willen agieren, sollen wir auch ihnen gehorchen.
Dazu habe ich noch eine kleine Geschichte aus meinem eigenen Leben.

Ich diene gern – oder?

Damit in unserer schnell wachsenden Gemeinde der Ablauf des Gottesdienstes aber auch die Arbeit mit den verschiedenen Bedarfsgruppen wie Kinder, Frauen, Männer, soziale Dienste, Mission, Hauskreise, Seelsorge, Öffentlichkeitsarbeit, Bücherladen, Technik, Predigtdienste, Hausversorgung, Catering und so weiter, läuft, gibt es sehr viele Teams. Fast jeder Erwachsene arbeitet in mehreren Teams. In jedem Team gibt es einen Leiter. Die Teammitglieder teilen seine Vision und unterstützen den Leiter an ihrem jeweiligen Platz.

Die Verantwortung liegt jedoch beim Leiter, der auch die Verbindung zu den Ältesten hält.

Im Laufe der Jahre war ich Mitglied sehr vieler Teams und hatte auch ein paarmal die Leitung.

Diese Funktion gab ich jedoch vor acht Jahren auf, als ich beruflich in eine Leitungsfunktion rutschte. Fünf Jahre später wurde ich so krank, dass ich meinen Beruf nicht mehr ausüben konnte. Für lange Zeit war ich auch nicht mehr in der Lage, irgendwie in der Gemeinde mitzuhelfen. Nach zwei Jahren begann ich, punktuell mitzuhelfen. Später wurde ich wieder volles Mitglied einiger Teams, deren Arbeit für den einzelnen jedoch auch mehr punktuell war.

Ich hatte mich ganz bewusst entschieden, in meiner Gemeinde zu dienen. Irgendwo eine Leitungsfunktion würde ich nur übernehmen, wenn ich dieses als Wille Gottes erkennen würde.

Wenn man das Leiten gewohnt ist, ist es eine sehr interessante Erfahrung, keine großartige Verantwortung zu tragen und einfach anzunehmen und zu tun, was einem von jemand anders aufgetragen wird.

Wir wollen ja alle gerne einander dienen. Beim Dienen können wir sehr viel lernen, vor allem über uns selbst.

So durfte ich kennen lernen, wie es sich anfühlt, Anweisungen entgegenzunehmen und sie auszuführen, auch wenn man die Sachlage ganz anders bewertet, herumgeschickt zu werden, für selbstverständlich gehalten zu werden, angebrummelt zu werden, stillschweigenden Annahmen ausgesetzt zu sein, nicht verstanden zu werden, übersehen zu werden...

Au weia, kann jetzt so mancher denken. Was ist denn bei euch los? Ist es so schlimm in den Teams mitzuarbeiten? Die Antwort ist ganz klar: Nein, gar nicht! Es ist schön und meistens produktiv.

Die Teamleiter sowie die Mitarbeiter sind kompetent, in dem was sie tun.

Ich gehe davon aus, dass Teammitglieder meiner Teams die gleichen Erfahrungen unter meiner Leitung machen durften.

Fakt ist, wir sind alle Menschen, mit angeborenem Charakter, persönlicher Geschichte, unserem persönlichen Punkt auf dem Weg mit JESUS, unseren Schwächen und Lernpunkten, unserer Tagesform aber auch unseren Stärken und Gaben, genau wie jeder Mensch, genau wie ich.

Fakt ist aber auch, dass unser Herr JESUS sich **entschieden** hat, Seine weltweite Gemeinde mit genau diesen unvollkommenen Wesen, den Menschen zu bauen und durch sie zu wirken.

Wir sind „lebendige Steine“, mit denen Der Herr baut.

Natürlich birgt das im menschlichen Sinne einiges Konfliktpotential.

Vor einiger Zeit merkte ich, dass mir das Dienen in manchen Teams weniger Freude machte.

Dies betrübte mich, denn ich will doch ein guter Diener zur Ehre meines Herrn sein.

Ich brachte mein Anliegen ehrlich vor den Herrn und streckte mich danach aus, was ER dazu zu sagen hatte. Die Antworten fand ich in der Bibel und in mehreren Predigten von Johannes Hartl, die ich gerne in der Sauna höre.

Eines Tages hatte ich mich über das Verhalten eines lieben Gemeindemitgliedes geärgert und spürte wider Willen „eine dicke Laus über meine Leber laufen.“

So zog ich mich, da ich genügend Zeit dafür hatte, an meinen Lieblings Ort , die Sauna zurück und klickte im Handy „irgendeine“ Predigt von Johannes Hartl an.

Dort hörte ich viele Gedanken über das Dienen. Er sagte: „Wenn du wissen willst, aus welcher Motivation du dienst, dann beobachte dein Verhalten
wenn du nicht gesehen wirst
wenn du ungerecht behandelt wirst
wenn du wie ein Diener behandelt wirst.

An deiner Reaktion auf diese Dinge erkennst du, ob du aus Demut an dieser Stelle Dem Herrn dienst, oder ob in deiner Motivation vielleicht noch Stolz liegt."
Aua, erwischt! So musste es wohl sein. Da war wohl wieder eine Art von Stolz bei mir im Spiel. Weiter hörte ich, wie wichtig es ist, auf unser Herz auf zu passen, damit dort nicht eine „Wurzel der Bitterkeit aufsprosse, die zur Last wird und viele verunreinigt "(siehe Hebr.12.15)
Empört sprang ich auf und bat den Herrn um Vergebung. So etwas wollte ich doch nicht in meinem Leben dulden!
Mein Wunsch war es doch, den Menschen ein Segen zu sein. Ich hielt mich, so wie ich war mit meinen Gedanken, dem Herrn hin und bat IHN um Reinigung und Heiligung.
Was soll ich sagen?
Sofort spürte ich, wie „die Laus meine Leber verließ" und sich in mir eine friedliche, wohlige Ruhe ausbreitete.
Gott sei Dank, Der uns lehrt, mahnt und vergibt!
Unser Herr kennt Seine „Pappenheimer"!
ER spricht an sehr vielen Stellen der Bibel, wie nach Seinem Willen Seine Söhne und Töchter miteinander umgehen sollen.
Das Wichtigste dabei ist die Liebe zu den Geschwistern (Joh.13.35; 1.Joh.4.7,8,12,16 und 20; 1.Joh.3.10,11,1415,20,23) und viele mehr.
Dann sollen wir unsere Geschwister höher einschätzen als uns selbst (Phil2.1 –4)
Und natürlich müssen wir einander unsere Fehler und Schwächen immer wieder vergeben.

(siehe Mt.18.33). Wie Joyce Meyer einmal sagte: „Die wenigsten Menschen stehen morgens auf und überlegen, wie sie ihre Mitmenschen verletzen können.“ Meistens war die Verletzung oder falsche Behandlung gar nicht beabsichtigt. Ein altes englisches Sprichwort sagt: „Hurt people hurt people“ (verletzte Menschen verletzen Menschen). Das betrifft uns wohl alle mal irgendwann.
An einer Stelle heißt es sogar, wir sollen einander in Liebe ertragen (Eph.4.2).
Unser Herr kennt Seine Kinder wirklich! Und mit diesen fehlbaren Geschöpfen baut ER Seine Gemeinde! ER ist nicht erstaunt über unsere Mängel und bietet jeder Zeit Seine Hilfe zur Korrektur an. ER selbst in Seiner unfassbaren Liebe ist das Haupt Seiner Gemeinde!
Was für ein unfassbar geduldiger Gott!
Diese Erkenntnis ermutigt mich ungemein. So macht es doch wirklich Spaß, in Seinem Reich mit den Geschwistern Seite an Seite zu arbeiten, allein zu SEINER Ehre!

Wem gebührt die Ehre?

Und schon kommen wir zum nächsten Unterpunkt. Was ist eigentlich unsere Motivation bei allen Dingen, die wir so für Den Herrn und in der Gemeinde tun?
Die Geschichte aus meinem Leben zeigt unter anderem, in wie viel Teams ich in unserer Gemeinde schon an vielen Plätzen gedient habe. Das ist toll, nicht wahr? Das ist es, aber...
Was war dabei meine Motivation? Klar, ich wollte Dem Herrn Freude bereiten, in Seinem Reich für IHN arbeiten. Gerne wollte ich in meiner Gemeinde, die ja meine Familie ist und in der ich selbst schon so oft Hilfe gefunden habe, meinen Teil beitragen. Meinen Teil beitragen, ist ja im Grunde gut. Doch wie schnell wird die Überlegung, was wir alles für den Herrn tun, zur Rechtfertigung nach dem Motto, das reicht ja auch; oder zum Alibi., von wegen mit was

anderem braucht nun aber auch keiner mehr kommen. Darf Gott uns aufschrecken, uns bitten, etwas anderes zu tun, als das, was wir schon seit Jahren getan haben? Darf er uns in die zweite Reihe schicken, damit ein anderes Talent gefördert werden kann? Wenn wir ausschließlich für Seine Ehre arbeiten, dürfte das Alles kein Problem für uns sein.

Ich liebe es auch, zu helfen, das ist Teil meiner Persönlichkeit. Helfen ist gut, oder?

In der Bibel steht doch, wenn jemand etwas Gutes nicht tut, dem ist es Sünde. (siehe Jak. 4.17). Daran dachte ich oft, wenn ich sah, dass jemand Hilfe zu brauchen schien. Auf einer Fortbildung zum Thema „Achtsam-sein mit sich selbst“ im Jahre 2011 sagte ich einmal zu der Dozentin „Wenn ich helfen kann, helfe ich!“ „Wieso das denn?“ antwortete sie.

Diese Antwort machte mich stutzig. Helfen ist doch normal, wenigstens für einen Christen, beruhigte ich mich. Na ja, im Grundsatz ja, jedoch eine Freundin von mir bemerkte einmal, vielleicht hätte ich ja ein „Helfersyndrom.“ Was soll nun das wieder sein?

„Von einem Helfersyndrom spricht man, wenn jemand anderen übermäßig hilft und das Helfen ihm selbst – und möglicherweise auch dem Empfänger mehr schadet als nutzt. Menschen mit einem Helfersyndrom fällt es schwer, Bitten anderer abzulehnen oder sich die Probleme anderer nicht ausführlich anzuhören.“

(www.therapie.de)

Aha! Es besteht also die Möglichkeit, wenn wir gerne, viel und auch ungefragt helfen, dass wir das in Wirklichkeit nicht für den Herrn tun, sondern unbewusst aufgrund Defiziten in der Kindheit, um Anerkennung für uns selbst dadurch zu erlangen. Da es selbst beim Helfen auch diese Möglichkeit gibt, sollten wir uns selbst vorher erst einmal nach unseren Motiven für das „warum“ befragen. Vor zwei Wochen hatten wir unser letztes Frauentreffen in der Gemeinde. Wir saßen in lockerer Runde bei Kaffee und Kuchen zusammen und plauderten. Bei dieser Plauderei entwickelte sich ein sehr tiefes Gespräch über Gottes Willen für unser Leben, wie wir

den erkennen können, wie wir Seine Stimme hören können und wie wir so im Allgemeinen darauf reagieren. Jede Frau trug etwas aus ihrem Leben bei. Wir hatten alle eine sehr fruchtbare Zeit miteinander. Besonders gemerkt habe ich mir, was Blanka, eine liebe Schwester aus Mexiko gesagt hat.
Sie erwähnte, dass sie sich angewöhnt habe, bevor sie jemandem hilft, erst Gott nach Seiner Meinung dazu zu befragen. Es könne ja sein, dass diese Hilfe für denjenigen gar nicht hilfreich ist, da er selber lernen muss, für sich einzustehen, oder dass Gott jemanden anderen dafür bestimmt hat, diese Hilfe zu leisten, oder dass das Helfen mich von der wichtigsten Zeit ablenkt, nämlich die Qualitätszeit mit Gott. Dieser Gedanke ist durchaus eine Überlegung wert.
Wer ist auch beim Helfen mein „Bestimmer“? Kann ich es uneingeschränkt akzeptieren, dass Gott alle Weisheit hat und nicht ich selbst? Was sind meine wahren Motive für den Wunsch, jedem zu helfen und wer bekommt dadurch die Ehre? Wenn ich bereit bin, auch in diesem Bereich den Willen Gottes zu suchen, IHM den ersten Platz einzuräumen, kann ich wachsen zu dem Menschen, den Gott schon immer in mir gesehen hat, den Er geplant hat.
Einer unserer Ältesten, Guido hatte in einer Gebetszeit vor zwei Monaten einmal ein Bild von einem Schiff. Dazu stellte er die herausfordernde Frage: „Unter welcher Flagge segelst Du? Unter Jesu Flagge oder unter deiner eigenen?“
Der Herr will uns ermahnen, unsere Motive bei allem, was wir tun, zu hinterfragen! Wenn wir falsche Motive bei uns entdecken, lasst uns Buße darüber tun und uns ganz neu dafür entscheiden, „Jesu Flagge über unserem Leben neu zu hissen und ausschließlich unter dieser Flagge zu segeln!“

Kenne Deinen Herrn

Wer und wie ist unser Gott eigentlich?

Einige Menschen stellen sich Gott als einen alten Mann mit weißem langen Bart vor, ähnlich vielleicht dem Nikolaus. Er sitzt im Himmel und erfüllt Wünsche. Er segnet das, was seine Kinder tun und hat das zu erfüllen, was sie sich wünschen, damit sie sich selbst verwirklichen können und ein gutes Leben haben. Am Ende werden alle Menschen im Himmel aufgenommen, denn Gott ist ja nett.
Andere Menschen stellen sich Gott als autoritären, ewig streng dreinschauenden alten Mann vor, der keinen Spaß versteht, in Askese und mit unzähligen Regeln lebt und das auch von seinen Kindern erwartet. Immer ruht sein strenger Blick auf allen Menschen, um ihre Vergehungen und Sünden zu zählen und zu sammeln. Am Ende kommen dann nur die Menschen in den Himmel, die gute Taten vorzuweisen haben.
Die Bibel spricht an mehreren Stellen davon, welches Wesen unser Gott tatsächlich hat.
Wenn wir Den Vater näher kennen lernen wollen, sollten wir uns das Leben Jesu genau anschauen. Er sagt es selber, dass Er nur das tut, was Er den Vater tun sieht.
Joseph Prince, dem ein genaues Gottesbild sehr wichtig ist, betonte dies heute wieder in seinem Podcast. Ich zitiere:
„Erlaube mir, Dir den echten Jesus vorzustellen, denn damit fängt alles an. Ich spreche nicht von dem religiösen Jesus, von dem du vielleicht in deiner Kindheit gehört hast, sondern von dem echten Jesus, der auf den staubigen Straßen Jerusalems und auf dem stürmischen Meer in Galiläa unterwegs war. Er war der, zu dem es die Kranken, die Armen, die Sünder, die Bettler und die Ausgestoßenen instinktiv hinzog, und in dessen Nähe sie sich wohlfühlten. Er war Gott und Mensch, und Er verkörperte Gottes greifbare Liebe. Die Unvollkommenen fühlten sich in seiner Gegenwart nicht gerichtet

oder verdammt und hatten auch keine Angst vor Ihm. Allen Menschen, die Ihn aufsuchten, um Heilung, Wiederherstellung und Versorgung zu erfahren, begegnete Er – unabhängig von der Vergangenheit oder dem Hintergrund des jeweiligen Menschen – mit einem liebenden barmherzigen Herzen. Er half ihnen und gab ihnen mehr als genug, um ihre Not zu stillen."
Schöner hätte ich es auch nicht ausdrücken können.

Um die außergewöhnliche Liebe Gottes zu uns Menschen, die Agape Liebe, ein bisschen besser zu verstehen, wollen wir uns erst einmal mit dem Wesen und den Eigenschaften unseres Gottes auseinandersetzen.

Gott ist ewig und Er verändert sich nie.

2.Mo.3.14
„Da sprach Gott zu Mose: Ich bin, der Ich bin...."

Ps.90.2
„Ehe die Berge geboren waren, und Du die Erde und die Welt erschaffen hattest, von Ewigkeit zu Ewigkeit bist Du Gott."

Ps.102.25b-28
„Du hast einst die Erde gegründet, und die Himmel sind Deiner Hände Werk. Sie werden umkommen, Du aber bleibst. (...) Du aber bist derselbe, und Deine Jahre enden nicht."

Offb.1.8
„ICH bin das Alpha und das Omega, spricht Der Herr, Gott Der ist und Der war und Der kommt, Der Allmächtige.

ER ist der EINZIGE wahre Gott.

Die Menschheit betet viele „Gottheiten“ an, entsprechend viele Religionen gibt es auf der Welt. Unser Gott, VATER, SOHN und HEILIGER GEIST sagt aber von sich selbst, dass ER Der einzig wahre Gott ist.

Jes.43.11
„Vor Mir wurde kein Gott gebildet, und nach Mir wird keiner sein. Ich bin Der Herr, und außer Mir gibt es keinen Retter.“

Jes.44.6 –8
„So spricht Der Herr (...) Ich bin Der Erste und bin Der Letzte, und außer Mir gibt es keinen Gott. Und wer ist wie Ich? Er rufe es und verkünde es und lege es Mir dar! (...)
Gibt es einen Gott außer Mir? Es gibt keinen Fels, ich kenne keinen.“

Jes.45.21 – 22
„Einen gerechten und rettenden Gott gibt es außer Mir nicht! Wendet euch zu Mir, und lasst euch retten, alle ihr Enden der Erde! Denn Ich bin Gott und keiner sonst.“

Jo.17.3
„Dies aber ist das ewige Leben, dass sie Dich, Den allein wahren Gott, und Den Du gesandt hast, Jesus Christus, erkennen.“
Gott ist Geist

Joh.4.21
„Gott ist Geist, und die Ihn anbeten, müssen Ihn in Geist und Wahrheit anbeten.“

1.Tim.1.17
„Dem unvergänglichen, unsichtbaren, alleinigen Gott, sei Ehre und

Herrlichkeit."

Heb.11.27
„Durch Glauben verließ er Ägypten und fürchtete die Wut des Königs nicht; denn er hielt standhaft aus, als sähe er den Unsichtbaren."

Er ist eine Person

Mt.11.25
„Zu jener Zeit begann Jesus und sprach: Ich preise Dich Vater, Herr des Himmels und der Erde, dass Du dies vor Weisen und Verständigen verborgen und es Unmündigen geoffenbart hast."

Mt.6.9
„Betet ihr nun so: Unser Vater, Der Du bist in den Himmeln, geheiligt werde Dein Name;"

Seine Eigenschaften

Er ist allgegenwärtig

Jer.23.24
„Oder kann sich jemand in Schlupfwinkeln verbergen, und Ich, Ich sähe ihn nicht? Spricht Der Herr. Bin Ich es nicht, Der die Himmel und die Erde erfüllt? Spricht Der Herr."

Gott ist allwissend

Diese Eigenschaft Gottes scheinen wir Christen manchmal anzuzweifeln, und zwar immer dann, wenn wir meinen, wir würden besser wissen, was wir brauchen oder wie wann was zu geschehen hat als Gott. Je länger ich mit Gott gehe, umso mehr begreife ich, wie wenig ich selber weiß, dass ich immer von IHM abhängig sein werde und wie unvorstellbar groß ER ist!

Mt.10.29
„Werden nicht zwei Sperlinge für ein paar Pfennige verkauft? Und nicht einer von ihnen wird auf die Erde fallen ohne euren Vater."

Spr.15.3
„Die Augen des Herrn sind an jedem Ort, und schauen aus auf Böse und auf Gute:"

Ps.139.1 – 4
„Herr Du hast mich erforscht und erkannt. Du kennst mein Sitzen und mein Aufstehen, Du verstehst mein Trachten von fern. Mit allen meinen Wegen bist Du vertraut...."

ER ist heilig und hasst Sünde

Eine Eigenschaft, die bei der Beschreibung Gottes gerne mal vernachlässigt wird, ist Seine absolute Heiligkeit (göttliche Vollkommenheit, Unantastbarkeit; https//www.dwds.de)
Diese Eigenschaft ist für uns Menschen mit begrenztem Fassungsvermögen auch gar nicht so einfach zu verstehen. Ein mir leider unbekannter Philosoph sagte einmal:

„Der Unterschied zwischen einer Heuschrecke und einem Erzengel ist wesentlich geringer als der Unterschied zwischen einem Erzengel und Gott!"

Wir Menschen können das alles nicht wirklich erfassen, jedoch gibt es uns eine Ahnung der Dimension der Größe und Heiligkeit Gottes. Über Gottes Heiligkeit und was das für uns Menschen bedeutet,

wird nicht sehr oft gepredigt. Am letzten Sonntag predigte unser Dimi, ein junger Mann aus unserer Gemeinde für mich sehr beeindruckend darüber. Er sprach über die Anweisungen aus 3.Mo. 21 und 22, wo Gott genauestens festlegt, wie die Priester und die Opfer auszusehen haben, und wie nicht. Wer hat nicht schon etwas gelangweilt darüber hinweggelesen? Hier wird jedoch exakt beschrieben, wie Anbetung im Alten Testament auszusehen hatte. Alles musste vollkommen so sein, wie Gott es angeordnet hatte, und Unvollkommenes durfte nicht in Seine Gegenwart gelangen, da ER HEILIG ist. Als ich diesen Ausführungen lauschte, kam mir tatsächlich in den Sinn: „Wie gemein“ Das Ganze hat aber nichts mit Gemeinheit zu tun, sondern schlicht und einfach mit dem Fakt, dass der Mensch in seiner Unvollkommenheit vor der Heiligkeit Gottes nicht überleben kann. Gott ändert Sich nicht, und Licht und Dunkel geht einfach nicht miteinander! Deshalb durfte im Alten Testament ein Priester nach genauem Ritual einmal im Jahr symbolisch gereinigt durch das Blut perfekter Tiere vor Den Herrn treten und für das Volk Fürbitte einlegen. . Das Unreine, Unvollkommene, welches nicht in Gottes Nähe darf, das sind ja wir alle! Was kann jemand dafür, wenn er nicht perfekt gestaltet ist? Durch den Sündenfall sind alle Menschen erst einmal unrein und von Gott getrennt geboren.
Und genauso real, wie Gott die Liebe ist, ist ER auch gerecht und heilig und hasst die Sünde! ABER! Gott selbst hat ja in Jesus Christus dafür die Lösung gegeben. ER ist ein für alle Mal als fehlerloses Schlachtopfer hingegeben worden, damit wir jederzeit durch IHN im neuen Bund direkt mit DEM Heiligen Vater Kontakt aufnehmen können. Jesus verließ Seinen Platz beim Vater, um hier auf der Erde als einzig heiliger, makelloser Mensch unter den Menschen Seiner Zeit zu wandeln und schließlich für alle, die Sein Opfer annehmen, egal zu welcher Zeit, zu sterben. Als Johannes der Täufer IHN am See Genezareth sah und schließlich taufte, sagte er über Jesus: „Siehe, das Lamm Gottes!“ (siehe Mk.1.9-11).

Während seiner Zeit auf der Erde, berührte ER, Der Vollkommene,

Heilige alle Unreinen, Kranken und Aussätzigen und führte Sünder in ein neues Leben. Mit Seinem Leiden und Tod hat ER alle Unreinheit auf Sich selbst genommen. Schon das Alte Testament weist in Jesaja 52, 53 darauf hin. („Viele werden sich über Ihn entsetzen!", „jedoch unsere Leiden, ER hat sie getragen.") Meditieren wir über Gottes Heiligkeit, und was ER bereit war, für uns zu tun, können wir dieses vollkommene Opfer nicht mehr gering achten!

1.Sam.2.2
„Keiner ist so heilig wie Der Herr, denn außer Dir ist keiner. Und kein Fels ist wie unser Gott."

Jes.6.3
„Und einer rief dem anderen zu und sprach: Heilig, heilig, heilig ist Der Herr der Heerscharen! Die ganze Erde ist erfüllt von Seiner Herrlichkeit."

1.Petr.1.15
„sondern wie Der, Welcher euch berufen hat, heilig ist, seid auch ihr im ganzen Wandel heilig!"

Spr.15.9
„Ein Greuel für den Herrn ist der Weg des Gottlosen; wer aber Gerechtigkeit nachjagt, den liebt Er."

Spr.15.26
„Ein Greuel für Den Herrn sind die Anschläge des Bösen, aber rein vor Ihm sind freundliche Worte."

Jes.59.1 –2
„Siehe, die Hand Des Herrn ist nicht zu kurz, um zu retten (...) eure Vergehen sind es, die eine Scheidung zwischen euch und eurem Gott, und eure Sünden haben Sein Angesicht vor euch verhüllt, dass Er nicht hört."

Er ist geduldig, gnädig, barmherzig und vergibt gern

2.Chr.30.9 – 10

„Denn wenn ihr zu Dem Herrn umkehrt, dann werden eure Brüder und eure Kinder Barmherzigkeit finden bei denen, die sie gefangen weggeführt haben; und sie werden in dieses Land zurückkehren. Denn gnädig und barmherzig ist Der Herr euer Gott, und Er wird das Angesicht nicht von euch abwenden, wenn ihr zu Ihm umkehrt."

Dazu gibt es unzählige Geschichten aus der Bibel, wie Der Herr Sein Volk aber auch unzählige Einzelpersonen niemals abgewiesen hat, wenn sie Ihn in aufrichtiger Buße gesucht haben. Einige davon sind David und Samson. Ich habe dazu auch eine Geschichte aus meinem Leben!

Vergeben

So lange ich denken konnte, schämte ich mich, Deutsche zu sein. Es bedrückte mich, zum Volk der Mörder des Nationalsozialismus zu gehören.

Geschichte war schon immer eines meiner Lieblingsfächer. Es hat immer Gräueltaten und Kriege gegeben, doch der Holocaust im dritten Reich war in meinen Augen der Gipfel der Bosheit und Grausamkeit, begangen vom Volk, in das ich hineingeboren war.

Darunter litt ich unterschwellig. Bei Filmen und Geschichten über diese Zeit identifizierte ich mich immer mit den Opfern. Oft hatte ich Alpträume, in denen ich eines dieser Opfer war.

Als ich mich als junge Frau bekehrt hatte, nahm meine damalige Gemeinde an einem Marsch für Jesus in Berlin teil. Mein ältester Sohn und ich waren auch dabei.

Mit mehreren tausend anderen Christen marschierten wir durch Berlin. Wir priesen Gott, proklamierten Sein Wort und beteten, während wir durch die Straßen zogen. Der Marsch

dauerte mehrere Stunden und endete im Olympiastadion. Hier hatte Hitler das deutsche Volk 1933 auf seinen Namen vorbehaltlosen Gehorsam schwören lassen. Begeistert hatte ihm die Menschenmenge im Stadion zugejubelt. Sie hatten damit auch in der geistigen Welt ein Statement gesetzt. Genau an der Stelle, wo damals Hitler gestanden hatte, standen jetzt deutsche Vertreter des christlichen Marsches sowie ich meine, es waren Überlebende Juden irgendeines Konzentrationslagers. Die deutschen Christen gingen in Demut auf die Knie vor den jüdischen Überlebenden. Sie baten Gott inständig stellvertretend für ihr Volk um Vergebung für all das Leid, welches der Nationalsozialismus über so viele Menschen gebracht hatte. Dann baten sie die überlebenden jüdischen Menschen von ganzem Herzen stellvertretend für ihre Vorväter um Vergebung. Diese wurde ihnen gewährt. Nun bekannten sich alle Anwesenden in Stellvertretung für das gesamte deutsche Volk zum NAMEN JESUS CHRISTUS und riefen Seinen Namen über das gesamte Olympiastadion aus. Die ungesunden Bande, mit denen Hitler damals das deutsche Volk an sich gebunden hatte, wurden in JESU CHRISTI Namen durchtrennt.

Durch die Vergebung waren wir jetzt wieder das Volk der „Dichter und Denker“ und nicht mehr der Mörder; reingewaschen von der großen Schuld des Nationalsozialismus durch das Blut unseres Herrn JESUS CHRISTUS.

In den Medien wurde von diesem denkwürdigen Tag für das deutsche Volk nichts berichtet.

Ich spürte jedoch sofort die Auswirkungen. Ich war freigesprochen von der Schuld meiner Vorfahren und schämte mich meiner deutschen Herkunft nicht mehr. Auch die Alpträume hörten auf.

Preis sei dem Herrn, der diesen Marsch benutzt hatte, um mich an diesem Punkt zu verändern!

„Glückselig die, deren Gesetzlosigkeiten vergeben und deren Sünden bedeckt sind. Glückselig der Mann, dem Der Herr Sünde nicht zurechnet.“

Röm.4.7 – 8

1.Joh.2.12
„Ich schreibe euch, Kinder, weil euch die Sünden vergeben sind, um SEINES Namens willen."

Ps.5.13
„Denn Du segnest den Gerechten, Herr, wie mit einem Schild umgibst Du ihn mit Huld."

Ps.30.6
„Denn einen Augenblick stehen wir in Seinem Zorn, ein Leben lang in Seiner Gunst."

Ps.30.8
„Herr, in Deiner Gunst hattest Du mich auf feste Berge gestellt"

Ps.30.12
„Meine Wehklage hast Du mir in Reigen verwandelt, mein Sacktuch hast Du gelöst
und mit Freude mich umgürtet."

Mt.5.4
„Glückselig die Trauernden, denn sie werden getröstet werden."

2.Kor.12.9
„Meine Gnade genügt dir, denn Meine kraft kommt in Schwachheit zur Vollendung."

Gott ist sogar so treu, dass Er uns nachgeht, wenn wir von Seinem Weg abirren. In meinem eigenen Leben gibt es dafür einige Beispiele. Joyce Meyer hat mal gesagt, dass es in der Schule Des Heiligen Geistes keine Sitzenbleiber gibt. Du kannst so lange, um den Berg herumgehen, bis Du die Prüfung bestanden hast. Gott ist nicht verärgert über Dich. In Seiner Gnade bekommen wir von Gott immer neue Chancen. Er geht den verlorenen Schafen nach (Luk.15.4-

7) und sucht liebevoll die, die sich auf eigenen Wegen verirrt haben. Einer unserer Ältesten, Markus erzählte, wie er einmal seine zehnjährige Tochter im Urlaub in einem fremden Land beim Spielen aus den Augen verloren hatte. Als ihm auffiel, dass sie außer seiner Sichtweite war, ließ er alles stehen und liegen und begab sich auf die Suche nach ihr, und zwar so lange, bis er sie wieder gefunden hatte. Jeder, der selbst Kinder hat, kann sich seine Erleichterung und Freude vorstellen, als er sie endlich wieder in seinen Armen hielt.

Die Bibel kennt viele Beispiele, wo Gott Personen nachgeht und sie wieder auf Seinen Weg zurückbringt: Jona, der vor seinem Auftrag flieht, wird von einem Wal verschluckt und damit vor dem Ertrinken gerettet, wieder an Land gespuckt, wo Jona eine erneute Chance bekommt, seinen Auftrag auszuführen. Elia, der nachdem durch sein Gebet die Baalspriester vernichtet wurden, aus Angst und Überforderung in die Wüste floh. Dort wurde er göttlich versorgt und schließlich auf seinen neuen Auftrag vorbereitet. David, welcher der Lust seiner Augen nicht widerstehen konnte, und Batseba verführte. Auch er wurde von Gott wieder auf den richtigen Weg gebracht, nachdem er durch den Propheten Samuel zur Buße geleitet worden war. Danach schrieb er den wunderbaren Psalm 139. Ich packe ihn in den Anhang. Er ist so wunderschön zu meditieren. In Vers 7 heißt es:

„Wohin sollte ich gehen vor Deinem Geist, wohin fliehen vor Deinem Angesicht...“

Gott ist gerecht und treu

Ps.119.137
„Gerecht bist Du Herr, und richtig sind Deine Urteile.“

5.Mo.32.4

„Der Fels: Vollkommen ist Sein Tun; denn alle Seine Wege sind recht. Ein Gott der Treue und ohne Trug, gerecht und gerade ist Er."

Ps.145.17
„Der Herr ist gerecht in allen Seinen Wegen und in allen Seinen Werken."

1.Joh.1.9 – 10
„Wenn wir unsere Sünden bekennen, ist ER treu und gerecht, dass ER uns die Sünden vergibt und uns reinigt von jeder Ungerechtigkeit."

Dazu gibt es eine Geschichte aus meinem Leben

Verzeih dir
Nach einer Zeit der Irrwege war ich in die Gemeinde zurückgekehrt, von der Der Herr mir vor langer Zeit den Eindruck „das ist deine Familie" gegeben hatte.
Hier lebte ich Gemeinde und arbeite schon wieder neu seit über einem Jahr mit. Alles war in Ordnung. Ich besuchte die Gottesdienste, einen Hauskreis und diente in verschiedenen Teams.
Mein Leben war das einer ganz normalen Christin. Meine Probleme waren in einer Zeit der Seelsorge behandelt und reflektiert worden. Ich schaute nach vorn in die Zukunft und wollte meinem Herrn mit Freude dienen.
Gerade die, die Freude fehlte mir aber sehr oft. Ich war permanent unterschwellig traurig. Ich hatte vom Herrn Vergebung empfangen. Das Leben ging weiter! Allerdings hielt ich mich gerne im Hintergrund und war von mir selbst unglaublich enttäuscht.
Wie hatte mir, die ich seit über zehn Jahren Christin war, dieser Irrweg überhaupt passieren können? Das war doch wohl eigentlich ein Unding! Wie hatte ich nur in so eine Falle tappen können? Hätte ich es nicht besser wissen müssen? An mir nagten Selbstzweifel und das Empfinden, nicht mehr so viel wert zu sein.

Als ich wegen eines Bandscheibenvorfalls einige Zeit im Krankenhaus verbringen musste, informierte ich so gut wie keinen in der Gemeinde darüber. Ich fühlte mich sowieso etwas unsichtbar. Wahrscheinlich würde keiner merken, wenn ich nicht da war.
Falsch gedacht! Am ersten Sonntag, nachdem ich aus dem Krankenhaus entlassen war, fragte unser Pastor mich, ob es mir gut ginge. Ich sei vermisst worden. „Ja, klar," erwiderte ich. „Ich war nur im Krankenhaus." „Es wäre schön gewesen, wenn wir das gewusst hätten. Wir hätten dich nämlich gerne besucht" meinte er darauf. „Echt?" wunderte ich mich.
Einige Wochen später besuchte uns ein Gastprediger aus den Niederlanden, Wilkin van der Kamp, für einen Seminartag. Er leitete in den Niederlanden eine Gemeinde und hatte gerade sein erstes Buch geschrieben. Ich weiß gar nicht mehr genau, um welches Thema es genau an diesem Tag ging. Jedenfalls sollten wir uns in kleinen Gruppen zusammenfinden und füreinander beten. Auch für mich wurde gebetet. Dabei bekam ich völlig unerwartet einen starken Hustenanfall und konnte kaum aufhören zu husten. Eine liebe Glaubensschwester, die oft spürte, wenn es mir nicht gut ging, legte eine Hand auf meinen Rücken und betete: „Du hast einen schlechten Einfluss der Minderwertigkeit in dir. In JESU heiligem Namen muss der jetzt verschwinden!" Und er verschwand! Der Hustenreiz stoppte augenblicklich und ich fühlte, dass ein Stein von meinem Herzen verschwunden war. Ich erkannte, dass ich mich selbst verdammt hatte. Mir war vergeben! Aber ich hatte der Lüge geglaubt, dass das mir gar nicht hätte passieren dürfen, dass Der Herr mir vergeben hätte aber auch nicht mehr viel Gutes von mir erwarten würde. Das war eine fette Lüge, die mein Leben vergiftet hatte. Nun
machte Der Herr mir klar, wie ER Vergebung sieht.

Röm.4,7-8

„Ich darf mich freuen, denn Der Herr hat mir mein Unrecht vergeben und meine Verfehlungen zugedeckt. Er wird mir meine Schuld

***nicht** anrechnen."*

Nun wurde es Zeit, dass auch ich mir meine Schuld nicht mehr anrechnete, die Vergangenheit
endlich losließ, um die Zukunft zu sehen und zu genießen, die Der Herr für mich hatte.
Röm.4,7-8
*„Ich darf mich freuen, denn Der Herr hat mir mein Unrecht vergeben und meine Verfehlungen zugedeckt. Er wird mir meine Schuld **nicht** anrechnen."*

Nun wurde es Zeit, dass auch ich mir meine Schuld nicht mehr anrechnete, die Vergangenheit endlich losließ, um die Zukunft zu sehen, die Der Herr für mich hat. Und hier ist noch eine:

Jes.55,8
„Denn Meine Gedanken sind nicht eure Gedanken, und eure Wege sind nicht Meine Wege, spricht Der Herr. Denn (soviel) der Himmel höher ist als die Erde, so sind Meine Wege höher als eure Wege und Meine Gedanken als eure Gedanken."

Gott ist Liebe

Die Liebe, die Gott zu den Menschen hat, ist nicht wie die Liebe, die wir kennen. Wir lieben meistens die, die unsere Liebe erwidern. Gott liebt alle Menschen, egal ob sie ihn kennen oder nicht, ob sie Seine Liebe erwidern oder nicht.
Unsere Liebe ist oft an Bedingungen geknüpft. Wenn die Beziehung schwierig wird, wird sie oft beendet, von wegen, das muss ich mir nicht antun, irgendwann ist es mal genug.
Gottes Liebe ist endlos, bedingungslos, selbstlos. Sie heißt Agape. Diese Liebe liebt, ohne verdient worden zu sein. Sie lässt sich aber auch nicht durch irgendetwas beeindrucken. Die Agape ist und bleibt stets ein freies, nicht verdienbares, uneigennütziges

Geschenk eines souveränen Gottes, dessen Wesen diese Liebe ist. Sie wird im ersten Korintherbrief beschrieben.

„Die Liebe ist langmütig. Die Liebe ist gütig.; sie neidet nicht; die Liebe tut nicht groß, sie bläht sich nicht auf, sie benimmt sich nicht unanständig, sie sucht nicht das Ihre, sie lässt sich nicht erbittern, sie rechnet Böses nicht zu, sie freut sich nicht über die Ungerechtigkeit, sondern sie freut sich mit der Wahrheit, sie erträgt alles, sie glaubt alles, sie hofft alles, sie erduldet alles. Die Liebe vergeht niemals."
1.Kor.13.4 – 8

Lieber Lesende, ich möchte dich einladen, Dir diese Beschreibung mehrmals laut und langsam selbst vorzulesen. Wird dir auch etwas bewusst?
Das ist nicht die Art von Liebe, die wir Menschen von uns aus produzieren und praktizieren können. Sie entspricht nicht dem Zeitgeist, aber sie ist ewig, rein und erstrebenswert. Wir können sie uns vom Herrn schenken lassen und dann in IHM darin wachsen, IHN und unseren Nächsten auf diese Art zu lieben.
Die Liebe zieht sich als Thema durch die ganze Bibel. Jesus selbst sagt uns, wie ER darüber denkt.

Mt.22.37 – 40
„Er aber sprach zu ihm:
Du sollst Den Herrn deinen Gott, lieben mit deinem ganzen Herzen und mit deiner ganzen Seele und mit deinem ganzen Verstand.
Dies ist das größte und erste Gebot. Das zweite aber ist ihm gleich.
Du sollst den Nächsten lieben wie dich selbst.
An diesen zwei Geboten hängt das ganze Gesetz und die Propheten."

Joh. 3.16

„Denn so hat Gott die Welt geliebt, dass Er Seinen eingeborenen Sohn gab, damit jeder, der an Ihn glaubt, nicht verloren geht, sondern ewiges Leben hat."

Röm.5.8
„Gott aber erweist Seine Liebe zu uns darin, dass Christus, als wir noch Sünder waren, für uns gestorben ist."

1.Joh.4.9
„Hierin ist die Liebe Gottes zu uns geoffenbart worden, dass Gott Seinen eingeborenen Sohn in die Welt gesandt hat, damit wir durch Ihn leben möchten"

Gott ist souverän

Gott ist nicht, wie so viele Menschen glauben, ein Wunscherfüllungsautomat.
Bekommt man nicht, um was man gebeten hat, wird manchmal Seine Allmacht oder gar Seine Existenz angezweifelt. Wir sollten nie vergessen, dass ER Der Kopf ist und wir die Glieder, nicht umgekehrt. Er hat nicht zu segnen, was wir wollen. Wir sollen IHM folgen!
ER bestimmt, ob ER wann, wie und wo eingreift. Oft benutzt er unsere Umstände, um uns zu formen.

Jes.64.7
„Aber nun Herr. Du bist unser Vater. Wir sind der Ton, und DU bist unser Bildner, und wir alle sind das Werk Deiner Hände"

Der Mensch kann die Größe Gottes und Seine Weisheit nicht verstehen. Was wir allerdings verstehen sollten, ist die Begrenztheit unseres Verstandes! Dazu gibt es eine weitere Geschichte aus meinem Leben.

Jetzt aber...
Fast ein Jahr hatte ich schon nicht mehr gearbeitet. Schon lange überlegte ich, wie meine Zukunft wohl aussehen könnte. Einige Symptome waren zwar immer noch da, aber irgendwie musste es doch irgendwo weitergehen. Arbeit gab es in dieser Zeit ja genug in meinem Beruf. Erzieher wurden überall gesucht. Die Option bei meiner alten Arbeitsstelle zu bleiben, denn ich war ja nicht gekündigt, verwarf ich innerlich. Dort war ich ja krank geworden. Möglichkeiten gäbe es genug, wenn es mir wieder besser gehen würde. Nur, ich wollte nicht irgendeine gute Möglichkeit ergreifen. Nein, ich wollte die Beste, ich wollte Gottes Willen für mich finden!
In den letzten Wochen gab es die Überlegungen in der Gemeinde, ob wir nicht selber Träger einer christlichen Kindertagesstätte sein könnten. Diese Möglichkeit wurde innerhalb der Gemeinde lange im Gebet bewegt. Es hatte sich eine Gruppe interessierter Mitglieder gebildet, die eine fachliche Ausbildung hatten und bei der Umsetzung mithelfen würden.
Davon gab es in unserer Gemeinde sehr viele. So wurde noch ein kleines Gremium gegründet, das gegebenenfalls die Koordination der einzelnen Schritte in die Wege leiten würde.
Ich war sofort Feuer und Flamme! Da ich die Einzige war, die jemals eine Kindertagesstätte geleitet hatte, war ich natürlich auch in diesem Gremium. Wie spannend, selber bei der Gründung einer christlichen Kindertagesstätte mitzuwirken. All die Themen, die wir bedenken mussten, waren sofort wieder in meinem Gedächtnis. Wir brauchten eine Konzeption, viele Genehmigungen an vielen offiziellen Stellen, und so weiter...
Aber damit kannte ich mich ja aus. Würde meine ganze Ausbildung doch nicht umsonst sein! Eine Nacht verbrachte ich damit, im Geiste mehrere Varianten von Gruppenaufteilungen durchzuspielen. Ein bisschen wunderte ich mich darüber, dass ich von den

vielen Bestimmungen zur Gründung einer Kindertagesstätte nichts vergessen hatte. Am nächsten Tag schrieb ich alle Varianten auf, so dass wir bei den Behörden etwas in der Hand hätten. Ich wurde sogar gefragt, ob ich die Leitung übernehmen wolle, wenn es zur Gründung käme. „Nur, wenn Der Herr es will“ sagte ich. Als ich das meinem Mann erzählte, meinte dieser: „nein, der Herr will es nicht, auf gar keinen Fall lasse ich das zu!“ Er meinte natürlich sich selbst, der liebe Witzbold.

Ich dachte im Stillen nur: „mal schauen, was der richtige HERR will! SEIN Wille geschehe!“

Dies sah ja nun wirklich ideal aus. Alles würde so einen Sinn ergeben. Ich würde weiter mit Kindern und Eltern arbeiten, nur dieses Mal ganz für IHN. Der Herr hatte mir mal den Eindruck gegeben: „Lebe für MICH!“ In einer christlichen Kindertagesstätte konnte ich das zu hundert Prozent umsetzen und dabei tun, was ich gelernt hatte, überlegte ich.

Ich war so begeistert von den Überlegungen, Aktionen und Vorbereitungen, dass mir gar nicht auffiel, wie ruhelos ich wieder war. Der Nachtschlaf ließ auch wieder zu wünschen übrig.

Es gab mehrere Treffen mit Vertretern der Stadt. Bald wurde deutlich, dass wir die Gemeinderäumlichkeiten nicht nutzen konnten. Mir war das aber schon von Anfang an klar gewesen, denn ich kannte die baulichen Vorschriften. Meine Tochter verhinderte durch ihre Bedenken, dass ich an dem Treffen mit den Vertretern der Stadt teilnahm. In meiner Euphorie war es mir wohl entfallen, dass ich fachlich gar nicht tätig werden durfte, solange ich krankgeschrieben war. Als ich meinem Arzt davon erzählte, schlug dieser fast die Hände über dem Kopf zusammen. „Frau Jakobs, sie haben aber auch wirklich die Ader, sich in Gefahr zu bringen!“ rief er entrüstet. Etwas frustriert führte ich mir die ganze gegenwärtige Situation vor Augen.

Ja, so war ich. Wenn ich mich für etwas begeisterte, „rollte ich immer weiter wie eine Dampfwalze.“

Dieses Bild hatte ich vor einigen Jahren einmal von mir im Inneren

gehabt.
Auch fiel mir an diesem Punkt ein, wie viel Kraft mir die Nachrichten über die Unzufriedenheiten und Querelen in der „Gemeinde-Kita What´s-App-Gruppe“ raubten. War das alles zu viel für mich? War das doch nicht der Platz, den Der HERR jetzt für mich hatte? „Herr, was willst Du von mir?“ fragte ich Ihn still. Sofort fiel mir die Antwort ein, die ER mir vor vielen Jahren schon einmal gegeben hatte. „Dass du MIR vertraust!“
Da war doch noch was. War ich mal wieder in eigener Kraft vorgeprescht, ohne mich intensiv im Gebet zu vergewissern, ob dies wirklich der Weg war, den ER für mich hatte?
Irritiert und kraftlos hörte ich den Arzt sagen: „Ich möchte, dass Sie sich sofort aus dieser Gruppe zurückziehen und sich darum kümmern, gesund zu werden.“
Trotz Trauer fühlte ich Frieden darüber in mein Herz einkehren. Eine christliche Gemeindekindertagesstätte wäre toll. Sie würde aber zu diesem Zeitpunkt ohne mich ins Leben gerufen werden, falls sich das als Gottes Wille für die Gemeinde herauskristallisieren sollte. Es gab bei uns auch ohne mich viele fachlich kompetente, engagierte Frauen und Männer!
Auch, wenn ich es noch so bedauerte und nicht wusste welchen, aber für mich hatte mein HERR einen anderen Plan!

Spr.3.5
„Vertraue auf Den Herrn mit deinem ganzen Herzen und stütze dich nicht auf deinen Verstand! Auf all deinen Wegen erkenne nur IHN, dann ebnet ER selbst deine Pfade!“

Jes.55.8
„Denn Meine Gedanken sind nicht eure Gedanken, und eure Wege sind nicht Meine Wege, spricht Der Herr. Denn (...) so viel der Himmel höher ist als die Erde, so sind Meine Wege höher als eure Wege und Meine Gedanken als eure Gedanken.“

Ps.139.4
„Denn das Wort ist (noch) nicht auf meiner Zunge – siehe, Herr, Du weißt es genau.

Ps.147.5
„Groß ist unser Herr und reich an Macht. Seine Einsicht ist ohne Maß."

Röm.11.33
„O Tiefe des Reichtums, sowohl der Weisheit als auch der Erkenntnis Gottes! Wie unerforschlich sind Seine Gerichte und unaufspürbar Seine Wege"

Gott ist ein kreativer Schöpfer, ein Gott der Schönheit und des Überflusses.

Schauen wir uns einmal die Schönheiten der Natur im Einzelnen an, sehen wir, wie kreativ unser Schöpfer ist. Es gibt unzählige Beispiele für die Genialität Seiner Kreationen.
Auch die Wissenschaft hat dieses teilweise erkannt und kopiert Wirkweisen aus der Natur. Nehmen wir zum Beispiel den Lotuseffekt oder Beispiele aus Luft- und Raumfahrt.
Betrachten wir das Auge einer Stubenfliege, können wir über die Feinheiten nur staunen.
Und schauen wir uns einmal in aller Ruhe die Vielfalt bei den Blumen an. Es existieren allein über 125 Arten von Lilien. Hat jemand schon mal einen hässlichen Sonnenuntergang gesehen? Die Beispiele für Schönheit und Überfluss sind ohne Zahl. Meine Freundin Tanya teilte letztens in einer Gruppe folgenden Gedanken: Wenn wir Gott kennen lernen möchten, müssen wir seine beiden Bücher lesen: Die Bibel und die Natur. Auch dort hat ER Sich überall in Seiner schöpferischen Vielfalt und Genialität verewigt. Viele Beispiele im Wort Gottes hat ER aus der Natur genommen: Beispielsweise das unschuldige Lamm, den starken Löwen, die listige

Schlange, die reifen Erntefelder, der Weinstock und die Reben...

„Und Gott sprach: Lasst uns Menschen machen in unserm Bild uns ähnlich! Sie sollen herrschen über die Fische des Meeres und über die Vögel des Himmels und über das Vieh und über die ganze Erde und über alle kriechenden Tiere, die auf der Erde kriechen."
1.Mo.1.27

„Siehe, Ich habe euch alles samentragende Kraut gegeben, das auf der Fläche der ganzen Erde ist, und jeden Baum, an dem samentragende Baumfrucht ist, es soll euch zur Nahrung dienen."
1.Mo.1.29

Johannes Hartl hat in einer Predigt einmal einen interessanten Gedanken geäußert. Warum hat Gott den Menschen zum Leben dort einen Garten gegeben?
Wäre eine Art Agrarkolchose zum Leben und Arbeiten nicht viel effektiver gewesen?
Hätten nicht zwei Arten Fische gereicht?
Es lohnt sich, einmal darüber nachzudenken.

„...Betrachtet die Lilien des Feldes, wie sie wachsen: sie mühen sich nicht, auch spinnen sie nicht. Ich sage euch aber, dass selbst nicht Salomo in all seiner Herrlichkeit bekleidet war, wie eine von diesen. Wenn aber Gott das Gras des Feldes, das heute steht und morgen in den Ofen geworfen wird, so kleidet, (wird ER das) nicht vielmehr euch (tun), ihr Kleingläubigen?
Mt.6.28

(unter zur Hilfenahme der Themenkonkordanz, Christliche Verlagsgesellschaft Dillenburg

6. Auflage 2007)

Gottes Namen

Um dem Wesen Gottes in Seiner Dreifaltigkeit näher zu kommen, lohnt es sich auf jeden Fall, die Namen Gottes, die in der gesamten Bibel immer wieder erwähnt werden, zu betrachten, zu meditieren und zu proklamieren! Denn Gottes Wesen offenbart sich in Seinen Namen.

Namen Gottes in der Bibel

Abba	mein Vater
Adonai	mein Herrscher, mein König
Alpha und Omega	Der Erste und der Letzte, der Anfang und das Ziel
Christus Gesalbter,	Messias, Heilsbringer
El	starker Gott, Mächtiger Gott, höchster Gott
El Chai	Gott des Lebens, Der lebendige Gott, Gott Der Lebendige
El Chanun	Gnädiger Gott, Barmherziger Gott, Gütiger Gott
El Deoth	Gott der Erkenntnis, Gott des Wissens, Gott der Weisheit
El Elyon	Gott Der Höchste, Gott Der Allerhöchste, Der

	wahre Gott
El Olam	Der ewige Gott, ewig gnädiger Gott, ewig treuer Gott
El Quana	Leidenschaftlicher Gott, Eifriger Gott, Anbetungswürdiger Gott
El Roi	Gott, Der mich sieht, Gott des Sehens, Gott Der Allsehende
El Schaddai	Allmächtiger Gott, Gott aller Wohltaten, Gott Der Allgenügsame (Schad= Mutterbrust, Er ist Der Eine, Der herzt)
Eli	mein Gott
Eloah	Einzig mächtiger Gott, Gott Der Eine und Starke, Anbetungswürdiger Gott
Elohai	mein Gott, (im Unterschied zu Eli eine zuversichtliche und innige Gebetsanrede, durch die die herzliche, persönliche Gemeinschaft mit Gott vertrauensvoll zum Ausdruck gebracht wird)
Elohim Gott	Der Schöpfer, Der höchste Gott, Der Einzige Gott (enthüllt die ganze Fülle Gottes, die nur stückweise erkannt werden kann)
Heiland	Retter, Heilbringer, Erretter
Immanuel	Gott mit uns, Gott sei mit uns, Gott ist mit uns

	(gr. Emmanuel) = Jesus
Jah	Der Herr, Der Herr meine Stärke, Der Herr mein Lob (drückt große Freude aus)
Jahwe	Der Herr, Der Seiende, Der Ich bin, Ich werde sein, Der Ich sein werde (Der Eine in sich selbst Seiende, Ursprung allen Lebens)
Jahwe Echad	Herr und Gott ist Einer, Der Herr ist Gott allein, Herr, Der alleinige Gott (echad= eins, hebräisch)
Jahwe Elohim	Herr und Gott, Gott Der Herr (weist in seiner Verbindung auf Jesus hin)
Jahweh Jireh	Der Herr wird ersehen, Der Herr wird vorsehen, Der Herr mein Versorger
Jahweh Mekaddesch	Der Herr, Der heiligt, Der Herr meine Heilung, Der Herr, Der euch heiligt
Jahweh Nissi	Der Herr mein Feldzeichen, Der Herr mein Banner, Der Herr mein Panier
Jahwe Rapha	Der Herr der mich heilt, Der Herr mein Arzt, Der Herr ist Heilung
Jahwe Roi	Der ist mein Hirte, Der Herr ist mein Freund (raah= besonderer Freund und Gefährte)
Jahwe Shalom	Der Herr ist Friede, Der Herr schenkt Heil, Der Herr sendet Frieden (Gottes Frieden= Frieden, innere Ruhe, Wohlergehen an Leib, Seele und

	Geist)
Jahwe Schammah	Der Herr ist gegenwärtig, Der Herr ist hier, Der Herr wird dort sein
Jahwe Zebaoth	Herr der Heerscharen, Herr Der Allgewaltige, Herr himmlischer Heere (Herr über alles Gegenwärtige und Zukünftige)
Jahwe Zidqenu	Herr unsere Gerechtigkeit, Der Herr ist Stärke, Herr meine Gerechtigkeit (bezieht sich auf Jesus)
Jahwe Zur	Der Herr mein Fels (zur= Fels, weist auf Jesus hin, ebenso sela= zerklüfteter Fels als angenehmes Versteck)
Jesus	Der Herr rettet, Der Herr hilft, Der Herr heilt (hebr. Jehoschua, beinhaltet Jahwe)
Rabbi	Mein Meister, mein Lehrer, Gelehrter
Ruach	Geist Gottes, Wind, Atem

<u>Weitere Namen Jesu</u>

Wunderbarer Ratgeber, starker Gott, Vater der Ewigkeit, Fürst des Friedens (Jes.9.5)
Sohn des Menschen (Mt.25.31)
Christus (Mt.16.16)
Bräutigam (Luk.5.34)
Lamm Gottes (Joh.1.29)

Messias (Joh.1.41)
Sohn Gottes, König Israels (Joh.1.49)
Brot des Lebens (Joh.6.35)
Lebendiges Brot (Joh.6.51)
Licht der Welt (Joh.8.12)
Tür der Schafe (Joh.10.7)
Der gute Hirte (Joh.10.11)
Die Auferstehung und das Leben (Joh.14.6
Der wahre Weinstock (Joh.15.1)
Herr der Herrlichkeit (I.Kor.2.8)
Fels (1.Kor.10.4)
Haupt (Kol.2.19)
Alleiniger Machthaber, König der Könige, Herr der Herrn (1.Tim.6.15)
Urheber unserer Rettung (Hebr.2.10)
Hohepriester (Hebr.4.14)
Anfänger und Vollender des Glaubens (Heb.12.2)
Hirte (Heb.13.30)
Lebendiger Stein (1.Pet.2.4)
Kostbarer Eckstein (1.Petr.2.6)
Aufseher unserer Seelen (1.Petr.2.25)
Oberhirte (1.Petr.5.4)
Treuer Zeuge, Erstgeborener der Toten, Fürst der Könige der Erde (Offb.1.5)
Alpha und Omega, Der Allmächtige (Offb.1.8)
Löwe von Juda, Wurzel Davids (Offb.5.5)
Treu und wahrhaftig (Offb.19.11)
Das Wort Gottes (Offb.19.13)
König der Könige, Herr der Herren (Offb.19.16)
Wurzel, Geschlecht Davids, der glänzende Morgenstern (Offb.12.16)

(Unter zu Hilfenahme der Themenkonkordanz , Christliche

Verlagsgesellschaft Dillenburg, 6.Auflage 2007)

Deine Beziehung zu Gott in Seiner Dreifaltigkeit...

Um die Gottfakten richtig ergreifen zu können, brauchst Du unbedingt eine sehr enge intensive Beziehung zu Jesus, zum Heiligen Geist und zum Vater.

„Werdet stark durch die Verbindung mit Dem Herrn. Lasst euch stärken von Seiner Kraft."
Eph.6.10

An anderer Stelle werden wir noch genauer auf die essentielle Wichtigkeit unserer tiefen Beziehung zu Gott in Seiner Dreifaltigkeit eingehen. Hier ist es mir noch einmal wichtig, die Beziehung zu den drei einzelnen Personen Der Dreieinigkeit zu betrachten. Hast Du Dir schon einmal Gedanken gemacht, zu wem Du am leichtesten eine Beziehung aufbauen konntest? Wie bei vielen anderen Christen, von denen ich gehört habe, ist es auch bei mir die Beziehung zu Jesus Christus. Er ist derjenige, Der mich aus einem nutzlosen, geistlich toten Leben auf der Erde in Sein Königreich versetzt hat, mit all dem Segen, von dem wir gerade gehört haben. Durch den „Mist", den ich vor meiner Bekehrung gebaut habe, fiel es mir nicht so schwer, dieses Opfer für mein Leben anzunehmen, obwohl ich mich im Grunde immer für einen netten Menschen gehalten hatte. Er war von Anfang an, mein Retter und Erlöser. Kein anderer hätte solch ein unsagbar grausames Opfer gebracht, um mich zu retten. Und kein anderer hätte dies auch tun können. Er musste ja, obwohl Er ganz Mensch war, rein sein von Sünde. Im Laufe der Jahre wurde Er mir auch immer mehr zum Fels, auf dem ich stehe. Je mehr ich Ihn kennen lerne, desto mehr wächst meine Begeisterung für Ihn. Irgendwann, (nicht gleich zu Anfang) konnte ich auch von mir selbst sagen, dass ich Ihn liebe. Bis dahin war mein Gebet immer, mir mehr Liebe für Ihn zu schenken. Ich fand immer, dass es wichtig ist, ehrlich vor Dem Herrn zu sein. Er kennt unser Herz doch sowieso.

Als ich gerade ein paar Jahre bekehrt war, meldete ich mich in unserer jungen Gemeinde für das Lobpreisteam. Das Singen zu Gottes Ehre machte mir große Freude.

Zu dieser Zeit hatten wir einen Lobpreisleiter, der aus Russland stammte. Er war sehr genau und leidenschaftlich in dem, was er tat. Mal für Mal ließ er uns Textpassagen wiederholen, wenn sie nicht seinem Anspruch entsprachen. Eines seiner Lieblingslieder hatte eine Passage, in der es hieß: „Ich gehöre Dir, Jesus mein Geliebter, der Gott für Den ich lebe. ALL mein Glück bist Du, der Schatz, den ich begehr. Ich brenne nur für Dich"

Ein Teil von mir, war noch nicht bereit für diese drastischen Worte. Ich liebte Jesus, aber war ER mein „Geliebter"? Das hörte sich doch irgendwie merkwürdig an.

So ging ich ins Gebet und breitete mein Herz vor JESUS aus. Er kannte es ganz genau, und ich wollte ehrlich vor IHM sein. „Herr Du siehst mein Herz", sagte ich zu Ihm. „Ich liebe Dich ein bisschen, aber ich will Dich noch viel, viel mehr lieben. Bitte hilf mir dabei!"

Dieses Gebet betete ich sehr oft, während die Jahre vergingen und zu Jahrzehnten wurden.

Der Herr hat mein Gebet wirklich erhört. Je mehr Zeit ich mit IHM verbrachte, desto mehr lernte ich Ihn kennen. Je besser ich IHN kennen lernte, desto mehr liebte ich Ihn.

Diese Liebe konnte wirklich nur in der Gemeinschaft mit IHM wachsen. Ich konnte sie nie selbst produzieren. Auch sie ist ein Geschenk!

Natürlich gab es in meinem turbulenten Leben auch mal Zeiten, in denen ich aus was für Gründen auch immer, die Gemeinschaft mit IHM manchmal vernachlässigte. Oft war ich neben der Arbeit, meinem Haushalt und der Familie in meiner Freizeit damit beschäftigt, IHM in der Gemeinde in einigen Teams zu dienen. Das ist super, ersetzt allerdings keinesfalls die direkte innige Gemeinschaft mit

IHM.
Das merkte ich dann aber auch bald. Alte längst überwunden geglaubte schlechte Angewohnheiten wie das Fluchen im Straßenverkehr wollten sich wieder in den Vordergrund drängen. Das christliche Leben drohte in manchen Zeiten, zur Routine zu werden.
In der Offenbarung spricht Jesus von einer ähnlichen Situation und was er davon hält.

„Ich kenne deine Werke und deine Mühe und dein Ausharren, und dass du Böse nicht ertragen kannst; und du hast die geprüft, die sich Apostel nennen und es nicht sind, und hast sie als Lügner befunden; und du hast Ausharren und hast vieles getragen um Meines Namen willen und bist nicht müde geworden.
Aber Ich habe gegen dich, dass du deine erste Liebe verlassen hast. Denke nun daran, wovon Du gefallen bist, und tue Buße und tue die ersten Werke! Wenn aber nicht, so komme Ich dir und werde deinen Leuchter von seiner Stelle wegrücken, wenn du nicht Buße tust.“
Offb.2.2-5

Das sind ziemlich ernste Worte für eine Gemeinde, in diesem Fall die in Ephesus, die so viel für IHN getragen hat. Es macht uns aber deutlich, wie wichtig JESUS unsere ehrliche Liebe zu IHM ist. Das Pflegen dieser Liebesbeziehung hat immer absolute Priorität.
Da wir nur in der Gemeinschaft mit IHM geistlich wachsen können, hat es schlimme Folgen, wenn wir sie für eine längere Zeit (Wochen) vernachlässigen.
Wir gehen dann in unserer eigenen Kraft und verlieren unser Feuer. Die ursprüngliche Freude an der Arbeit in Seinem Reich verschwindet, und sie wird uns zur Last. Ideen und Aktionen kommen von uns statt vom Herrn. Unsere Umwelt merkt den Unterschied. Die Bibel nennt solche Taten „fleischlich“.
Gott sei Dank ist Seine Gnade jeden Tag neu!
Je älter ich werde, desto wertvoller wird mir die innige Gemeinschaft mit JESUS CHRISTUS.

Im letzten Jahr las ich bei einem Kuraufenthalt, ein Buch von Wilkin van de Kamp, welches mir von unserer lieben Bücherladenleitung empfohlen worden war. Der Titel lautet „ Die sieben Wunder des Kreuzes“. Es beschreibt sehr intensiv die letzten 18 Stunden vor Jesu Tod am Kreuz. Der Leser wird auf eine Reise mitgenommen, die sehr eindrücklich die sieben Stationen in Jesu Leidensweg für uns beschreibt, bei denen ER blutete. Nichts davon war Zufall. Alles hat für unser Leben hier auf Erden eine tiefe Bedeutung!
Jedes Mal, wenn Er blutete, hat Er es für uns getan und damit einen wichtigen Sieg für unser tägliches Leben errungen.
Es reichte IHM nicht, für uns zu sterben, um uns den Zugang zum Himmel zu erkaufen. Nein, Er hat sich für uns demütigen, beschimpfen, bespucken, geißeln und schlagen lassen. Er nahm freiwillig ein unvorstellbar grausames, langes Martyrium auf sich, damit wir ein gutes Leben hier auf Erden haben können. Das alles tat ER für uns und auch für auch für Leute, denen ER völlig egal ist!
Was für eine unfassbare Liebe!
Dieses Buch hat mich so berührt, dass ich mich ganz neu richtig tief in JESUS verliebt habe.
Heute kann ich sagen, dass ich IHN noch nie so sehr geliebt habe wie jetzt. Und ich will Ihn noch viel mehr lieben. ER hat es verdient, Der Geliebte meiner Seele.

Meine Liebe zu Ihm als meinem Bräutigam wächst, je mehr ich mich mit Seiner großen Liebe zu mir (so wie zu jedem Menschen) beschäftige. Geholfen hat mir da auch sehr eine Predigt von Johannes Hartl, die ich einmal beim Bügeln hörte. Sie handelte über das Hohelied, ein kleines Buch im Alten Testament, direkt hinter dem Buch der Prediger. Bis dahin war mir noch nie so klar gewesen, welche Schönheit und Weisheit in diesem Text steckt. Es geht darin um ein junges Paar, das einander sehr liebt und sich nacheinander sehnt. Beide loben einander in den höchsten Tönen und preisen die Vorzüge des anderen. Sie fühlt sich durch seine Liebe schön, obwohl sie schwarz ist. Damit ist gemeint, dass zu jener Zeit als Schönheitsideal bei Frauen so helle Haut wie möglich galt. Nur die reichen Damen konnten es sich leisten, sich nicht der Sonne auszusetzen. Unsere verliebte Dame gehörte also wohl nicht der obersten Schicht an, denn ihre Haut war dunkel. Ihr Bräutigam bestätigt aber ihre Schönheit und vergleicht sie mit blumigen Worten mit allem, was damals schön und teuer war. Er nimmt sie mit Freuden so, wie sie ist und sehnt sich nach ihr. Einmal, so wird berichtet, steht er spätabends vor ihrer Kammer, klopft und möchte sie so gerne noch sehen. Sie jedoch zögert, da sie sich schon gewaschen hat und bereits im Bett liegt. Als sie sich besinnt und die Tür aufmacht, ist er bereits gegangen. Sie sagt selber über seine Liebe zu ihr: „...sein Zeichen über mir ist Liebe.“ Diese Aussage hat mich besonders getroffen, denn als ich Den Herrn einmal gefragt habe, wie Er über mich denkt, kamen ganz deutlich die Worte in mein Herz: „Mein Feldzeichen über dir ist Liebe!“

Als ich diese Worte empfing, wusste ich nicht genau, woher ich sie schon einmal gehört hatte.

Nun ging es mir auf. Es sind Worte aus dem Hohelied der Liebe.

Dieses Hohelied ist die Geschichte zweier Liebender aber auch eine Metapher für Jesus und Seine Gemeinde, die Er so unendlich liebt. Kaum vorstellbar, aber so wie dieser Bräutigam liebt Jesus jeden einzelnen Seiner teuer erkauften Menschen und auch die Gemeinde weltweit als Ganzes, Seine Braut. Dabei fällt mir ein, wie oft ich genauso handele wie die Braut in der Geschichte, die schon im Bett liegt. Jesus klopft an meiner Herzenstür, und ich habe leider keine Zeit für innige Gemeinschaft mit Ihm, weil ich zu müde, zu beschäftigt oder sonst etwas bin. Wie tragisch, diese verpassten Gelegenheiten, die sich nicht mehr wiederholen lassen.

Im Hohelied 2.15 heißt es auch: *„Fangt uns die kleinen Füchse, die die Weinberge verderben.“*

Dieser Satz weist uns auch darauf hin, dass es oft die kleinen Dinge sind, die uns in unserem „Weinberg“, unserem Innen und Außen von der Gemeinschaft mit unserem Bräutigam abhalten und zugleich noch Zeitkiller sind. Darauf werden wir an anderer Stelle noch genauer eingehen. Wie wunderbar ist es, dass unser

Bräutigam so geduldig mit uns ist. Sein Statement steht fest:

„Denn stark, wie der Tod ist die Liebe, hart wie der Scheol die Leidenschaft. Ihre Gluten sind Feuergluten, eine Flamme Jahs. Mächtige Wasser sind nicht in der Lage, die Liebe auszulöschen, und Ströme schwemmen sie nicht fort...“
(Hohelied8.6)

Jesus hat seine Liebe zu uns durch Sein Leiden und Tod überdeutlich gemacht. ER will unser Bräutigam sein. Wie antworten wir darauf? Warst Du schon einmal unsterblich, leidenschaftlich verliebt? Ja? Dann weißt Du, es gibt immer Zeit für den geliebten Menschen, Deine Gedanken sind immer bei ihm, er ist immer Priorität Nummer eins, nichts hält Dich auf, für ihn da zu sein, Du blühst in seiner Gegenwart erst richtig auf. Ist so Deine Beziehung zu Jesus als Deinem Bräutigam? Nicht? Noch nicht? Die Qualität Deiner Beziehung zu Jesus bestimmst alleine Du. Diese Verantwortung trägt jeder wiedergeborene Christ ganz allein.
Eine Person aus der Bibel hat das besonders gut für sich erkannt. Er nennt sich selbst „den Jünger, den Jesus liebt.“ In allen seinen biblischen Schriften kommt das immer wieder zum Ausdruck. Es heißt auch, er lag an Jesu Brust. Will sagen, er hatte eine tiefe Beziehung zu Ihm. Du siehst schon, hier ist vom Jünger Johannes die Rede, der ein Evangelium, Briefe und die Offenbarung verfasst hat. Seine Ausdrucksweise in der Bibel lässt vermuten, dass er wie kein anderer erfasst hat, wie sehr Jesus ihn liebt. Liebt Jesus die anderen Jünger weniger? Keineswegs, nur Johannes hatte eine besondere Offenbarung Jesu Liebe zu ihm. Dadurch konnte er IHN zutiefst wiederlieben und für ihn unfassbare Leiden auf sich nehmen.
Wenn auch Du und ich diese Offenbarung der Liebe Jesu zu uns haben, wird nichts mehr so wichtig für uns auf dieser Welt sein wie ER. Paulus spricht sogar davon, dass er alles andere, seine Stellung, sein Ansehen, seine Bildung und alles andere für Dreck erachtet. (siehe Phil.3.8)

Jesus selber erzählte einige Gleichnisse dazu wie das von der Perle, die ein Kaufmann fand und alles andere dafür verkaufte, um sie zu besitzen. (siehe Mt.13.46)
Je mehr wir die Person Jesus Christus kennen lernen und unsere Beziehung zu Ihm vertiefen, desto weniger möchten wir sündigen! Joseph Prince verdeutlichte in einem seiner Podcasts, dass Gnade keine Doktrin ist, sondern eine Person, JESUS CHRISTUS!

„Denn das Gesetz wurde durch Mose gegeben; Gottes Gnade und Wahrheit aber kamen durch Jesus Christus“
Joh.1.17 (NLB)

In dem Maße, wie wir das Geschenk der Gnade in der Person Jesu erfassen und wenn wir den Reichtum und die vollkommene Liebe erkennen, den wir in Jesus Christus haben, verliert die Sünde ihren Reiz!
Gestern hörte ich eine kleine Predigt von Reinhard Hirtler über das Wesen Jesu. ER ist ja das Lamm Gottes, das sich aus bedingungsloser, reiner Liebe für die Sünde aller als fehlerloses Opfer hingibt (siehe Joh.1.21). Aber genauso ist ER der Löwe von Juda siehe (Offb.5.5). Das bedeutet, dass Er, Der Liebende zuerst als Retter kam, einst aber als Richter. ER ist ein Kämpfer für die Wahrheit. ER ist sogar die Wahrheit (siehe Joh.14.6). In seinem Leben als Mensch hat er immer vehement gegen den Unglauben gekämpft und fortwährend die Menschen damit konfrontiert. Wenn wir uns die Namen Jesu betrachten, finden wir Ihn genauso als Löwe wie als Lamm. Reinhard Hirtler stellte nun die interessante Frage, die mich seitdem beschäftigt:
„Welchen Aspekt der Person Jesu kannst Du leicht annehmen, welcher fällt Dir schwer, anzunehmen und warum?“ Bin ich also mehr ein Kämpfer, der unbeirrt für die Wahrheit einsteht, koste es, was es wolle? Das ist super. Jedoch bleibe ich dabei in der Liebe, die ER genauso und zwar in Vollendung ist?
Oder liebe, liebe, liebe ich jeden so wie er ist? Das ist super. Aber

kämpfe ich dabei auch für die Wahrheit? Oder bleibe ich um des „lieben Friedens willen“ viel zu oft stumm?
Das sind sehr interessante Aspekte, die mich lange beschäftigen werden!

Die nächste Person der Dreifaltigkeit, zu Der meine Beziehung im Laufe der Zeit wuchs, ist Der Heilige Geist. Er wird in der Theologie als die dritte Person der Dreifaltigkeit bezeichnet. Er taucht zum Beispiel bei der Taufe Jesu über Ihm als eine Taube auf. Jesus sagt Seinen Jüngern, dass es gut ist, dass Er zum Vater geht, weil dann der Heilige Geist zu ihnen kommt. Das geschah an Pfingsten sehr deutlich. Durch den neuen Bund kommt Der Heilige Geist in jedes neue Herz wiedergeborener Menschen. Wir haben Ihn wirklich immer in uns, so können wir auch jederzeit mit Ihm kommunizieren. Er ist derjenige, Der uns hilft, das alte Programm in unserer Seele aus der Zeit vor unserer Wiedergeburt nach und nach zu löschen und durch das neue Programm des Königreiches Gottes zu ersetzen. Dabei ist Er sehr geduldig, sanftmütig, ein Gentleman. Er ist unser Lehrer!
Einige Christen tun sich schwer, eine Beziehung zum Heiligen Geist aufzubauen, wie ich mehrmals hörte. Deshalb will ich hier einige Seiner Eigenschaften mit Schriftstellen verdeutlichen.

„Uns aber hat Gott es geoffenbart durch Den Geist, denn Der Geist erforscht alles, auch die Tiefen Gottes..
1.Kor.2.10

„Denn wer von den Menschen weiß, was im Menschen ist, als nur der Geist des Menschen, der in ihm ist? So hat auch niemand erkannt, was in Gott ist, als nur Der Geist Gottes.“
1.Kor.2.11

„Und auf Ihm wird ruhen Der Geist Des Herrn, Der Geist der Weisheit und des Verstandes, Der Geist des Rates und der Kraft, Der

Geist der Erkenntnis und Furcht Des Herrn."
Jes.11.2

„Wenn aber Jener, Der Geist der Wahrheit, gekommen ist, wird Er euch in die ganze Wahrheit leiten; denn Er wird nicht aus Sich selbst reden, sondern was Er hören wird, wird Er reden, und das Kommende wird Er euch verkündigen.
Joh.16.13

„Er wird Mich verherrlichen. Denn von dem Meinem wird Er nehmen und euch verkündigen."
Joh.16.14

„Der Beistand aber, Der Heilige Geist, Den Der Vater senden wird, in Meinem Namen, Der wird euch alles lehren und euch an alles erinnern, was Ich euch gesagt habe."
Joh.14.26

Bevor ich wiedergeboren war, versuchte ich die Bibel zu lesen. Schon nach ziemlich kurzer Zeit legte ich das Buch zur Seite. Ich fand es teilweise langweilig, teilweise grausam. Viele Kapitel aus dem neuen Testament kannte ich ja zur Genüge aus den jährlich wiederkehrenden Lesungen und Evangelien. Manches hat mich schon berührt, ich war ja auf der Suche nach etwas Tieferem, wusste bloß nicht genau, was es war.
Jeden Sonntag ging ich mit meiner Herkunftsfamilie pflichtbewusst in die katholische Messe. Aus Respekt vor Gott verbot ich mir, auf die Uhr zu sehen. Jedoch konnte man sich ziemlich genau darauf verlassen, dass sie nach einer dreiviertel Stunde plangemäß beendet war. Schließlich wartete ja in fast jeder Küche der Sonntagsbraten darauf, verspeist zu werden. Ich erinnere mich noch daran, wie ich mich eines Sonntags auf der Rückfahrt, über die in meinen Augen vom Priester heruntergeleierten Psalmen beschwerte.

Jeden Sonntag das Gleiche! Auch der Predigt hatte ich mal wieder nichts abgewinnen können. Der Priester war nicht gerade ein leidenschaftlicher Prediger, das Thema war gar nicht klar umrissen, und so manches Gemeindemitglied hatte mehrmals verstohlen auf die Uhr gesehen. So war ich froh, dass die insgesamt langweilige Messe wieder mal für eine Woche erledigt war. Meine gläubige Mutter jedoch ermahnte mich. „Wenn du Gott liebst, kannst du aus jeder Predigt etwas wertvolles mitnehmen." Wie richtig sie damit lag, sollte ich erst viel, viel später erfahren. Was ich mit diesem kleinen Ausflug in meine Jugend klarmachen möchte, ist, dass ich damals einfach noch nicht vom Heiligen Geist geleitet wurde, sondern von meinem eigenen begrenzten Verstand. Natürlich hatte mein Fleisch keine Lust auf diese Gottesdienste. Nachdem ich wiedergeboren war, änderte sich das komplett. Heute genieße ich es, an Gottesdiensten teilnehmen zu können. Ja, es ist sogar eine Ehre und ein Privileg, welches lange nicht jeder Christ auf dieser Welt genießen kann. Die Psalmen sind heutzutage für mich eine Quelle der Ermutigung und der Inspiration. Wie oft hat Gott schon durch sie zu mir gesprochen. Ich liebe sie schon seit langer Zeit. Das gesamte Wort Gottes ist eine nie endende Quelle der Lehre und der Erkenntnis. Es ist eine Leuchte auf unserem Weg. Daher habe ich Den Heiligen Geist schon oft gebeten, mir noch mehr Liebe für das Wort zu geben. Richtig gelesen, auch in mir lebt noch ein kleiner Schweinehund, der keine Lust hat, das Wort Gottes zu lesen oder gar zu studieren. Ich will ihn aber nicht füttern, so dass er möglichst klein bleibt. Wenn ich Den Heiligen Geist, obwohl Er ja in mir lebt, bewusst noch mal einlade, mir eine Bibelstelle lebendig zu machen, ist das Ergebnis für mich ein völlig anderes, als wenn ich es nur mit meinem Verstand lese. Es passt plötzlich haargenau in mein Leben, in meine Situation. Ich gehe gerne in die Schule des Heiligen Geistes. Das Schöne daran ist, man kann nicht sitzen bleiben. Wenn Du eine Prüfung vermasselst, wird sie wiederholt, so oft, bis Du verstanden hast, was Er Dir sagen will. Diese Schule ist höchst interessant, humorvoll und wir lernen bis zum letzten Atemzug!

Der Heilige Geist ist ein Mahner. Er verurteilt nicht, sondern weist uns sanft auf „Baustellen“ in unserem Leben hin. Er ist ein Tröster. Nirgendwo sonst findest Du so viel Trost. Er ist ein Führer. Ja, Er will Dich durch Dein Leben führen, damit Du zur richtigen Zeit am richtigen Ort sein kannst, die richtigen Leute triffst, die falschen Leute erkennst, kurz erfolgreich sein kannst. Jedoch wusstest Du auch, dass Er Dein bester Freund sein möchte? Er wünscht sich, Zeit mit Dir zu verbringen, der Erste zu sein, den Du fragst, wenn Du Erkenntnis über etwas brauchst.
Allerdings drängt Er sich nicht auf! Meistens ist Seine Stimme leise, leicht zu überhören, wenn man Ihm keinen Raum lässt. Dann zieht Er Sich irgendwann auch zurück. Das wollen wir natürlich niemals zulassen. Ein wunderbarer Weg direkt mit Dem Vater durch Den Heiligen Geist in Verbindung zu treten ist das Zungengebet. Hier beten nicht wir, sondern Der Heilige Geist durch uns. So viel besser als wir weiß Er, was wir brauchen und wie in der Situation am besten gebetet werden kann. Darauf werden wir später noch einmal genauer eingehen.
Am schwierigsten war es für mich, eine Beziehung zu Gott Vater aufzubauen. Er schien irgendwie immer weit weg zu sein. Aus der Kindheit stammt auch noch der Satz: „Pass auf, Gott sieht alles.“ So habe ich Ihn mir lange als unnahbaren, strafenden, strengen Vater vorgestellt. Ganz ehrlich fand ich es auch schrecklich von Ihm, Seinen eigenen Sohn auf diese grausame Weise leiden und sterben zu lassen. Erst später verstand ich, dass dieses der einzige Weg war, Seine anderen Kinder zu retten. Und Jesu Opfer war vollständig aus freiem Entschluss. Auch Er wusste, dass es keinen anderen Weg gab, die Menschen wieder mit Dem allerhöchsten, vollkommenen Gott zu versöhnen als das freiwillige Opfer eines vollkommen reinen Menschen. Da es diesen nie geben würde, musste Jesus Christus, Der erstgeborene Sohn Gottes, selbst ganz Gott, Mensch werden. Wer selbst Kinder hat, kann sich vielleicht im Ansatz vorstellen, was es Gott Vater gekostet haben muss, Seinen geliebten Sohn verspotten, leiden und sterben zu lassen, und Ihm vor Seinem Tod

noch die Sünden und Schande der ganzen Menschheit zusätzlich aufzuladen. Das Schlimmste war dann noch, Ihn vor Seinem Tod mit all dem ganz allein zu lassen. Welcher Vater kann so etwas aushalten?
Das alles tat Er aus Liebe zu den Menschen, denen Er damit ein ewiges Leben mit Ihm ermöglichte, so viele dieses Opfer für sich selbst angenommen haben. Dies sind dann Seine geliebten Kinder. Letztens hörte ich in einer Predigt von Johannes Hartl, dass viele der größten Menschheitsprobleme mit einem tieferen Problem zu tun haben. Er stellte die Frage, warum Menschen so gierig, rücksichtslos, gewalttätig und egoistisch sein können. Warum kennen so viele Menschen keine Grenzen? Na ja, dachte ich, grundsätzlich liegt das wohl mit an der gefallenen Natur des natürlichen Menschen. Johannes Hartl brachte diese Dinge jedoch auch mit Menschen in Zusammenhang, die Vaterlos aufgewachsen sind. Erwiesenermaßen ist das Verhältnis zwischen den Vaterlosen unter den straffällig gewordenen Menschen sehr hoch gegenüber denjenigen Straffällig gewordenen, die in einer intakten Familie aufgewachsen sind. Weiter merkte er an, dass die Vaterrolle in der gegenwärtigen Gesellschaft nicht gerade sehr wichtig genommen wird. Wie viele Werbung suggeriert dem Zuschauer, dass der Vater nicht so ausdauernd, clever und strukturiert sei wie die Mutter. Ein Beispiel für das gängige Vaterbild ist die Fernsehserie von „Al Bundy," ein etwas dümmlicher Tollpatsch als Vater.

Oft wird der Vater auf einen „Samenspender" reduziert. Leider stehlen sich ja auch sehr viele „Väter" aus der Verantwortung, wenn ein Kind unterwegs ist. Die ganze Verantwortung liegt dann bei der Mutter, die oft beide Rollen übernimmt. Allerdings fehlt irgendetwas, wie die Statistiken über straffällig gewordene Jugendliche zeigen. Was unterscheidet nun einen Vater von einer Mutter? Hartl meinte dazu, dass Väter ihre Kinder zum ersten Mal in deren Leben ins „Außen" führen. Sie fordern sie, werfen sie manchmal hoch, toben mit ihnen und fordern sie. Aller meistens sind die Väter auch körperlich stärker als Mütter und verleihen den Kindern

somit Sicherheit. Leider liegt hier ebenso viel Potenzial für Missbrauch. Das Zu Hause sollte für die Kinder unbedingt ein Ort der Sicherheit und des Schutzes und Trostes sein. Ist dies nicht der Fall, werden die Kinder tief in ihrem „Sein“ verletzt. Als Beispiel nannte Hartl den Film „Skyfall“. Hier kommt James Bond mit seiner Vorgesetzten in sein früheres Zu Hause. Sie sieht sich um und meint: „Waisen sind die besten Rekruten, die aggressivsten Krieger sind Waisen.“ Genauso ist es bei den getriebensten Managern und kältesten Geschäftsleuten. Tief in ihrem Inneren haben sie keinen Ort, wo sie wirklich hingehören, diesen intimen Ort ihrer biologischen Identität durch Zeugung, den nur ihr Vater ihnen geben kann. Dieses „ich habe dich gezeugt und es ist gut so. Du bist angenommen, so wie du bist.“
Die Person, die uns Gott Vater als liebenden Vater gezeigt hat, war Jesus Christus. Er hat Den allmächtigen, souveränen Gott „Abba = Papa“ genannt. Durch Jesus und in Ihm dürfen wir uns dem „Papa im Himmel“ auch auf so intime Weise nähern. Wir dürfen uns von Ihm lieben, schützen und versorgen lassen. Wir dürfen Ihm wie ein kleines Kind, das seine winzige Hand in die große Hand seines Papas schiebt und sich bei ihm geborgen und sicher weiß, vollkommen vertrauen. Denn ER kämpft unsere Kämpfe! (siehe 5.Mo.3.22)
Ich nehme an, dass es mir so schwerfiel, mir Gott Vater als liebenden Vater vorzustellen, weil das Verhältnis zu meinem eigenen Vater eher kühl war. Damit will ich nicht sagen, dass er seine Pflichten als Vater vernachlässigt hat. Es ging uns vier Kindern immer den Umständen entsprechend gut. Wir bekamen alles, was wir brauchten. Es fehlte uns an nichts. Allerdings fühlte ich mich nie richtig angenommen und geliebt. Als Kind seiner Zeit war ihm emotionale Nähe mit seinen Kindern fremd. Außerdem wusste ich, dass er sich einen Jungen gewünscht hatte. Nun war wieder „nur“ ein Mädchen gekommen. Diese versteckte Ablehnung spürte ich fast mein ganzes Leben lang. Gott hat in den letzten Jahren so viel an mir geheilt, was diese Ablehnung betrifft.

Ich erinnere mich an eine Geschichte, die ich vor zwei Jahren bei einem Reha Aufenthalt erlebt habe.

Abgelehnt
„Nun beruhige dich doch!" beschwor ich mich selbst. Ich konnte meine Tränen jedoch nicht stoppen. Unaufhörlich rannen sie mir die Wangen herunter. Trockenes Schluchzen schüttelte meinen Körper. Seit einer halben Stunde lag ich auf meinem Bett, ein dickes Kissen fest umschlungen. Ein Blick auf die Uhr zeigte mir, dass ich den Pilates Kurs verpassen würde Meine Augen schmerzten und waren angeschwollen. Da war nichts zu machen. Ich proklamierte laut „Du bist geliebt! Du bist gewollt!" Diese Sätze hatten nur zur Folge, dass ich noch mehr weinte. Nein, ich war nicht gewollt.! Ich wusste, dass meine Eltern sich sehnlichst einen Jungen gewünscht hatten. Stattdessen hatten sie ein zweites Mädchen bekommen, mich, nichts Besonderes. „Schon wieder ein Mädchen!" hatte mein Vater gesagt. So war mir berichtet worden. Deshalb spürte ich mein Leben lang Ablehnung. Da gab es die Älteste, den ersehnten Jungen, die niedliche Jüngste - und mich, die uninteressante Zweite. Ich redete mir ein, weniger von meinen Eltern geliebt zu werden als meine Geschwister. Ich war zu einer Zeit geboren worden, als Kleinkinder, nachdem sie versorgt worden waren, einfach wieder weggelegt wurden. Da gab es keine frühkindliche Förderung wie heutzutage. Die Eltern hatten im Haus oder auf dem Feld zu arbeiten, und die Kinder wurden hauptsächlich körperlich versorgt. Auch kann ich mich nicht an viel gezeigte Zuwendung erinnern. Dieser Schmerz der Ablehnung, den ich als sehr kleines Mädchen erlebt hatte, wallte nun während einer Therapie wieder voll in meinem Herzen auf.

Ich konnte mir meine Tränen nicht erklären. Das Thema „Ablehnung" hatte ich in meinem Leben doch schon genügend durchgearbeitet. Ich wusste, meine Eltern hatten das gegeben, was sie selbst in ihrer Kindheit empfangen hatten. Sie waren Kinder ihrer

Zeit und wollten mich bestimmt nicht bewusst verletzen. Während die Tränen unaufhörlich weiterflossen, betete ich in meiner Verzweiflung zu meinem Papa im Himmel. „Herr, was ist denn das jetzt, es ist doch alles vergeben, warum kann ich nicht aufhören zu weinen?“ Die Antwort war ein Eindruck in meinem Inneren. Da lag ich als Baby, in einer großen Hand liebevoll gehalten
und geschaukelt, mit einer unfassbaren Liebe angelächelt. Ich hielt inne, genoss diesen Eindruck lange und war wieder ganz das kleine Kind, das von seinem Papa, der Seine gesamte Aufmerksamkeit nur ihm zuwendet, getröstet wird. Ich verharrte in der Schönheit dieses Augenblicks und wusste plötzlich: Jetzt heilt mein Papa im Himmel die verletzte Seele meines inneren Kindes. Ich konnte Seine ehrliche unendlich tiefe Liebe für mich sowie Seine radikale Annahme meiner Person spüren. ER hatte mich geplant und gewollt! ER hatte den genauen Ort und das genaue Datum meiner Geburt lange vorher festgelegt. Er kannte meine
Eltern und ihre Verletzungen, wusste, was sie geben konnten und was nicht. In *jeder* Familie gibt es irgendeinen Mangel, den auszufüllen die Eltern nicht in der Lage sind. Vollkommen kann kein noch so liebender Elternteil sein. ER jedoch, unser Papa im Himmel füllt jeden Mangel aus, wenn wir es zulassen. So wurde an jenem Tag durch ein schmerzhaftes Erlebnis meine Seele weiter geheilt. Ich weiß und spüre es: Egal, wer mich liebt oder nicht, wer mich annimmt oder nicht – Mein Papa im Himmel liebt mich bedingungslos – immer!

Seit diesem Erlebnis sind nun schon zwei Jahre vergangen. Ich bin so tief dankbar, dass Gott mein Verhältnis zu meinem irdischen Vater endgültig geheilt hat. Im letzten Jahr durfte ich meinen Vater durch seine letzten Monate begleiten. Wir hatten im stillen Krankenhauszimmer noch einige gute Gespräche. Er sagte sogar zu mir, dass es ihm leidtue, wenn ich mich abgelehnt gefühlt hätte. Das sei keine Absicht von ihm gewesen. Diese Aussage nahm ich mit tiefen Frieden im Herzen auf. Das änderte sich auch nicht, als ich durch das Verhalten meines Vaters selbst in seinen letzten

Lebensmonaten öfter verletzt wurde. Mein Himmlischer Papa nahm mich jedes Mal in den Arm, und ich konnte Seine ewige unfassbare Liebe besonders spüren. Mein irdischer Papa hat gegeben, was er zu tun in der Lage war. Alle Verletzungen sind zum Kreuz Jesu getragen, dort gelassen und vergeben. Auch meinen irdischen Papa werde ich für immer lieben! Er ist am 17.12. 2020 gestorben.

Joseph Prince weist in seinen Podcasts immer wieder darauf hin, wie wichtig es ist, dass wir wirklich begreifen und ergreifen, wie tief, ehrlich und bedingungslos die Liebe des Vaters für uns ist. „Abba" ist in der jüdischen Sprache laut Joseph Prince der intimste Name, den man seinem Vater geben kann, und ein wunderschönes Bild für die Wahrheit, dass wir durch Jesus Christus den Geist der Sohnschaft erhalten haben. Wie ein Kind in Not nach seinem Vater ruft, sollten auch wir dieses sofort in entsprechenden Situationen tun. ER liebt uns und hilft immer!!

Kenne Deine Feinde

Wer mit dem Herrn geht, merkt sehr schnell, dass nicht immer alles so läuft, wie gewünscht und geplant. Woran liegt das? Wir haben ja schon festgestellt, dass die Seele eine ganzes Leben braucht, um in das Bild Jesu verwandelt zu werden. Sie ist nach dem Wechsel vom Königreich des Teufels in das Königreich Gottes ja noch mit dem alten Programm beschrieben und muss nach und nach mit dem Programm Gottes beschrieben werden. Darauf werden wir gleich ganz genau eingehen. Vorher wollen wir uns aber noch kurz den offensichtlichen Feind, den Teufel und seine Mächte ansehen.

Der Teufel und seine Mächte

Ja, es gibt den Teufel. Viele Menschen halten den für eine Art Halloweenfigur mit Hörnern und rotem Umhang, wie schon Joyce Meyer es erwähnte. Leider ist der mehr als ein Kinderschreck, allerdings brauchen wir wiedergeborene Christen im neuen Bund keine Angst vor dem haben, denn Jesus hat dessen Macht und die der Dämonen, der Helfershelfer des Teufels komplett besiegt und am Kreuz öffentlich zur Schau gestellt. (siehe Kol.2.15)
Der Teufel ist also nicht der Gegenspieler Gottes oder nur annähernd auf Gottes Ebene, der ist ein von Gott geschaffenes Wesen und absolut von Jesus Christus besiegt!!!! Die Bibel warnt uns, den Teufel nicht ernst zu nehmen. Ohne Jesus sind wir machtlos. Aber wir haben IHN, deshalb brauchen wir keine Angst haben.
Ich will dem Teufel hier nicht zu viel Platz einräumen, sondern nur kurz beleuchten, wo der überhaupt herkommt, was ihn antrieb, gegen Gott zu rebellieren und wann der überhaupt noch Macht über uns haben kann. Wie die Bibel uns in Jes.14.12 – 14 und in Hes.28.12-17 sagt, war der Teufel wohl zuerst ein sehr schöner Engel mit größeren Machtbefugnissen. Als geschaffenes Wesen

wurde der allerdings stolz und wollte sein wie Gott, Der doch sein Schöpfer war. So beging der Teufel die erste Sünde: Stolz!!! Sein wollen wie Gott. Für diese Sünde stieg der nicht, wie von ihm gedacht herauf, sondern wurde des Himmels, wo Gott mit Seinen Engeln ist, verwiesen. Mit ihm ging ein Teil der Engel. Diese nennt man Dämonen. Diese gefallenen Wesen haben sich bewusst gegen Gott entschieden und hassen alle Menschen. Sie verdienen auch auf keinen Fall unser Mitleid. Zum Thema Mitleid für das „Böse" gab Kynan Bridges einmal ein sehr schönes Beispiel: „Eine Dame fuhr an einem sehr kalten Wintertag die vereiste Straße entlang. Da sie langsam fuhr, konnte sie am Straßenrand etwas entdecken, was sie zu Tränen rührte, eine steifgefrorene hilflose Schlange. Sie wird hier einsam und allein sterben, wenn ich ihr nicht helfe, ging es ihr durch den Kopf. Also nahm sie die Schlange, wickelte sie in ein Tuch und nahm sie mit nach Hause. Dort legte sie die vor den warmen Kamin. Irgendwann regte sich die Schlange. Die Frau nahm sie auf, um nachzuschauen, ob die Schlange Schaden genommen hatte. Sofort wurde sie von der Schlange in den Arm gebissen. „Warum tust du das, du undankbares Tier! Habe ich dich nicht vor dem sicheren Tod gerettet?" „Ich bin eine Schlange, My Lady, das ist das, was Schlangen tun!" rechtfertigte sich das Tier.

Die dunklen Mächte sind genauso real wie Gott in Seiner Dreieinigkeit und Seine Engel. Sie sind wie bereits erwähnt, vollkommen besiegt durch den Sieg Jesu am Kreuz, aber zu unterschätzen sind sie auch nicht. Die Bibel sagt uns in Eph.6.12, dass wir im Kampf gegen „die Gewalten, gegen die geistigen Mächte der Bosheit in der Himmelswelt" stehen. Gerade, wenn wir Jesus immer besser kennen lernen und für Sein Reich unterwegs sind, spüren wir viele Widerstände. Der Krieg, in dem wir uns befinden, ist absolut real! Einer der Sprecher auf einer Tagung, die ich vor vielen Jahren einmal in Dresden besucht habe, verglich diesen Krieg mit der Schlacht in der Normandie im zweiten Weltkrieg, wo die Amerikaner in der Nacht zum 6.Juni 1944 mit über 3100 Landungsbooten die erste Welle der Invasionsarmee von Großbritannien nach Frankreich übersetzten.

Sehr viele Soldaten, die zuerst an Land sprangen, wurden einfach niedergemetzelt. Es gab keinen Schutz für sie! Ein Trailer des Films „Der Soldat James Ryan" im Internet zeigt dieses grausame Ereignis überaus prägnant und sehr schwer zu ertragen.
Uns Christen unterscheidet jedoch eines von den amerikanischen Truppen jener Tage! Wir haben in Jesus Christus den vollkommenen Sieg über den Teufel! Außerdem besitzen wir ein sehr effektives Arsenal an Waffen gegen diesen Feind: Auf diese werden wir zu einem späteren Zeitpunkt eingehen. Wir brauchen also absolut keine Angst vor diesem Feind haben. Es ist jedoch gut zu wissen, wie der Teufel und seine Dämonen arbeiten, ihre Strategien zu kennen, und wann sie Macht über uns erhalten können.
Dazu wollen wir uns einmal die Bilder, die in der Bibel für den Teufel verwendet werden, näher anschauen. Dadurch erkennen wir nämlich auch einige seiner Strategien, uns zu Fall zu bringen.
In der Schöpfungsgeschichte begegnet uns der Teufel als Schlange. Warum hat Gott gerade dieses Tier als Bild dafür gewählt? Wir wissen ja, dass in der Bibel nichts zufällig gewählt ist. Alles hat seine Bedeutung! Schauen wir uns einmal an, wie so eine Schlange agiert. Dazu möchte ich wieder ein Beispiel von Tobias Teichen bemühen. Er fragte in einer Predigt, wer sich Tiersendungen anschaue. Ich selbst schaue sie nicht so gerne an, vor allen Dingen nichts Grausames. Denn in der Tierwelt geht es grausam zu. Allerdings meinte er genau das! Wer hat schon einmal zugeschaut, wenn eine Würgeschlange zum Beispiel ein Kaninchen tötet? Geht das schnell, so nach dem Motto einmal fest zudrückt, das war es für das Kaninchen?
Nein, das Gegenteil ist der Fall! Die Würgeschlange starrt das Beutetier erst mal an und scheint es zu hypnotisieren. Daher kommt auch der Spruch: „er sitzt davor wie vor der Schlange." Eindringlich zu beobachten ist das auch in dem Walt Disneyfilm „Das Dschungelbuch", wo Mogli starr vor der Schlange Ka sitzt und sich von ihr praktisch „einwickeln" lässt, ohne sich zu wehren. Erst sein Freund der Tiger Shir Khan rettet ihn.

So sitzt das Kaninchen vor der Schlange, die umkreist es, umschlingt es, immer ein bisschen fester und fester, immer so viel, wie das Kaninchen ausatmet. Irgendwann kann das Kaninchen nicht mehr standhalten und stirbt. Gestern las ich, ich glaube in der Zeitung eine Geschichte von einem Kleinkind in Australien, das von einer Würgeschlange umschlungen, von seinem Großvater gefunden wurde. Dieser beeilte sich natürlich sofort, alles für die Rettung seines Enkelkindes zu unternehmen. Nichts half, so schlug er der Schlange schließlich den Kopf ab. Erst durch den Tod der Schlange war es möglich, das Kind aus dieser tödlichen Umarmung zu befreien. Der Großvater berichtete, dass der gesamte Körper der Schlange wie ein einziger angespannter Muskel war. Gott sei Dank konnte der Großvater sein Enkelkind vor dieser Schlange retten. Doch wer rettet uns vor der Schlange, dem Teufel?
JESUS CHRISTUS! Durch Sein vollbrachtes Werk am Kreuz hat ER der Schlange für immer den Kopf zertreten! (siehe Vorhersage 1.Mo.3.15). Diese Wahrheit kann ich gar nicht oft genug betonen! Denn alleine das ist der Grund, warum wir vor dem Teufel keine Angst haben brauchen, wenn wir in Jesus Christus sind!
Ein weiteres Bild für den Teufel ist „der brüllende Löwe," (siehe 1.Petr.5.8). Petrus spricht hier davon, dass der Teufel, auch Satan genannt, umhergeht wie ein brüllender Löwe und sucht, wen er verschlingen kann. Warum wird hier das Bild des „brüllenden Löwen" verwendet? Das Internet (www.blog.wwf.de) belehrte mich gerade darüber, dass Löwen morgens und abends brüllen, um ihr Revier zu markieren. Das wirkt natürlich einschüchternd!
Reinhard Hirtler erzählte in einer seiner Predigten einmal über einen Urlaub in Süd Afrika, wo er die Gelegenheit hatte, Löwen bei der Jagd zu beobachten. Dabei fiel ihm auf, dass sie sich im Rudel anschlichen, die Beute separierten, das heißt, von ihrem eigenen Rudel zu trennen. (Daher eignen sich für die Löwen als Beute besonders gut schwache, kranke oder junge Tiere.) Übertragen auf uns sollten wir uns fragen:
Stehe ich irgendwo an der Seite?

Bin ich in der Gemeinde in der Gruppe der „Eclesia“, das ist die Gruppe der „Herausgerufenen“? Will heißen, nehme ich meinen Weg mit Jesus ernst, oder lasse ich mich treiben?
Habe ich es zugelassen, dass ich von der Gemeinde getrennt wurde?
Bin ich dadurch angreifbar geworden?

Die Löwen beißen dem Beutetier so schnell wie möglich in den Hals, schneiden ihm damit die Luftzufuhr ab und zwingen es schließlich nieder. Bei der Jagd wird übrigens nicht gebrüllt! Warum läuft dann der Teufel herum wie ein brüllender Löwe und sucht, wen der verschlingen kann? Wie wir gerade gehört haben, markiert der Löwe durch das Brüllen sein Revier. Da der Teufel ja ein besiegter Feind ist, also ein Löwe ohne Zähne muss der seine Opfer mit den ihm verbliebenen Mitteln beeindrucken. Also brüllt der, sprich, es passieren Missgeschicke oder Schwierigkeiten in unserem Leben. Und da Löwen im Rudel auftreten, gibt es auch gleich mehrere Schwierigkeiten auf einmal. Dann verbreitet der Angst und Lügen und sät Zweifel in unsere Gedanken. Hier begegnen uns seine einzigen Waffen, allesamt Täuschungsmanöver! Jesus selbst spricht in der Bibel davon, dass der Teufel „der Vater der Lüge“ ist. (siehe Joh.8.44) Zusammenfassend können wir festhalten, dass der Teufel gar keine Macht über uns hat, es sei denn, wir geben sie dem. Und das machen wir, wenn wir dessen Lügen glauben. Da fällt mir wieder ein prägnantes Detail aus einer von Tobias Teichens Predigten ein. Er erklärte, wie der Teufel uns zu Fall zu bringen versucht, mit einem Beispiel aus der Kriminaltechnik.
Ein Beweis gilt erst als sicher, wenn der Fingerabdruck des Täters darauf ist. So kreiert der Teufel erst mal einen Fake-Beweis und setzt ihn in unsere Gedanken. Noch sind unsere Fingerabdrücke nicht darauf! Zum Beispiel hattest Du Dich auf ein Ereignis besonders gefreut, kannst aber nicht teilnehmen, weil Du mit Fieber im Bett liegst. Ein Gedanke schießt in Deinen Kopf! „Ist ja typisch. Immer, wenn ich mich auf etwas freue, geht es schief. Ich bin halt ein

Pechvogel!“ Bis jetzt ist es nur ein Gedanke. Doch sprichst Du diesen Gedanken aus, geraten Deine Fingerabdrücke darauf. Es kommt dann von Dir und Du trägst die Verantwortung für die Folgen. Was das für welche sind, darauf gehen wir etwas später ein. Das ist die Strategie des Teufels. Lüge! Täuschung!
Wann bekommt eine Lüge Macht? Wenn wir sie glauben!!
Eine beliebte Lüge des Teufels ist es, Gedanken der Zwietracht, des Zweifels oder der Anklage zu säen. Auf die Wichtigkeit, unsere Gedanken zu kontrollieren, gehen wir an späterer Stelle noch ein. Hier sei es nur einmal erwähnt, dass der Teufel uns gerne den Gedanken eingibt, Gott meine es nicht wirklich gut mit uns oder wir seien einfach zu schlecht, um gesegnet zu werden. Wichtig zu wissen, der Teufel kann nur in Dunkelheit agieren. Er kann uns zu nichts zwingen. Wir können uns nie herausreden, der Teufel hätte uns zur Sünde gezwungen. Er hat nur die Macht zu verführen, nicht zu zwingen. Die Entscheidung liegt immer bei uns. Wenn wir unsere Vergehen in das Licht Jesu Christi bringen, verlieren die Anklagen sofort ihre Macht und Jesu Frieden kehrt in unser Herz ein. Das ist immer die Lösung, wenn wir uns vom Teufel in irgendeiner Weise bedrängt fühlen:

„So unterwerft euch nun Gott! Widersteht dem Teufel, so flieht er von euch; naht euch nun Gott, so naht ER sich zu euch!“
Jak.4.7-8

Feinde, die zu dem Teufel gehören, sind...

seine Dämonen

Das hört sich jetzt wieder gruselig an, ist aber leider auch real. Überall in der Welt sehen wir deren Einflüsse. Auf die sichtbaren Dinge wie Zauberei, Hexenkult, schwarze und weiße Magie, Okkultismus und vieles andere will ich jetzt nicht eingehen. Darüber gibt

es einiges an Literatur! Uns Christen betreffen eher die versteckten Formen, wie zum Beispiel:
der Geist des Antichristes.
Davon spricht die Bibel oft wie zum Beispiel beim Bau des Turmes zu Babel im Alten Testament und Paulus in seinen Briefen. Damit ist alles gemeint, was bezeugt, dass der Mensch an sich gut von Natur aus ist und Gott nicht braucht. Atheismus und Humanismus gehören meines Wissens dazu. In den 58 Jahren, die ich lebe, habe ich diesen Geist enorm wachsen sehen. Gott wird überall verbannt, aus den Rechtsystemen, aus den Erziehungs- und Bildungssystemen, der Justiz, aus den Regierungen, aus der Ökonomie und so weiter. Die Folgen davon erleben wir täglich schmerzhaft. Was wir auch in diesen Tagen zunehmen sehen, sind die vielen „Christusse", die innerhalb der Kirchen propagiert werden. Da wird Jesus Christus dargestellt, wie es der Mehrheit gefällt. Was den Ohren nicht genehm ist, zum Beispiel, dass ER als Richter wiederkommt, wird einfach weggelassen. Auch das gehört zum Geist des Antichristes. Erkennen können wir die falschen „Christusse", wenn es hart und dunkel um uns wird. Die Falschen leuchten nicht und tragen nicht durch. Auch die neue Gruppe der progressiven „Christen" gehört dazu.
Das ist eine große Gruppe von teilweise sehr bekannten früheren Christen, die sich vom Christentum hin zum säkulären Humanismus entwickelt haben. In einem Artikel von Alisa Childers vom 28.11.2018 in „Leben als Christ" (Evangelium 21, Internet) las ich von drei Überzeugungen, die einige „progressive Christen" und Atheisten teilen.
Die Bibel sei nicht vertrauenswürdig
Es gäbe keine Antwort auf das Problem des Bösen
Kulturangepasste Moralvorstellungen
Wenn ich mir diese drei Überzeugungen so ansehe, bemerke ich mit Schaudern, wie weit die schon in der Christenwelt etabliert werden. Wir sehen gerade in diesen Zeiten, wie Gott Seine Gemeinde schüttelt. Alles, was nicht IHN als alleinigen Weg bekennt,

wird die Gemeinde verlassen. Das Unkraut wächst mit dem Weizen bis zur Reife. Dann kann man es erkennen. Schließlich wird es herausgezogen und entsorgt. (siehe Mt.13.24-30)
Übrig bleibt die geläuterte, gewaschene Braut Christi, die sich nach Seinem Kommen sehnt. Auf welcher Seite Du und ich stehen, entscheiden einzig und allein wir selbst.

der Geist der Isebel
Auch dieser Geist wird in der Bibel erwähnt. Isebel war eine Königin in Israel zur Zeit Elias. Sie war die Tochter eines dem Baal (Satan) geweihten Mannes und damit auch dem geweiht. Sie verführte das Volk Gottes zum Götzendienst, stand für sexuelle Freizügigkeit und Grausamkeit. Diesen Geist sehen wir heute wirklich überall: In den Medien, der Werbung, bei den Meinungsmachern, in der Filmindustrie, im extremen Feminismus. Versteht mich nicht falsch. Ich bin so dankbar für das, was tapfere Frauen im letzten Jahrhundert für die Frauenrechte erreicht haben. Dadurch wurde viel Unrecht beseitigt. Aber im Moment scheint es bei vielen Feministinnen nicht mehr um Gleichstellung, sondern um Vorrechtstellung zu gehen. Wir können den Fernseher nicht mehr anstellen, ohne nach kurzer Zeit eine Bettszene, vulgäre Nacktheit oder die Probleme der sich divers fühlenden Menschen gezeigt zu bekommen. In den öffentlichen Medien scheint es nur noch um Diversität und gendern zu gehen. Dieser Geist suggeriert uns, das sei so „normal!“ Jesus Christus spricht jedoch in Offb.2.20 zu der Gemeinde in Thyatira:

„Aber Ich habe gegen dich, dass du das Weib Isebel gewähren lässt, die sich eine Prophetin nennt und Meine Knechte lehrt und verführt Unzucht zu treiben und Götzenopfer zu essen.“

Wenn wir mal um uns herumschauen, sehen wir, dass es dieses Isebel Problem auch in christlichen Gemeinden gibt. Heute erwähnte unser Pastor Eddie dies in seiner Predigt. Ein Punkt, den er hervorhob, hat auch mich nachdenklich gemacht. Gott gibt uns Zeit zur Buße. Das heißt. Die Auswirkungen dieser Sünde sind nicht sofort spürbar. Daher sollte sich jeder einmal ernsthaft fragen, wie er mit diesen Dauerberieselungen und Verführungen umgeht. Machst Du dort Kompromisse? Wo ist der Punkt, an dem Du radikal „nein“ sagst. Denke an die Macht der Gewöhnung. Außerdem ist der Geist der Isebel sehr manipulativ und kontrollierend. Pornografie gehört auch dazu. Christen, die davon betroffen sind, möchten sich am liebsten verstecken vor Scham. Das ist aber genau der falsche Weg, den der Geist gut kontrollieren kann. Ich hörte heute eine Predigt von Michael Signorelli. Er zeigte drei Punkte auf, wie Du diesen Geist loswerden kannst. Deshalb!

Solltest Du davon betroffen sein, verstecke Dich nicht! Suche Dir gute seelsorgerliche Hilfe. Kommt dieser Geist ans Licht, hat der keine Macht mehr. Gottes Heilung kann beginnen. Gott kann jedoch nur heilen, was wir offenbaren.

Proklamiere, wer Du in Jesus Christus bist. Proklamiere Deine neue Identität, die Gerechtigkeit Gottes in Jesus, so oft der Geist Dich anklagt. Denn das macht der gerne. Durch Gottes Wahrheit werden die Lügen des Feindes entlarvt.

Mache Deine Wahl für Gott fest. Schwanke nicht hin und her, bleib bei Deiner Entscheidung und lebe **darin.**

der Geist der Verhinderung

Hast Du schon einmal nach einem geistlichen Wachstumsschritt oder einer gelungenen Aktion für Gottes Königreich festgestellt, dass im täglichen Leben plötzlich gar nichts mehr läuft? Das könnte an diesem geistlichen Einfluss liegen.

In dem früheren Kapitel „life happens“ berichtete ich bereits von solchen Angriffen.

Je tiefer wir mit Jesus gehen, und je mehr wir den Menschen die gute Botschaft verkünden, desto mehr Widerstand erfahren wir. Hier ein Beispiel aus meinem Leben:

Versicherungsschaden

Auf dem Weg nach Hause spürte ich noch immer die Anspannung. Ich kam gerade von einer Probe für die große Karfreitagsgala. Dieses Jahr würde dort unter weiteren anderen auch mein Bekehrungszeugnis von der Theatergruppe aufgeführt werden. Danach würde ich auf der Bühne vor Hunderten Leuten erzählen, wie es danach mit meinem Leben weitergegangen ist.

Meine Gedanken waren bei der Probeaufführung. Wie gut es der Theatergruppe gelungen war, die gespenstische Atmosphäre beim Gläserrücken darzustellen. Der Zuschauer wurde durch die eindringliche Darstellung der Schauspieler unaufhörlich in den Bann gezogen.

Ich hatte immer noch Herzklopfen in Erinnerung daran, was mir damals passiert war und wie Der Herr das zu Seiner Ehre und meiner Rettung umgedreht hat.

Zu Hause angekommen konnte ich meine Gedanken zur Seite schieben. Auch hier gab es viel zu erledigen. Eine große Party anlässlich unseres zwölfeinhalbjährigem Ehejubiläums und des fünfzigsten Geburtstag meines Ehemannes sollte am Samstagabend in einer Partyhütte stattfinden. Schon morgen, also Freitag würden unsere beiden Söhne samt Anhang aus der Ferne bei uns zum Übernachten eintreffen. Ich freute mich sehr darauf, dass für die Party die gesamte Familie mal wieder versammelt war, denn das war sehr selten.

Nachts schlief ich wie gewohnt unruhig. Dabei gab es gar keinen Grund für meine Unruhe. Wir hatten beide am Freitag Urlaub genommen, um genügend Zeit für die Partyvorbereitungen zu haben. Im Halbschlaf wunderte ich mich über den prasselnden Regen, der ans Fenster zu klatschen schien, und dass ich in dieser Nacht gar nicht ins Bad musste, wie sonst eigentlich jede Nacht.

Die innere Uhr funktionierte bei meinem Mann so gut, dass er sich um fünf Uhr fünfundvierzig aus dem Bett schälte und in Richtung Badezimmer verschwand. Plötzlich war ein Schreckensschrei zu hören, der auch mich augenblicklich aus dem Bett springen ließ.

Ich rannte in Richtung Badezimmer und fand mich sofort hinter der Schlafzimmertür in einer Wasserlache wieder. Mein Ehemann stand im Badezimmer, hatte inzwischen den Wasserhahn meines Waschbeckens zugedreht und sah mich vorwurfsvoll an.
Was war passiert? Hatte ich gestern Abend vergessen, den Hahn zu zudrehen? Ungläubig besah ich mir das Malheur. Ich erinnerte mich daran, dass mein Mann mir mehrmals gesagt hatte, das Säckchen mit den Pflegeprodukten, das auf der Mauer über dem Waschbecken stand, sei zu groß für diese und stehe in Gefahr ins Waschbecken zu fallen. Dadurch könnte womöglich die Keramik beschädigt werden. Ich erinnerte mich genauso daran, wie ich mit rollenden Augen gedacht hatte „lass ihn man unken..." So hatte er wieder einmal Recht behalten. Dieses Alles war meine Schuld! Die Keramik war nicht beschädigt worden, es war viel schlimmer. Das Säckchen mit den Cremetiegeln war augenscheinlich, weil es zu nah am Rand der Mauer stand, in die Tiefe gezogen worden, hatte dabei beim Herunterfallen durch sein Gewicht den Hebel des Wasserhahnes umgedreht, wodurch das Wasser zu fließen begann. Das Säckchen fiel genau auf den Abfluss, der sich dadurch auch schloss und verstopfte durch sein Volumen auch den Überlauf. Diese ganze Abfolge der Missgeschicke war doch wirklich höchst ungewöhnlich. Das war doch nicht zu glauben. Wie dem auch sei: Es war meine Schuld, ich musste den Schaden irgendwie beheben. So folgte ich dem Wasser in den Flur, an der Wand nach unten, die Treppe hinunter, im ganzen Flur unten, im Gästebad unten. Genau vor dem Wohnzimmer, in das wir einige Jahre zuvor teures Parkett verlegen lassen hatten, hatte es gestoppt. Auch war merkwürdigerweise nichts ins Schlafzimmer gelaufen, welches mit einem schönen Korkboden ausgelegt war. Das Gästezimmer mit seinem alten Teppichboden war allerdings am Rand der Tür genau wie der gesamte Flur oben, ebenfalls noch mit dem alten Teppichboden ausgelegt, pitschenass. Ich bewaffnete mich mit einem Eimer und einer Handschaufel und verbrachte die nächste Stunde damit, alles Wasser, das ich erwischen konnte, zu beseitigen. Dabei fiel mir gar nicht

auf, dass ich mit nackten Füßen im Schlafanzug arbeitete. Als ich es bemerkte, war es mir egal, ich wollte mich irgendwie für meine Schuld bestrafen.
Um acht Uhr morgens rief ich sofort bei unserem Versicherungsmakler an, berichtete ihm von den Vorfällen und fragte, ob diesen Schaden die Hausratversicherung übernehmen würde. „Wahrscheinlich nicht!“ meinte dieser. „Laut deiner Beschreibung ist das ja kein klassischer Wasserschaden, sondern eher durch deine Fahrlässigkeit entstanden. Aber ich versuche es,“ versprach er. Was für ein Dilemma! Wenn ich die ganzen Renovierungskosten allein bezahlen müsste, würde es eng werden. Endlich begab ich mich ins Gebet und suchte den Herrn. Ich tat Buße für meine Unbelehrbarkeit und legte IHM die ganze verzweifelte Situation hin.
Wie konnte so etwas Verrücktes nur passiert sein? Es dauerte eine Weile, bis ich mir selbst vergeben konnte. Durch meine Unbelehrbarkeit würde jetzt eine Menge Arbeit und Kosten auf uns zukommen. Mir wurde noch einmal die ganze Absurdität der Geschehnisse deutlich. Das war doch kein normales Missgeschick! Der Herr zeigte mir den Zusammenhang mit meinem Zeugnis auf der Karfreitagsgala. Da wollte mir wohl jemand schaden! Ich proklamierte JESU CHRISTI Sieg in dieser Situation, und dass ER mein Schutz ist. Mir kam Psalm 91. 9-11 in den Sinn. Da heißt es: „Denn du hast gesagt: „Der Herr ist meine Zuflucht! du hast Den Höchsten zu deiner Wohnung gesetzt; so begegnet dir kein Unglück und keine Plage naht deinem Zelt. Denn ER bietet Seine Engel für dich auf, dich zu bewahren auf allen deinen Wegen.“
Nun könnte jemand fragen: „Wo war denn der Schutz? Das Unglück ist doch passiert.“ Nun, wenn ich die ganze Sache in Ruhe betrachtete, konnte ich Seinen Schutz durchaus deutlich sehen. Das Wasser war nur dorthin gelaufen, wo wir im nächsten Jahr sowieso renovieren wollten. Merkwürdigerweise stoppte es exakt vor dem Schlafzimmer und dem Wohnzimmer, wo wir bereits gute Fußböden hatten verlegen lassen. Verdorben durch das Wasser waren „nur“ diejenigen Teile, die sowieso für die nächste Renovierung

vorgesehen waren. Ich dankte Dem Herrn für Seinen Schutz! Nun blieb nur noch die Frage, ob die Versicherung die Kosten für die Trocknung und Renovierung bezahlen würde. Auch da gab Der Herr mir Frieden. Nach vier Tagen meldete sich unser Versicherungsmakler und bestätigte die Kostenübernahme der Versicherung. Was für ein Gott! Auf Ihn kann ich mich immer verlassen. Er hat beschützt und versorgt, obwohl das ganze Dilemma meine Schuld war.

Diese Geschichte ist sechs Jahre alt. Mittlerweile gibt es noch einige andere! Nach meiner Buchlesung vom ersten Buch hatte ich einen unerklärlichen Wasserschaden in der Garage.
Dieses Jahr hat mich das Finanzamt „auf dem Kieker". Es verlangt immer neue Dokumente aus den letzten Jahren. Ich segne die Mitarbeiter und besorge die Dokumente. Ich hatte rechtliche Dokumente bei einer Behörde beantragt. Seit Wochen warte ich darauf. Es ist schiefgegangen, was schief gehen konnte. Mit Gottes Hilfe blieb ich am Telefon freundlich und segnete die Mitarbeiter. Denn, unser Kampf richtet sich nicht gegen Fleisch und Blut, sondern gegen die Mächte und Gewalten der Finsternis und den bösen Geistern unter dem Himmel. (siehe Eph.6.12). Also proklamiere ich das Blut Jesu, Seinen Namen, Seinen Schutz über mein Leben, und gebiete diesem Geist, mein Leben zu verlassen. Der Kampf ist gewonnen, weil Gott ihn für mich kämpft! Es gibt ein englisches Sprichwort dazu: „Next level, next devil"(nächste Ebene, nächster Teufel). Wenn so etwas passiert, dürfen wir keine Angst haben und mit Hiob sagen: „Ich weiß, dass mein Erlöser lebt!"

der Geist der Verwirrung
Ich hörte kürzlich einen Podcast von Kynan Bridges, in dem er auf diesen Geist hinwies. Sein Name ist Leviathan. Die Definition von Oxford languages dazu ist : „Ungeheuer in Gestalt eines Drachens, Krokodils als Sinnbild des Chaos und der Gottfeindlichen Weltmächte“ Wir begegnen ihm zum Beispiel immer dann, wenn Menschen miteinander reden, jedoch immer anders verstanden werden, als sie es gemeint haben. Außerdem ist zunehmende Verwirrtheit unter den Menschen überall im Alltag zu beobachten. Interessant, zu wissen, dass es sich dabei um dämonische Einflüsse handeln kann.
der Geist der Religiosität

Was meinst Du, wo man den am meisten findet? Ja, leider in den Kirchen, Gemeinden und Denominationen. Viele Christen meinen, es sei etwas Gutes, religiös zu sein, das sei das Christentum. Aber falsch! Religiosität setzt den Focus auf Einhaltung von Gesetzen und Regeln, Quasi, Erlösung durch Gutmenschentum. Dabei geht es darum, selber etwas zu leisten. Das ist das glatte Gegenteil der frohen Botschaft Jesu Christi!!
Wo Religiösität herrscht, gibt es keine Gnade! Wir leben aber ausschließlich aus der unverdienten Gnade! Joseph Prince sagte in einem seiner Podcasts „Gnade ist das Einzige, was der Teufel nicht angreifen kann.“ Wenn wir uns auf die unverdiente Gnade Gottes berufen, ist der Teufel mit seiner Anklage machtlos. Eigene Werke dagegen seien immer angreifbar! Wenn jemand zu mir sagt: „Ich bin nicht so religiös:“ sage ich immer: „ich auch nicht, gar nicht!“ Beim Christentum geht es überhaupt nicht um Religion, sondern um eine **innige Beziehung zum allmächtigen Gott!**

der Geist der Anklage

Gerade in den letzten Monaten sieht man diesen Geist wachsen. Jeder scheint jeden anzuklagen. Die Gesellschaft spaltet sich in Geimpfte und Ungeimpfte. Die einen bezichtigen die anderen der Unsolidität zur Gesellschaft, die anderen fragen sich, wie die einen so blind und Kadaver gehorsam sein können. Auf beiden Seiten verhärten sich die Fronten. Es entsteht Streit und oft Bitterkeit in Gemeinden, Nachbarschaften, unter Kollegen, unter Freunden, in Familien und gar in Ehen. Es ist sehr beunruhigend, das zu beobachten, sich manchmal gar als Teil des Geschehens wieder zu finden. Wir Christen sind dringend dazu aufgerufen, uns nicht an Streitigkeiten und Anklagen zu beteiligen, egal welchen Standpunkt wir einnehmen. Unser Pastor Eddie hat es einmal so ausgedrückt. „Ich liebe dich mehr als deine oder meine Meinung!“ Auf keinen Fall dürfen wir Bitterkeit in unseren Herzen zulassen. Wenn ein enger Freund oder ein Gemeindemitglied, mit dem ich Jahre lang zusammenging, mir plötzlich feindlich gesinnt gegenübertritt, ist es von essenzieller Wichtigkeit, bedingungslos zu vergeben. Nur so kann ich innerlich frei bleiben, Gottes Wege zu gehen.

der Geist der Angst

Wer kennt die Angst nicht? Jeder Mensch hat manchmal Angst. Das muss nicht unbedingt dämonisch sein. Bestimmt die Angst allerdings unser Leben, sollten wir aufmerken. Dazu gibt es eine Geschichte aus meinem eigenen Leben:

Angsthase

Angst ist ein großes Thema bei den Menschen. Sie ist der Furcht ähnlich, es gibt aber auch Unterschiede. Oft wird definiert: „Die Angst kommt von innen, während die Furcht plötzlich durch äußere Reize ausgelöst wird“. Bei Angst wird die Gefahr erwartet, während bei Furcht die Gefahr akut (real) besteht. Bei Angst ist die Ursache der Bedrohung verschwommen oder auch unklar, während sich die

Furcht auf die Bedrohung fokussiert. Bei Angst ist die Beziehung zwischen Bedrohung und Furcht undeutlich, während es bei der Furcht eine deutliche Beziehung zur Bedrohung gibt. Die Angst dauert normalerweise länger an, während die Furcht schnell wieder abklingt, sobald die Bedrohung vorbei ist. Die Reaktionen bei Angst sind eher ein Zustand von ständiger Anspannung und Wachsamkeit (Vigilanz), während bei Furcht eine richtige Alarmreaktion ausgelöst wird.") aus „Raus aus der Angst, rein ins Leben" von Caroline Feilmann.

Es gibt viele davon. Es sind sich , so nehme ich an, alle Gelehrten darüber einig, dass Angst keinem Menschen gut tut. Im Gegenteil, Angst beschneidet die Lebensqualität und macht krank an Körper und Seele. Im Jahre 1974 gab es einen Film mit dem Titel „Angst essen Seele auf". Dieser Filmtitel gibt einen Eindruck davon, wie gefährlich Angst ist. So lange ich denken kann, hatte ich mit Ängsten zu kämpfen. Als Kind hatte ich...Angst vor der Dunkelheit: Ich konnte erst schlafen, wenn ich mich überzeugt hatte, dass in meinem Schlafzimmer keine Gefahren lauerten. Trotzdem spielte mir meine Phantasie so manchen Streich. Eines späten Abends sah ich im Halbdunklen an meiner Schlafzimmertür etwas von der Klinke herunterhängen. Je länger ich es anstarrte, desto sicherer wurde ich, dass es sich dabei um ein riesiges Messer handeln musste. In Wirklichkeit war es ein langes Samtband, das in der Tür eingeklemmt war.

Angst vor Unbekanntem: Alles, was ich nicht kannte, machte mich unsicher. Irgendwann, es war in den Siebzigern, sah ich auf der Straße einen Motorradfahrer an mir vorbeiflitzen. Da ich vorher noch nie einen zu Gesicht bekommen hatte, hielt ich ihn für einen Verbrecher. Schließlich war sein Gesicht nicht zu erkennen. Er wollte es wohl verbergen, da er wahrscheinlich gerade ein Verbrechen begangen hatte. Als wir in der dritten Klasse auf einem Schulausflug eine Rolltreppe benutzen sollten, war ich die Letzte, die mit viel Überredung und an der Hand einer Lehrkraft zitternd den Fuß daraufsetzte. An der Nordsee warfen sich alle Kinder in die Fluten, außer mir. Ich brauchte wieder jemanden, der mich an die Hand nahm und mir zeigte, dass es, dort wo wir uns befanden, nicht gefährlich war.

Angst zu versagen: Wenn ich in der Schule bei einer Aufgabe drangenommen wurde, hatte ich Angst, die falsche Antwort zu geben. In den Fächern, die mir nicht so gut lagen, wie zum Beispiel die naturwissenschaftlichen Fächer, blieb ich am liebsten möglichst unsichtbar. Im Sportunterricht wurde ich bei den Mannschaftsspielen meistens als eine der Letzten gewählt, da ich natürlich meine Unsicherheit auch ausstrahlte. Beim Geräteturnen stellte ich mich gerne immer wieder nach hinten in die Warteschlange. Nicht immer half diese Taktik, und so blamierte ich mich einige Male. Natürlich mochte ich das Fach „Sport“ überhaupt nicht. Als ich den Freischwimmer machen wollte, stand ich zwanzig Minuten auf dem Einmeterbrett. Erst nachdem der Bademeister geäußert hatte, es hätte keinen Zweck mit mir, sprang ich und bekam mein Abzeichen.

Angst vor Schmerzen: Es ist anzunehmen, dass kein gesunder Mensch Schmerzen mag. Verletzte ich mich jedoch, zum Beispiel durch einen Sturz, was in meiner Kindheit öfters vorkam, verkrampfte ich regelrecht, auch wenn die Verletzung gar nicht gefährlich war. Irgendwann war ich beim Kinderarzt, um eine Spritze zu bekommen. Wofür, weiß ich gar nicht mehr. Ich glaube, es war eine Blutentnahme. Voller Panik sah ich die Sprechstundenhilfe mit der „riesigen“ Spritze auf mich zu kommen und dachte: „Das kann nicht wahr sein, dass sie diese Nadel jetzt in **meinen** Arm stechen wird.“

Angst vor engen Räumen: Oft träumte ich, unter der Erde in einem engen Raum eingesperrt zu sein. Diese Träume verursachten Panik in mir. Später erfuhr ich, dass meine Geburt ohne Fruchtwasser sehr viele Stunden gedauert hatte. Von daher konnte ich mir diese Angst erklären.

Angst , es nicht allen Recht machen zu können: Ich wollte ein „guter“ Mensch sein, ich wollte nett sein. Mir war es am liebsten, wenn es allen gut ging, wenn alle zufrieden waren. Ich scheute die

Konfrontation mit anderen. Wenn es doch mal Streit gab, glaubte ich mich schnell im Unrecht. Öfters nahm ich die Schuld auf mich, um keinen zu verärgern.

Angst vor Kontrollverlust: Am besten ging es mir, es mir, wenn ich mich in gewohntem Terrain bewegte. Dort hatte ich mich eingerichtet und fühlte mich einigermaßen sicher. Ich mochte Routine. Mit den Situationen, denen ich mich aussetzte, wollte ich mich vorher gerne vertraut machen, um keine böse Überraschung zu erleben.

Angst vor dem Bösen: Früh ahnte ich, dass es im Leben nicht nur das Gute, sondern auch das Böse gab. Ich wollte gerne „gut" sein und keinem Menschen schaden. Also hatte ich Angst, etwas „Böses" zu tun. Ich lernte auch irgendwann, dass es nicht nur „das Böse" sondern auch „den Bösen" gab. Damit wollte ich auf keinen Fall etwas zu tun haben. Leider begegnete mir „der Böse" beim Gläserrücken, als ich eine junge Frau war. Dieses schreckliche Erlebnis, das wahre Angstattacken bei mir auslöste, benutzte Gott allerdings, um mir als Retter zu begegnen. Durch meine „Wiedergeburt" (die bewusste Entscheidung, JESUS CHRISTUS als meinen Retter und Erlöser anzunehmen) begann der lange Weg heraus aus meinen Ängsten. Ich lernte, dass bei dem Herrn absoluter Schutz ist, wenn ich auf IHN vertraue. Der 23. Psalm wurde mein Hauspsalm und später unser Familienpsalm, mit dem auch die Kinder aus einem bösen Traum erwachen konnten. Außerdem durfte ich erfahren, dass das Proklamieren des reinen Wort Gottes Ängste vertreibt. Seitdem ich dieses anwandte, verschwand meine Angst vor der Dunkelheit völlig. Ich finde mich seitdem im Dunkeln sogar gut zurecht. Der „Böse" versucht immer noch manchmal, mir Angst zu machen. Die Angst kommt nämlich von dem. Mit Ängsten hält der uns gefangen. Bei bedrohlichen Träumen proklamiere ich innerlich den NAMEN JESUS. Dann flieht die Angst sofort. Es funktioniert! In mir lebt nämlich JESUS, DER LÖWE VON JUDA! Ich hörte einmal im Internet eine Predigt von Maria Prean, die ich sehr schätze. Sie sprach darin vom Angsthasen, der manchmal in uns ist.

Aber viel stärker ist JESUS! Er hat die Welt überwunden und alle Macht gehört IHM. ER ist immer Sieger, und wenn der Löwe brüllt, muss der Angsthase fliehen. Je länger ich mit Dem Herrn ging, und je mehr ich mich mit IHM vertraut machte, desto besser konnte ich mich mit Seiner Hilfe gegen all die Ängste wehren. Dazu hat ER uns auch viele Waffen zur Verfügung gestellt, die alle die Ängste bekämpfen. (siehe Einführung ins Thema) Die Angst vor Schmerzen hat sich im Laufe meines Lebens auch durch die teilweise komplizierten Geburten meiner drei Kinder relativiert. Ich mag immer noch keine Schmerzen, verkrampfe allerdings nicht mehr, weil ich mich in Schmerzsituationen gleich voll unter Gottes Schutz stelle. Ich proklamiere Sein Wort zum Beispiel

(Ps.23.1)

„Der Herr ist mein Hirte, mir wird ***nichts*** *mangeln."*

So hilft mir der Herr durch jede Situation. Ängste weichen alleine dadurch, nahe am Herrn zu bleiben. Diese Erfahrung mache ich immer wieder! Unser Gott liebt uns bedingungslos. Wir mit allen unseren Fehlern und Macken, mit allem was wir falsch gemacht haben und noch machen werden, sind keine Überraschung für IHN. Versagen ist für IHN kein Problem. Fehler erkennen, bekennen, Vergebung suchen und erhalten. Nächster Versuch! Die Schule Des Heiligen Geistes hört niemals auf. Wir lernen, solange wir leben. Schlimm wäre es nur, nicht mehr belehrbar durch IHN zu sein. Mit diesem Wissen muss ich es auch nicht mehr allen Menschen recht machen. Mein Gott liebt mich **immer**!! Seine Maßstäbe werden zu meinen! Ich muss nicht im Mainstream mitlaufen. Mit Kritik kann ich viel besser umgehen und auf der Sachebene bleiben, ohne zu verurteilen. Seitdem ich JESUS CHRISTUS die Regie über mein Leben gegeben habe, weiß ich, dass ER bei mir ist in allen Stürmen des Lebens und mich stützt und schützt. Und ja, sie werden kommen, wie in jedem Leben. Erst viel später im Himmel, erfahre ich, wovor Der Herr mich alles bewahrt und beschützt hat. Das Leben mit IHM ist spannend! ER, Der Allmächtige, Der das Beste für mich will, hat die volle Kontrolle. Das lässt mich entspannen!

Dieses ist nur eine Auswahl der dämonischen Kräfte, denen wir im Alltag begegnen können.
Wenn wir die Strategien des Teufels und seiner Dämonen kennen, können wir in Jesus Christus immer im Sieg bleiben, da wir ihnen mit unserer Stellung in IHM; JESUS begegnen und Jesu Waffen dagegen einsetzen, obwohl wir dauernd angegriffen werden!
Der Teufel und seine Dämonen haben nur so viel Macht in unserem Leben, wie wir ihnen einräumen! Es gibt jedoch noch einen anderen unerwarteten Feind!

Unser Herz

Ich habe mal etwas gegoogelt, was die Bibel meint, wenn sie über unser „Herz" spricht.
Hans Walter Wolf schreibt in seinem Buch „Anthropologie des Alten Testaments":
„Das Herz ist in der hebräischen Bibel ein wahrnehmendes Organ, es sei zum „Verstehen bestimmt." Das impliziert, dass laut Bibel das Herz der Ort ist, wo alle Erfahrungen und alles, was uns wichtig ist, gespeichert wird. Ich stelle mir das so vor, dass das Herz im Gegensatz zum Gehirn, welches lebenslang Informationen und Erfahrungen nach sachlichem Wert gefiltert speichert, all das speichert und verarbeitet, was uns dann als Person ausmacht. Damit ist natürlich nicht der biologische Herzmuskel gemeint, sondern der Sitz der Seele.
Die Welt erzählt uns ständig: „Hör auf Dein Herz!" Doch wie viele Christen sind in ihr Unglück gerannt, als sie mehr auf ihr Herz hörten als auf Gott! Wie kann das sein? Ist es möglich, dass unser Herz uns nicht die richtige Entscheidung zeigt? Um das herauszufinden, schauen wir uns einmal genauer an, was die Bibel zum Thema „Herz" sagt.

Bibelstellen, in denen das Herz erwähnt wird

"Es ist das Herz ein trotzig und verzagt Ding; wer kann es ergründen? Ich Der Herr kann das Herz ergründen
und die Nieren prüfen und gebe einem jeden nach seinem Tun, nach den Früchten seiner Werke."
(Jer.17.9-10)

Ho ho, das ist ja mal eine drastische Aussage! In einer anderen Übersetzung wird das Wort „trügerisch" verwendet. Das zeigt uns, wie Gott über unser Herz denkt, und dass wir unserem eigenen Herzen nicht trauen können, erst recht nicht trauen sollten!!

„Schaffe in mir eine reines Herz und gib mir einen neuen , beständigen Geist."
(Ps.51.12)

„Und Ich will euch ein neues Herz und einen neuen Geist in euch geben und will das steinerne Herz aus eurem Fleisch wegnehmen und euch ein fleischernes Herz geben."
(Hes.36.26)

Hier bietet uns Gott eine Lösung für unser Herzproblem an. Es ist die Einzige! Unser Herz kann nicht verbessert werden, es muss ersetzt werden!

"Behüte Dein Herz mit allem Fleiß, denn daraus quillt das Leben."
(Spr.4,3)

Das ist eine der wichtigsten Aussagen über das Herz. Wenn wir unser Herz nicht behüten und beispielsweise Unglaube oder Zweifel hineinlassen, werden wir schlechte Entscheidungen treffen, die unser Leben oder das Leben unserer Lieben für immer negativ beeinflussen. Wenn wir aber unser Herz mit Gottes Wahrheiten füttern

und nähren und immer in Seiner Nähe bleiben, folgt daraus - versprochen
ein Leben in Seinem vollkommenen Shalom Frieden. Dann gehen wir von Sieg zu Sieg!

„Ein fröhliches Herz tut dem Leibe wohl; aber ein betrübtes Gemüt lässt das Gebein verdorren."
(Spr.17.22)

Genau das folgt daraus, wenn wir unser Herz in Jesus Christus bewahren. Es hilft uns, gesund zu bleiben. Der zweite Teil des Satzes zeigt wieder, was passiert, wenn wir es nicht bewahren. Wir werden auch körperlich krank.

„Gnade und Treue sollen dich nicht verlassen. Hänge Meine Gebote um deinen Hals und schreibe sie auf die Tafel deines Herzens, so wirst du Freundlichkeit und Klugheit erlangen, die Gott und den Menschen gefallen."
(Spr.3.3-4)

„Doch auch jetzt noch, spricht Der Herr, kehrt um zu Mir von ganzem Herzen mit Fasten , mit Weinen, mit Klagen!"
(Joel 2.12)

„Verlass dich auf den Herrn von ganzem Herzen, und verlass dich nicht auf deinen Verstand, sondern gedenke an Ihn auf allen deinen Wegen, so wird
Er dich recht führen."
(Spr.3.5-6)

„Jesus aber sprach zu ihm: "Du sollst den Herrn deinen Gott, lieben von ganzem Herzen, von ganzer Seele und von ganzem Gemüt."
(Mt.22.37)

„Wohl denen, die sich an Seine Zeugnisse halten, die Ihn von ganzem Herzen suchen."
(Ps.119.2)

„Denn wo dein Schatz ist, da ist auch dein Herz."
(Mt.6,21)

„Mehr als alles, was man sonst bewahrt, behüte dein Herz! Denn in ihm entspringt die Quelle des Lebens."
Spr.4.23
In diesen Aussagen aus der Bibel zeigt uns Der Herr die Wichtigkeit unseres Herzens. Denn unser neues Herz ist nicht nur der Sitz unseres Wesens, sondern auch die Wohnung Des Heiligen Geistes.
Gestern hörte ich eine Predigt von Kynan Bridges zu diesem Thema, welche die essentielle Wichtigkeit dieser Bibelstelle betonte. Er sprach davon, dass wir viel Geld und Zeit daran verwenden, unseren weltlichen Besitz zu schützen. Wir investieren in Instandhaltung, Renovierung und Schutz. Viele von uns haben sogar Kameras und Alarmanlagen, die unseren Besitz vor bösen Eindringlingen schützen sollen.
Aber was investieren wir in unseren wichtigsten Besitz, unser Herz? Gibt es eine Alarmanlage und eine Schutzmauer dafür? Interessiert uns überhaupt, wie wir unser Herz vor fiesen Eindringlingen schützen können, die sicher vor der Tür stehen? Lassen wir die Herzenstür für sie offen? Wie leichtfertig gehen wir mit dieser Tatsache um?
Michael Signorelli wies in einer Predigt darüber, wie wir uns vor dämonischen Einflüssen schützen können, auf folgendes hin:
Schau, was Dich umgibt!
Mache eine Inventur Deines Besitzes. Was habe ich, was ein Portal zu einer bösen Macht sein könnte? Derek Prince wurde in einer Periode von Pech auf die Frage nach deren Ursache einmal vom Herrn auf ein Bild von einem Drachen hingewiesen, das er geschenkt bekommen hatte. Es war kunstvoll gestaltet, musste aber entsorgt

werden: Keine Kompromisse!
Weitere Beispiele sind: Traumfänger, Heiligenfiguren, Glücksbringer. Aber auch falsche Gewohnheiten (wie ZB. vermehrter Alkohol oder anderer Drogenkonsum, schlechte Aussprachen über Dich und andere, Fernöstliche Praktiken), versteckte Sünden, vorgeburtliche Erlebnisse, Unvergebenheit, Bitterkeit können ein Portal für dämonische Einflüsse sein.
Frage Den Heiligen Geist, was bei Dir zutrifft. Nimm Dir viel Zeit dafür! (Ich predige hier vor allem zu mir selbst!) Halte dieses Dem Herrn hin. Tue Buße darüber, erkläre IHN allein zu Deinem Hohepriester sowie Deine hundertprozentige Abhängigkeit allein von IHM. ER, nur ER kann und wird Dich davon reinigen.
Wenn wir unser Herz nicht behüten, wird das fatale Folgen für uns haben
Lassen wir alles, was uns begegnet, ungefiltert in unser Herz, wird es manipuliert und beschmutzt. Tobias Teichen erwähnte in einer seiner Predigten: „Das Gegenteil von Manipulation ist Mündigkeit!“ Das heißt: Wir sind selbst dafür verantwortlich, zu prüfen, was in unser Herz hineinkommt, was unser Sein beeinflussen darf!

„Ihr werdet Mich suchen und finden; dann, wenn ihr Mich von ganzem Herzen suchen werdet."
(Jer.29,13)

„Habe deine Lust am Herrn; Der wird dir geben, was dein Herz wünscht."
(Ps.37.4)

"Er gebe dir, was dein Herz begehrt, und erfülle alles, was du dir vornimmst."
(Ps.20,5)

„Mein Sohn, vergiss Meine Weisung nicht, und dein Herz behalte Meine Gebote, denn sie werden dir langes Leben bringen und gute Jahre und Frieden."
(Spr.3.1-2)

„Wahrlich, Ich sage euch: Wer zu diesem Berge spräche: Hebe dich und wirf dich ins Meer!, und nicht zweifelte in seinem Herzen, sondern glaubte, dass geschehen würde, was er sagt, so wird´s ihm geschehen.“
(Mk.11.23)

„Selig sind, die reinen Herzens sind, denn sie werden Gott schauen."
(Mt.5.8)

Diese Verheißungen gibt Gott jedem, der IHN von ganzem Herzen, also mit seinem ganzen Sein sucht.

"Wie sich im Wasser das Angesicht spiegelt, so ein Mensch im Herzen des anderen."
(Spr.27,19)

"Euer Schmuck soll nicht äußerlich sein- mit Haarflechten, goldenen Ketten oder prächtigen Kleidern- sondern der verborgene Mensch des Herzens, unvergänglich, mit sanftem und stillem Geist: Das ist köstlich vor Gott."
(1.Petr.3. 3-4)

Aber Der Herr sprach zu Samuel: Sieh nicht an sein Aussehen und seinen hohen Wuchs;
Ich habe ihn verworfen. Denn es ist nicht so, wie ein Mensch es sieht. Ein Mensch sieht, was vor Augen ist; Der Herr aber sieht das

Herz an."
(1.Sam.16,7)

„Ein jeder, wie er`s sich im Herzen vorgenommen hat, nicht mit Unwillen oder aus Zwang; denn einen fröhlichen Geber hat Gott lieb."
(2.Kor.9-7)

„Wer weisen Herzens ist, nimmt Gebote an; wer aber ein Narrenmaul hat, kommt zu Fall."
(Spr.10.8)

„Ich suche Dich von ganzem Herzen, lass mich nicht abirren von Deinen Geboten."
(Ps119.10)

„Lass Dir wohlgefallen die Rede meines Mundes und das Gespräch meines Herzens vor Dir, Herr mein Fels und mein Erlöser."
(Ps19.5)

„Er heilt, die zerbrochenen Herzens sind und verbindet ihre Wunden."
(Ps.147.3)

„Achtet aber nur genau darauf, dass ihr tut nach dem Gebot und Gesetz, das euch Mose, der Knecht des Herrn, geboten hat, dass ihr den Herrn euren Gott liebt und wandelt auf all Seinen Wegen und Seine Gebote haltet und Ihm anhangt und Ihm dient von ganzem Herzen und von ganzer Seele."

(Jos.22.5)

„Ich danke Dir mit aufrichtigem Herzen, dass Du mich lehrst, die Ordnungen Deiner Gerechtigkeit."
(Ps.119.7)

„Hoffnung, die sich verzögert, ängstigt das Herz; wenn aber kommt, was man begehrt, das ist ein Baum des Lebens."
(Spr.13.12)

„Deine Zeugnisse sind mein ewiges Erbe; denn sie sind meines Herzens Wonne."
(Ps.119.111)

„Lege Mich wie ein Siegel auf dein Herz, wie ein Siegel auf deinen Arm. Denn Liebe ist stark wie der Tod und Leidenschaft unwiderstehlich wie das Totenreich. Ihre Glut ist feurig und eine gewaltige Flamme."
(Hld.8.6)

„Lass Unmut fern sein von deinem Herzen, und halte das Übel fern von deinem Leibe; denn Jugend und dunkles Haar sind eitel."
(Pred.11.10)
„Hoffnung aber lässt nicht zuschanden werden; denn die Liebe Gottes ist ausgegossen in unsre Herzen durch Den Heiligen Geist, Der uns gegeben ist."
(Röm.5.5)

„Zerreißt eure Herzen und nicht eure Kleider und kehrt um zu Dem Herrn, eurem Gott! Denn Er ist gnädig, barmherzig, geduldig und von großer Güte und es
reut Ihn bald die Strafe."
(Joel 2.13)

„Sorge im Herzen bedrückt den Menschen, aber ein freundliches Wort erfreut ihn."
(Spr.12.25)

„Ich traue aber darauf, dass Du so gnädig bist; mein Herz freut sich, dass Du so gerne hilfst. Ich will Dem Herrn singen, dass Er so wohl an mir tut."
(Ps.13.6)

„Ich behalte Dein Wort in meinem Herzen, damit ich nicht wider Dich sündige."
(Ps.119.11)

„Ich danke dem Herrn von ganzem Herzen und erzähle alle Deine Wunder."
(Ps.9.2)

"Neige mein Herz zu Deinen Zeugnissen und nicht zur Habsucht."
(Ps.119.36)

"Seht zu, Brüder, dass niemand unter euch ein böses, ungläubiges Herz habe und abfalle von Dem lebendigen Gott."
(Hebr.3.12)

„Mein Sohn, wenn dein Herz weise ist, so freut sich auch Mein Herz."
(Spr.23.15)

„Mein Sohn, merke auf Meine Rede und neige Dein Ohr zu Meinen Worten. Lass sie dir nicht aus den Augen kommen; behalte sie in deinem Herzen."

(Spr.4.20-21)

„Siehe, Ich gehe heute dahin, wie alle Welt; und ihr sollt wissen von ganzem Herzen und von ganzer Seele, dass nichts dahingefallen ist von all den guten Worten,
die Der Herr euer Gott euch zugesagt hat. Es ist alles gekommen und nichts dahingefallen."
(Jos.23.14)

„Ihr habt gehört, dass gesagt ist: "Du sollst nicht ehebrechen." Ich aber sage euch: Wer eine Frau ansieht, sie zu begehren, der hat schon mit ihr
die Ehe gebrochen in seinem Herzen."
(Mt.5.27-28)

„Wenn sich auch ein Heer wider mich lagert, so fürchtet sich dennoch mein Herz nicht; wenn sich Krieg wider mich erhebt, so verlasse ich mich auf IHN."
(Ps.27.3)

„Ein gelassenes Herz ist das Leben des Leibes."
(Spr.14.30)

In diesen Bibelstellen über das Herz sehen wir, dass unser Herz unser Sein ausmacht, und dass es genau das ist, worauf Gott achtet und was IHM das Wichtigste an uns ist. So wie es in unserem Herzen aussieht, beeinflusst unser gesamtes Leben. Das, was wir in unser Herz lassen, wird dort wachsen und Blüten treiben, seien es gute oder schlechte. Es wird unser Gedankenleben, unser Handeln und auch unsere Gesundheit beeinflussen. Später werden wir noch einmal betrachten, was wir aktiv tun können, um unser Herz zu behüten.

Dort verbergen sich manchmal oder meistens noch andere Feinde. Erlauben wir Dem Heiligen Geist nicht, sie ans Licht zu bringen, um gereinigt und geheilt davon zu sein, kann unser Wachstum im Herrn empfindlich beeinträchtigt werden. Ich möchte hier einmal einige Feinde in unserem Herzen nennen!

Unvergebenheit

Ob wir vergeben sollen oder nicht ist keine Option. Es ist ein Befehl, zu vergeben! Wie oft hören wir von Geschwistern: „Wenn Du wüsstest, was mir angetan wurde, könntest du auch nicht vergeben.“ Ja, die Welt ist schlecht. Ja, es gibt viel Not, Ungerechtigkeit! Ja, die Welt ist nicht fair! Bedenke! Wir leben in einer gefallenen Welt. In dieser Welt gibt es nicht nur Opfer und Täter. Nein, jeder ist manchmal Opfer, manchmal Täter! Es gibt keinen Menschen auf der ganzen Welt, der nicht schon einmal verletzt wurde. Frans erwähnte einmal in einer Predigt ein altes englisches Sprichwort: „Hurt people hurt people“ (Verletzte Menschen verletzen Menschen.). Die Resilienzforschung von Emmy Werner und ihrer Kollegin Ruth Smith hat in einer Langzeitstudie auf der Insel Kauai ergeben, dass ein Kind, welches als Kleinkind bis zu drei Jahren keine innige Beziehung zu einer erwachsenen Person aufbauen konnte, sein Leben lang Bindungsprobleme haben wird. Hauptbestanteil dieser Studie war allerdings, dass Resilienz („die Fähigkeit, flexibel mit Stress umzugehen und somit Probleme und Krisen unbeschadet zu überstehen“(Resilienz Akademie)) nicht angeboren sondern in jedem Alter erlernbar ist. Das ist ein sehr interessantes Thema. Es war während meiner Arbeit als Kindergartenleitung mein Lieblingsthema So konnten wir, wenn wir die Geschichte eines Kindes kannten, besser nachvollziehen, warum es sich verhielt, wie es sich verhielt, und diesen Kindern oft mit gesunder Beziehungsarbeit etwas Vertrauen in die Erwachsenenwelt zurückgeben. An dieser Stelle ist jedoch von Bedeutung, dass Mängel, die in der frühen Kindheit entstanden, oft nicht mehr aus zu gleichen sind. (Bei Gott ist natürlich alles möglich!) Wir wissen auch, dass gewalttätige

Menschen in ihrer Kindheit und Jugend meistens selbst Gewalt erfahren haben. All das rechtfertigt keine Sünde, lässt uns nur besser nachvollziehen, wo sie manchmal herkommt. Wenn wir ehrlich sind, müssen wir zugeben, dass jeder von uns zu jeder Sünde fähig wäre, wären die Umstände nur schlecht genug! Unser Pastor Eddie Bakker sagte einmal in einer Predigt, wenn wir kein Mörder, Dieb, Betrüger, Prostituierte (r) sind, verdanken wir das allein der Gnade Gottes. Also gibt es keinen Grund auf irgendjemanden herabzusehen. Wir sollten auch niemals vergessen, wo wir alle herkommen.
Die Bibel sagt selber, dass es nicht einen einzigen guten Menschen auf der Welt gibt (siehe Röm.3.10). Der Einzige war der Mensch Jesus. Durch IHN, und nur durch IHN haben wir die Vergebung unserer Verfehlungen sprich Sünden erlangt. Und wir alle brauchen sie täglich!
Wenn Gott unsere Sünden vergibt, wie kommen wir auf den Gedanken, wir könnten uns erlauben, anderen ihre Verfehlungen an uns nicht zu vergeben? Hat Jesu Opfer am Kreuz für diese Sünden etwa nicht ausgereicht? Ich hörte letztens online eine Predigt von Dan Mohler. Dort sagte er, keiner schulde ihm etwas, weil Jesus auch diese Schuld bereits teuer am Kreuz bezahlt hat. Diesen Satz rufe ich mir sofort ins Gewissen, wenn ich verletzt wurde. Ich nehme den Schmerz kurz wahr, fühle ihn, um ihn dann sofort ans Kreuz zu tragen, wo Jesus bereits dafür bezahlt hat. Das funktioniert wirklich gut. Der Groll verschwindet. Bitterkeit, die mein Herz verunreinigen würde, entsteht gar nicht erst. Selbst, wenn Menschen mich wirklich tief verletzt haben, funktioniert dieses Prinzip. Die alte Margret hätte in diesen Situationen wahrscheinlich am liebsten eine Voodoo-Puppe gebastelt. Doch sie ist tot. Die neue Margret, in der Jesus Christus lebt, kann vergeben, freundlich bleiben und lieben. Ohne IHN klappt das Vergeben nicht.
Die Bibel spricht an vielen Stellen direkt oder in Gleichnissen, wie das vom unvergebenden Knecht in Mt.18.23-35 viel über das Thema Vergebung und Unvergebenheit. Gott nimmt hier eine sehr klare Stellung ein.

„...wenn ihr aber den Menschen nicht vergebt, so wird euer Vater eure Vergehen auch nicht vergeben."
Mt.6.15

Dem ist nichts hinzuzufügen. Es beantwortet auch die Frage, warum so viele Gebete unerhört bleiben. Vergeben wir nicht, und zwar immer! schneiden wir uns selbst vom Segen Gottes ab. Damit erklären wir das Opfer Jesu, das Ihn selbst alles gekostet hat, für nicht ausreichend. Somit setzen wir uns selbst in Gefangenschaft und liefern „uns den Folterknechten" wie zum Beispiel Bitterkeit, Verbissenheit, Biestigkeit aus. Viele körperliche Gebrechen wie Rheuma zum Beispiel können ihren Ursprung in Unvergebenheit haben. Also müssen wir immer vergeben, und zwar so schnell wie möglich. Je länger wir an Unvergebenheit festhalten, desto mehr schadet sie uns. Joyce Meyer sagte einmal, „wenn du nicht vergeben kannst, trinkst du das Gift, das du dem anderen wünschst." Jemandem etwas nachtragen gehört auch zur Unvergebenheit. Da tragen wir ein Sündenpaket dem anderen hinterher, das Jesus schon lange vergeben hat. Es belastet nur uns selbst! Außerdem behindern wir mit jeglicher Form von Unvergebenheit das Wirken Des Heiligen Geistes. Wenn unser Herz voll Bitterkeit ist, kommt ER nicht durch, denn Er drängt sich ja nicht auf! Es ist unsere Verantwortung, womit wir unser Herz füllen. Frag Den Herrn, ob sich in Deinem Leben noch Unvergebenheit jeglicher Form befindet. Erkennst Du etwas, geh damit zum Herrn. Tu Buße darüber, gib sie IHM.
ER ist in der Lage, Dich vollkommen davon zu reinigen und zu heilen, dann Dein Herz ganz neu mit Seiner Liebe und Seinem Frieden zu füllen! Er wartet nur auf Dein OK.

Unglaube

Wir leben im Neuen Bund. Dadurch haben wir Zugang zu allen Verheißungen des Alten Bundes und zu all denen, die uns im Neuen Bund gegeben sind. Wenn wir sie aber gar nicht kennen, können wir uns auch nicht darauf verlassen. Hier haben wir selbst eine Bringschuld und die volle Verantwortung, uns im Wort Gottes zu bilden. Kennen wir die Verheißungen, müssen wir sie auch glauben. (Biblischer Glaube ist ein Überführtsein von Dingen, die man nicht sieht; Hebr.11.1.). Bevor wir uns mit dem Unglauben beschäftigen, wollen wir uns kurz anschauen, warum Glaube so essenziell wichtig ist.

Die Bibel spricht sehr oft davon, denn

- ohne Glauben ist unser ganzes Christentum nichts wert (siehe Gal.5.6).

durch unseren Glauben an Gott und Jesu vollbrachtes Werk am Kreuz sind wir gerettet. (Joh.3.16; Joh.3.36; Apg.10.43; Apg.16.31; Röm.5.1; Gal.3.26; Eph.2.8-9;)

durch Glauben wohnt Jesus in unseren Herzen (Eph.3.17)

wir leben durch Glauben (Gal.2.20; Hebr.10,38a; Röm.1.17; 1.Joh.5.4; Hebr.11.6)

der Glaube gibt uns Kraft (Ps.27.13; Röm.11.20; 2.Kor.4.16-18)

der Glaube ist ein Geschenk Gottes (Joh.3.27; Hebr.12.2.a; Röm.12.3; Eph.6.23)

durch Glauben haben wir Zugang zu Gott (Röm.5.2; Eph.3.5-12; Ps.32.10)

durch Glauben haben wir Schutz (Eph.6.16; 1.Thess.5.8; Ps.5.11; Ps.115.11; Spr.29.35,30.5; Jer.39.17-18)

durch Glauben haben wir Freude (Ps.33.21; Ps.146.1-5; Spr.16.20; Apg.16.34; 1.Petr.1.8)

durch Glauben lernen wir Geduld (Röm.28.25; Jak1.3; Hebr.6.12,15; Hebr.10.35,36)

durch Glauben wächst Vertrauen (2.Tim.1.12-13; Hebr.10,23; Röm.4.20-24; Jer.32.17,27; Lk.1.37; Mt.19.26; Spr.3.5,6;)

Glaube führt zu Gehorsam (Jak.2.21-26)

(unter Zur Hilfenahme Themenkonkordanz, Christliche Verlagsgesellschaft Dillenburg 6. Auflage 2007)

Wenn wir uns nun einmal intensiv mit all diesen Fakten des Glaubens beschäftigen, wird uns klar, was wir alles verpassen, wenn wir Unglauben in unser Herz lassen. Unglaube ist nämlich das genaue Gegenteil von Glauben. All die gerade gelesenen Eigenschaften des Glaubens in umgekehrter Form beschreiben den Unglauben. Geraten wir in eine schwierige Situation oder Umstände und schauen nicht sofort auf Jesus sondern darauf, besteht die Gefahr, der Situation mehr zu glauben. Schon sind wir im Unglauben! Leider scheint unser Herz dazu zu neigen. Es glaubt erst einmal das Schlechte. Es ist unsere Aufgabe unser Denken zu erneuern (siehe Röm.12.2). Unglauben öffnet die Tür zu Zweifel und Furcht.

Zweifel, Furcht

Reinhard Hirtler nannte diese beiden Dinge einmal die größten Feinde des Glaubens. Beginnen wir mit dem Zweifel: Wir wissen ja, von wem der kommt. Gedanken des Zweifelns in unser Herz zu säen, ist eine der wenigen Waffen, die der Teufel hat, um uns zu manipulieren. Es ist unsere Aufgabe, sehr wachsam zu sein, welchen Gedanken wir in in unser Herz hineinlassen! Das Wort „ Zweifel“ bedeutet laut Oxford-Language-Wörterbuch: „Bedenken, schwankende Ungewissheit darüber, ob man etwas glauben soll oder ob etwas richtig ist“. Die Bibel selbst spricht in Jakobus 1.6 davon, dass der zweifelnde Mensch einer Meereswoge gleicht, die vom Wind hin und her getrieben wird und verheißt auch gleich, dass ein Zweifler nichts vom Herrn empfangen wird. Deshalb sollten wir jeden Gedanken sofort überprüfen.

Füttert er unser Ego und macht stolz?
Macht er uns Angst?
Klagt er uns oder unsere Mitmenschen an?

Widerspricht er dem Wort Gottes oder stellt er es in Frage? Sollte eine dieser Fragen mit „ja" beantwortet werden können, ist es gut, sofort Abstand davon zu nehmen. Es gibt ein Sprichwort, das besagt: „Du kannst nicht verhindern, dass die Krähen über deinem Kopf kreisen, aber du kannst verhindern, dass sie Nester darauf bauen." Die Gedanken sind unser Kriegsschauplatz. Joyce Meyer hat ein ganzes Buch darübergeschrieben. (Das Schlachtfeld der Gedanken, Ersterscheinung 1994). Identifizieren wir einen Gedanken des Zweifels, sind wir nicht machtlos. Wir können solche Gedanken unter den Gehorsam Jesu bringen (siehe 2.Kor.10.5). Dann sollten wir sie sofort durch die Wahrheiten aus Gottes Wort ersetzen. So geben wir dem Zweifel keine Chance und unser Herz bleibt beschützt und stark. Joyce Meyer hat in einer ihrer Predigten einen guten Rat gegeben, den wir unbedingt beherzigen sollten.

„Achte auf deine Gedanken, denn sie werden zu Worten.
Achte auf deine Worte, denn sie werden zu Handlungen.
Achte auf deine Handlungen, denn sie werden zu Gewohnheiten.
Achte auf deine Gewohnheiten, denn sie werden zu deinem Charakter.
Achte auf deinen Charakter, denn er wird zu deinem Schicksal."

Lassen wir dennoch Zweifel an der Größe, Allmacht und Güte Gottes in unserem Leben zu, beginnen wir uns zu fürchten.

Furcht

Gott selbst gebietet uns in der Bibel an sehr vielen Stellen (ich habe 29 Stellen in meiner Konkordanz gefunden) uns **nicht** zu fürchten. Auch das ist keine Bitte, sondern ein Gebot. Reinhard Hirtler sprach in einer Predigt über Furcht über das letzte Abendmahl. Als Jesus den Jüngern dort erklärte, dass Er sie nun bald verlassen werde, gebot Er ihnen wieder, sich nicht zu fürchten.

Hätte Er sie nicht trösten sollen, da sie alle ihre Existenzgrundlage für Ihn und Sein Königreich verlassen hatten? Natürlich hatten sie sich unter Seinem Königreich die Befreiung Israels von den Römern erhofft, wahrscheinlich eine gute Position in der neuen Regierung. Nun waren alle ihre Hoffnungen zunichte geworden, und ihr Meister gebot ihnen einfach: „Fürchtet euch nicht!“ Dazu wollen wir uns einmal die Definition von Furcht betrachten. Laut Wikipedia ist „Furcht das Gefühl einer Bedrohung. Sie bezeichnet die Reaktion der Psyche auf eine gegenwärtige oder vorausgeahnte Gefahr.“ Die Furcht ist auch körperlich spürbar. Der ganze Mensch gerät in Habachtstellung, verkrampft, ist gestresst, hat Panik. Dies ist Gift für die gesamte Gesundheit. Joyce Meyer definierte Furcht folgendermaßen: **F**alsche **U**nd **R**ichtiggehend **Ch**aosverursachende **T**rugschlüsse

Lassen wir aufgrund von Zweifeln an Gott Furcht von uns Besitz ergreifen, beeinflusst das unsere Reaktion auf die Situation meistens negativ. Denn Furcht lähmt uns in unserem Urteilsvermögen. Da sehen wir schon mehrere Gründe, warum uns das Wort Gottes gebietet, uns nicht zu fürchten. Ein Beispiel, das sich dieser Tage geradezu aufdrängt, ist , wie die Menschen, besonders die Christen mit der Coronalage umgehen. Lassen wir uns von allgemeiner Panikmache, den Politikern, den Mainstream Medien beeinflussen? Schaffen sie es, uns das Fürchten zu lehren? Fürchten wir uns vor Krankheit? Vor dem Tod? Warum?

Kann es sein, dass wir dann unserem allmächtigen Gott nicht zutrauen, uns auch hierin zu bewahren und zu versorgen? Ich wage ja gar nicht, mir vorzustellen, dass irgendjemand meint, Gott lüge in Seinen Verheißungen!

Gehe an dieser Stelle einmal in Dich und frage Dich selbst:

An welcher Stelle in meinem Leben fürchte ich mich?

Woher kommt diese Furcht?

Was kann ich dagegen tun?

„Wer sich aber fürchtet, ist nicht vollkommen in der Liebe.“

1.Joh.4.18

Sorgen

Ein naher Verwandter der Furcht sind die Sorgen. Sie entstehen, wenn ich Zweifel und Furcht zulasse. Wikipedia erklärt Sorge folgendermaßen: „Der Begriff Sorge beschreibt ein durch vorausschauende Anteilnahme gekennzeichnetes Verhältnis des menschlichen Subjekts zu seiner Umwelt und zu sich selbst. Eine subjektiv erwartete Not wird gedanklich vorweggenommen und wirkt sich im Fühlen, Denken und Handeln des Besorgten oder Sorgenden aus." Um wen geht es hier? Um den Menschen! Er nimmt eine subjektiv erwartete Not vorweg. Dieses wirkt sich auf sein gesamtes Sein aus. Das heißt also ganz klassisch: Die Misere ist noch gar nicht da, tritt vielleicht nie ein, und der Mensch regt sich schon auf.
Wie schon sehr oft in diesem Buch erwähnt, sollen wir als Gottes Familie jedoch nicht auf uns schauen, auf das was wir können oder nicht, wie wir die Situation bewältigen können oder nicht – sondern auf Gott!!! Wirklich! Immer. Ich predige das auch zu mir selbst. Es ist eines meiner Glaubensziele, immer mehr dorthin zu gelangen, Gott vollkommen zu vertrauen.
Schauen wir uns einmal an, was die Bibel über das Sorgen machen sagt: Dazu habe ich viele Bibelstellen gefunden, die ich in den Anhang packe. Dort lese sie bitte, um das Thema vom Wort Gottes her zu vertiefen! Zusammenfassend fordert uns das Wort Gottes auf, uns **nicht** zu sorgen, da unser Vater im Himmel für uns sorgt. Dazu fällt mir ein Buch ein, das mir als Kind in die Hände fiel. Es hieß „Mutter Sorge" und beschrieb, sang sogar ein Loblied auf eine Mutter, die sich von früh bis spät um die Belange ihrer Familie sorgte. Sie wurde als Vorbild für alle Mütter dargestellt. Aber ist sie ein Vorbild für uns Christen? Nein, ganz im Gegenteil! Wenn Gott selbst uns gebietet, uns nicht zu sorgen, weil ER es für uns tut, ist sich zu sorgen – Sünde! Denn mit Sorgen zeigen wir, dass wir Gott und Seinem Wort nicht vertrauen. Ein nicht genannter Autor auf

„pixelpastor.com“ bezeichnete sich Sorgen zu machen sogar herausfordernder weise als häufigste Sünde. Es sei eine Frage der Kontrolle über die Zukunft, die der sich Sorgende behalten wolle. Er zitierte dazu Corrie ten Boom mit einem schönen Ausspruch, den auch ich Euch hier nicht vorenthalten möchte.

„Zögere niemals, Deine unbekannte Zukunft in die Hände eines bekannten Gottes zu legen.“

Eine Bibelstelle will ich hier doch noch zitieren.
„Seid um nichts besorgt, sondern in allem sollen durch Gebet und Flehen mit Danksagung eure Anliegen vor Gott kund werden. Und der Friede Gottes, der allen Verstand übersteigt, wird eure Herzen und eure Gedanken bewahren in Christus Jesus.“
Phil.4.6-7

Joyce Meyer meinte zu diesem Text:
„Es ist unmöglich, sich zu sorgen und gleichzeitig Frieden zu haben.“
Ich habe noch eine kleine Geschichte zu diesem Thema von meiner lieben Glaubensschwester Gerlinde gefunden. Die will ich Euch mit ihrem Einverständnis nicht vorenthalten.

Prioritäten
Egal, ob ich eine Zeitung aufschlage, ins Internet gehe, den Fernseher einschalte oder mich mit Kollegen oder Nachbarn unterhalte, ich komme immer zum gleichen Ergebnis. Die Welt liegt im Chaos, ob privat oder global.
Das macht uns Angst und überfordert uns. Jesus sagte einmal: „In der Welt habt ihr Angst,
aber seid getrost, Ich habe die Welt überwunden!“
Ich überlege, was das für mein Leben bedeuten kann. Wie sieht dort die Realität aus?
Was ist, wenn der ganz normale Alltag mit seinen Lasten mir Kraft

und Zeit rauben?
Klar, darüber habe ich schon einige Predigten gehört. Der Alltag ist sehr real!
Die Arbeit ruft, die Kinder müssen zur Schule. Auch die Hausarbeit erledigt sich nicht von allein. Wo nehme ich Kraft und Mut dafür her? Ich weiß schon, sie kommt vom Herrn!
Ich gehe einmal die Woche zum Gottesdienst und einmal die Woche zum Hauskreis.
Mit den Kindern hatte ich diese Woche zwei Termine beim Sport und war einmal mit ihnen beim Arzt. Auch meine alten Eltern brauchen meine Unterstützung und Pflege. Meine Nachbarin bat mich, mit ihr einkaufen zu gehen, da ihr Auto kaputt war, und so weiter...
Da bleibt manchmal keine Zeit für die persönliche Begegnung mit Gott! Ich weiß, schon viele Predigten wurden darüber gehalten. Ich kämpfe täglich mit diesem Problem.
In all den Anfechtungen und Angriffen, die das tägliche Alltagsleben mit all den Verpflichtungen mit sich bringt, ist **das** eine große (vielleicht die größte) Herausforderung,
die sich mir stellt. Ich bin mir darüber im Klaren, dass dies wohl so bleiben wird.
Oft laufen meine Sorgen und Gedanken aus dem Ruder und ich denke: „Aber die tägliche Arbeit ist wichtig für unsere Versorgung. Alles hat seine Zeit, und es gibt Dinge, die getan werden müssen."
Das stimmt alles, nur Der Herr sagt, wir sollen IHN an die erste Stelle setzten, nicht weil ER uns braucht, sondern weil ER uns dann besonders segnen kann, aus Gnade!
Jesus wies uns nicht umsonst so eingehend darauf hin und sagte: „Seid wachsam und betet."
Öfters ermahnt ER uns!

Mt.6,31
„So seid um nichts besorgt..."

Mt.6., 33

„Trachtet zuerst nach Gottes Reich…“

Nur in Seiner Gegenwart bekommen wir die Kraft, Gnade und Stärke, die wir für den Alltag brauchen. Wir brauchen Zeit mit IHM in Dank, Lobpreis und Anbetung. ER ist die Quelle all dessen, was wir zum Leben brauchen.
Der Teufel weiß das natürlich auch und wird alles dafür tun, uns diese Zeit zu rauben. Auch das hat Jesus uns selbst gesagt. Der Feind will uns weismachen, dass wir unsere Zeit mit Gott nicht so wichtig nehmen sollen, es gäbe ja so viel Wichtiges Gutes zu tun. Aber der will uns natürlich schwächen, täuschen und uns des Segens berauben. Gerne macht der uns auch ein schlechtes Gewissen, wenn irgendwas liegen bleibt, weil wir unsere Zeit mit Gott „verschwenden.“ Wenn wir uns nicht selbst kümmern, versinkt unsere Welt ja im Chaos, oder nicht?
Hallo? Die Welt liegt im Chaos, weil sie Gott **nicht** sucht!
Ja, ER hat uns Seinen HEILIGEN GEIST geschickt. Ich frage mich: Hat ER in meinem Leben auch bleibend das Recht, meine Prioritäten zu bestimmen? Bin ich jederzeit bereit, meine Pläne (und seinen sie noch so wichtig) beiseitezuschieben und Seiner Einladung zu folgen?
Wie oft versuche ich, meine Probleme alleine zu lösen.
Gott will nicht, dass wir uns überlasten! Dabei fällt mir eine Geschichte aus dem Alten Testament ein. Der Pharao in Ägypten legte immer schwerere Lasten auf das Volk Israel, so dass ihm wenig Zeit blieb, ihren Herrn zu suchen. Gott befreite Sein Volk aus dieser Knechtschaft.
Heute überlegt sich der Teufel Tricks, wie er uns von unserer lebenswichtigen Zeit mit Gott abhalten kann. Wir sehen immer mehr Arbeit, werden durch alle möglichen Dinge abgelenkt.
Ich will lernen, meine Terminplanung in Gottes Hände zu legen. Ich will darauf vertrauen, dass Er sie neu regelt, wenn es zu viel für mich wird. Er kennt meine Ressourcen und meine Kraft besser als ich. Darauf vertraue ich und setze meine Zeit besser dafür ein, IHN

zu suchen und Seine Gegenwart zu genießen, nicht aus Rebellion gegenüber meinen Familienpflichten, sondern weil ich davon überzeugt bin, dass dies Sein Wille für mich ist.
Wie dankbar bin ich, dass Seine Gnade jeden Tag neu ist, und dass ER meine Kämpfe für mich kämpft.

Gerlinde

Da hat sie wohl alles dazu gesagt. Ich möchte nur noch folgenden Spruch hinzufügen.

„Wenn du auf die Welt schaust, wirst Du gestresst,
wenn du in dich hineinschaust, wirst du depressiv.
Aber wenn du auf Jesus Christus schaust, kommst du zur Ruhe!“
Corrie ten Boom

Also sorge Dich bitte bloß nicht! Überlasse all Deine Sorgen Gott!

Selbstmitleid

Wir waren alle schon einmal in der Opferrolle. Wichtig ist, daraus keine Spirale Opfer-Richter- Täter werden zu lassen, oder/und sie durch die Hilfe Gottes zu durchbrechen. Bei Gott ist Heilung absolut möglich, auch wenn diese oft viel Zeit benötigt. Die Verantwortung, diese anzunehmen liegt bei jedem einzelnen selbst! Bei Selbstmitleid ist man wieder auf sich selbst zentriert:
Wie schlecht es mir geht
wie schwer ich es habe
wie gemein die anderen zu mir sind
Was ich in meiner Kindheit erlebt habe
Warum sieht keiner, was ich leiste
Warum bin ich so einsam

Warum werde ich nie gesehen
Warum immer ich
Immer passiert mir so etwas.....

Die Liste ließe sich endlos fortführen! All diese Statements sind „mindsets" eines Opfers. Versteht mich nicht falsch. All diese Probleme sind real. Wir erleben sie alle irgendwann einmal. Siehe dazu das Thema „life happens". Ich will auch keineswegs Probleme klein reden. Jeder Mensch erlebt Verletzungen, Krankheit, Ablehnung. Ich selber kann absolut ein Lied davon singen. Bleiben wir aber auf das Problem und auf uns selbst zentriert, befinden wir uns in der Opferrolle. Dort sind wir klein , schwach und bemittleidungswürdig! Hört sich das für Dich gemein an? Denk mal darüber nach. Möchtest Du das alles sein und bleiben? Maria Prean erwähnte mal in einer ihrer Predigten, dass wir als Erwachsener nicht mehr die Oma beschuldigen könnten, uns zu lange auf dem Töpfchen sitzen gelassen zu haben. Das ist nur ein witziges Beispiel. Wenn schwerwiegende Probleme wie Trauma, Kindheitsverletzungen, Depression oder ein Schicksalsschlag vorliegen, hole Dir professionelle Hilfe und Seelsorge. All das habe ich auch in Anspruch genommen, und es hat mir so sehr geholfen. Dafür bin ich sehr dankbar! Sei nicht unachtsam mit Dir selbst und verzichte darauf. Das liegt in Deiner eigenen Verantwortung. Hier geht es mir mehr um den Alltag. Joyce Meyer erwähnt oft die „Mitleidsparty". Sie findet bei vielen Menschen regelmäßig statt. Der einzige Gast sind sie selbst. Die Partystimmung ist düster. Der Gast singt ein Wehklagelied auf sich selbst. Weil er nur darauf konzentriert ist, gibt es nichts zu essen und zu trinken. Es ist dunkel. Kein Licht scheint, ist auch gar nicht erwünscht. Sich im Selbstmitleid suhlen geht am besten allein, wo einem keiner widerspricht. Kennst Du solche trüben Partys? Ich muss gestehen, ich kenne sie aus eigener Erfahrung, arbeite jedoch mit wachsendem Erfolg daran, sie zu erkennen, und durch etwas Besseres zu ersetzen. Ich gehe nämlich lieber auf Partys, wo es hell und fröhlich ist, und vor allem wo es etwas zu essen und trinken gibt. Also lade ich auch Dich ein, diese zerstörerische Party mit einer besseren zu ersetzen. Wenn die Einladung zur Mitleidsparty in Deine Gedanken kommt, sage sofort ab. Geh ins Licht, und hole Dir etwas Gutes, das Allerbeste zu essen und zu trinken. Ich garantiere Dir, dass Du davon nicht körperlich zunimmst, sondern Dein ganzes Herz mit Frieden und Freude erfüllt wird. Du ahnst, worauf ich hinaus will.

Wer ist das Licht? Jesus!

Was will ER Dir zu trinken geben? – Lebendiges Wasser, jeden Tag köstlich und frisch

Was gibt es zu essen? - Das Wort Gottes, denn das ist genauso wichtig wie körperliche

Nahrung (siehe Mt.4.4)

Wenn Du mehr Licht brauchst, und sowieso suche die Gemeinschaft mit gefestigten Christen.

Wir die Gemeinde Gottes, am Ort und in der gesamten Welt sollen ja ein Licht für jeden sein. Dort findest Du, wenn Dir bewusst ist, dass wir alle nur Menschen mit „Baustellen“ sind, Annahme, Gleichgesinnte, Freude, Spaß, Gemeinschaft, Lehre, Ermutigung, Korrektur. Diese Verantwortung liegt jedoch auch bei Dir selbst. Wenn es Dir so schlecht geht, dass Du nirgendwo hingehen kannst, lade Dir einen ein! Denk darüber nach, dass es Wege gibt, aus der Selbstmitleidsfalle heraus zu kommen. Zum Abschluss dieses Themas habe ich noch eine schockierende Wahrheit für Dich: Selbstmitleid ist Götzendienst und ein Leben als Opfer ist dämonisch. Dieses bemerkte Kynan Bridges in seinem Podcast heute morgen. In Jesus bist Du mehr als ein Überwinder. Wenn Du ein Leben als Opfer lebst, wirst Du durch jemand anderes bestimmt. So nimm Deine Trage und geh!

Wie kannst Du ein siegreiches Leben führen

Kenne Deine Stärken und Schwächen

Wir haben uns jetzt gemeinsam schon viele Aspekte des allgemeinen Lebens als Christ angeschaut. Nun möchte ich mit Dir betrachten, wie wir als Christen den Unterschied machen können. Erst einmal den Unterschied zu den Menschen in der Welt, die Jesus nicht kennen., aber auch den Unterschied zu den Christen, die in der Bibel als „lau“ (siehe Offb.3.16) bezeichnet werden. Ich nehme an, keiner von uns möchte zu dieser Gruppe gehören. Wenn Du das Buch bis hier her gelesen hast, hast Du Dich wahrscheinlich schon an mehreren Stellen wiedergefunden, genau wie ich selbst. Gut zu wissen, wo wir auf unserem Weg zu Gott und mit Ihm geradestehen, was uns bewegt, wo unsere „Baustellen“ liegen. Wenn wir das erkennen, können wir von uns selbst weg auf Jesus blicken und dort Hilfe finden.
Wichtig ist aber auch zu schauen, wo unsere Stärken und Gaben liegen. Damit meine ich, nicht immer nur auf das zu schauen, wo es schwierig ist, sondern auf all das Gute, das Der Herr uns geschenkt hat. Überlege Dir mal,

- was Dir Spaß macht,
- woran Du Freude hast,
- was Dir leicht von der Hand geht,
- wo Deine Interessen liegen...

Dort liegen höchstwahrscheinlich die Gaben und Talente, die Der Herr Dir mitgegeben hat, um in der Welt den Unterschied zu machen und Ihm effektiv zu dienen. Achte auch darauf, aus welchen Motiven Du Deine Gaben einsetzt. Suche den Herrn über diese Dinge, und frage Ihn, wie, wann, und wo ER Dich in Deinen Gaben gebrauchen will. Dazu hast Du sie als Geschenk von Ihm bekommen. Gehe „besonnen“ mit diesen Ressourcen um, und setzte sie nicht ein, um irgendjemanden zu beeindrucken. Sei ein weiser

Verwalter Deiner Gaben! Dazu gehören auch Deine Träume. Hier ist eine Geschichte aus meinem Leben. Sie handelt davon, wie ich zum Schreiben gekommen bin.

Ein Buch schreiben? Ich?
Vor vielen Jahren fuhr ich auf der B213. Wie öfter fuhr ich äußerst angespannt wegen meines dauernden Termindrucks. Diese vielen Lastkraftwagen vor mir, das war doch wieder typisch B 213. Sie alle zu überholen war durch die baulichen Gegebenheiten der Bundesstraße unmöglich.
Aber ein anderer Weg zurück nach Nordhorn war mir nicht eingefallen. Nun musste ich da durch. Ob ich es pünktlich zu meinem Termin schaffen würde? Die Anspannung wuchs mit jeder roten Ampel und mussten heute eigentlich so viele „Sonntagsfahrer" unterwegs sein? Das war doch wirklich ärgerlich!
Meine trüben Gedanken wurden plötzlich sanft unterbrochen. Ich vernahm in meinem Inneren eine leise, aber feste Stimme. „Du wirst ein Buch schreiben!" Es fühlte sich an, als ob dieser Gedanke von mir kam, aber ich wusste, dass dem nicht so war. „Du wirst ein Buch schreiben!" hörte ich in meinem Inneren mit Nachdruck." Herr, bist Du das?" fragte ich.
Ja, genau diesen Wunsch hatte ich viel früher schon mal gehabt, ihn aber immer wieder verworfen. Was für ein Buch sollte *ich* schon schreiben? Wer sollte etwas von *mir* lesen wollen? waren nicht schon alle interessanten Themen von unzähligen guten Autoren behandelt worden? Was hatte *ich* der Welt schon zu sagen? Außerdem war ich ständig in Hektik und versuchte, die beruflichen Anforderungen von wöchentlich ca 45 Stunden mit denen meiner Familie mit drei jugendlichen Kindern in Einklang zu bringen. Natürlich engagierte ich mich auch, wo noch Zeit blieb, in meiner Gemeinde. Wenn ich morgens meine stille Zeit geschafft hatte, war ich froh und glücklich,
denn dort gab mir der Herr die Kraft für den Tag.
Einige Zeit dachte ich noch über das Gehörte nach, jedoch hatte

mich der Alltag mit all seinen Herausforderungen bald wieder im Griff. Die Verheißung, ich würde ein Buch schreiben, wanderte ziemlich weit nach hinten in meinem Bewusstsein.........
Welches Buch schreibe ich nun und für wen?
..........Dieses Jahr, ich war schon seit zwei Jahren krankgeschrieben, und die Verheißung lag etwa vierzehn Jahre zurück, kam dieser Gedanke mir wieder öfter in den Sinn. Ich war durch eine lange schwere Zeit gegangen und traute mir nicht viel zu. Langsam hatte ich angefangen, mich wieder ein bisschen in das Gemeindeleben einzubringen, blieb aber wegen meiner Einschränkungen wie Vergesslichkeit und mangelnder Konzentrationsfähigkeit am liebsten im Hintergrund. Meine Bedenken, was ich der Welt wohl zu sagen hätte, blieben und dominierten.
Der Nebel lichtet sich.
Plötzlich las und hörte ich überall Bibelworte über das Zeugnisgeben.
Sie sprachen mich alle total an. Ich überlegte: „Na ja, genügend Zeugnisse über das vielfältige Eingreifen und Wirken Gottes in meinem Leben habe ich ja. Aber will das jemand hören?"
An einem Hauskreisabend las jemand im Rahmen des besprochenen Themas aus

Offb.12,11:
„Und sie haben ihn überwunden wegen des Blutes des Lammes und <u>wegen des Wortes ihres Zeugnisses..."</u>

Nachdem ich das gehört hatte, wurde mir klar, wie immens wichtig unser Zeugnis ist. Unser Zeugnis ist das, was uns keiner streitig machen kann. Was wir mit dem Herrn erlebt haben, haben wir erlebt. Oft haben mich kleine und große Zeugnisse ermutigt, die viele liebe Gotteskinder auf irgendeine Weise geteilt haben, wenn ich gerade eine schwierige Zeit durchmachte. Persönliche Zeugnisse machen die alles überragende, unfassbare Liebe, die Der Vater, Der Sohn und Der Heilige Geist für uns haben, erlebbar. Die

Bibel ist voll davon. Und es ist einfach schön zu hören, dass die Geschichte von Gott und den Menschen nicht zu Ende ist. Diese Geschichte von Gottes liebendem Werben um die Menschen geht weiter. Millionen von Gotteskindern erleben dies täglich. Ich möchte so viele Zeugnisse wie möglich davon sammeln, um IHM dafür die Ehre zu geben und möglichst viele Menschen dadurch neuen Mut zu zusprechen.
Ja, aber warum ich? Ich bin kein Schriftsteller. Da sind bestimmt geeignetere, gebildetere Leute, die so ein Buch schreiben können. Es gibt auch sicher schon Zeugnissammlungen. All diese Bedenken werden immer leiser, je mehr der Wunsch in mir brennt, meinem Herrn gehorsam zu sein und zu tun, was ER mir ins Herz gelegt hat.
Ja, unser Gott benutzt Menschen, auch solche, die sich schwach fühlen, anderen Menschen von Seiner Liebe zu erzählen und diese weiter zu geben. Ich fand in der Bibel, das mir die endgültige Motivation für dieses Buch gab.

„Stimme eines Rufenden in der Wüste: Bereitet den Weg des Herrn, macht Seine Wege gerade!“
LK.3,4

So hat der Herr selbst mir den Traum, eines Tages ein Buch zu schreiben ins Herz gelegt. Was sind Deine Träume? Denke darüber nach. Sie könnten von Gott kommen.

Die Sache mit den Gefühlen

Überlege einmal, wie oft Gefühle unser Denken, unser Befinden, unsere Handlungen und manchmal sogar unsere innere Haltung bestimmen. Es ist also wichtig, die Sache mit den Gefühlen einmal genauer unter die Lupe zu nehmen. Wikipedia erklärt den Begriff

Gefühle folgendermaßen: „Gefühl ist ein psychologischer Oberbegriff für unterschiedlichste psychische Erfahrungen und Reaktionen wie etwa Angst, Ärger, Komik, Ironie, sowie Mitleid, Eifersucht, Furcht, Freude und Liebe, (die sich potenziell) beschreiben und damit auch versprachlichen lassen." Aha, da finden wir einige Dinge wieder, mit denen wir uns bereits beschäftigt haben. Johannes Hartl sprach in einer seiner Predigten über Gefühle. Er sagte, sie seien weder wahr noch falsch, sondern einfach Empfindungen. Er hatte mal die Frage, wie man für immer glücklich sein kann, beantwortet: „Mit bestimmten Drogen. Aber nur für kurze Zeit, und auch nicht immer wieder, sonst stirbst du relativ schnell". Das ist eine provokante Aussage. Was macht uns glücklich? Partys? Essen und Trinken? Sport? Gemeinschaft? Freunde? Hobbys? Die Frage ist, wie lange macht uns das glücklich. Eine wichtigere Frage ist jedoch: Ist es unser Lebensziel, dauernd glücklich zu sein? Die Bibel sagt dazu etwas anderes (siehe Luk.9.23). Dort steht, wir sollen unser „Kreuz" auf uns nehmen. Das Kreuz impliziert für mich nicht unbedingt Glück. Weiter sagt Jesus in Math.11.29, dass Sein Joch sanft ist, und Seine Lasten leicht. Das impliziert also, dass es auf unserem Weg sowohl ein Joch als auch Lasten geben wird. Also nichts mit „happy, clappy Christentum", wo alles immer nur leicht und zuckersüß ist. Das Leben passiert, und unsere Seele reagiert darauf mit Gefühlen. So weit, so gut. Kein Gefühl an sich ist schlecht. Alle zu empfinden ist gut und richtig, auch Wut, Zorn, Ärger, Trauer. Verleugnen wir solche Gefühle, weil wir denken, als Christ, dürfe man so etwas nicht empfinden, verleugnen wir uns selbst. Jeder Mensch empfindet alle Gefühle irgendwann. Das ist normal und gesund. Auch Jesus als Mensch erlebte negative Gefühle (siehe Mt.21.12; Mk.11.15; Lk.19.45; Joh.2.13-16). Alle vier Evangelien berichten darüber. Wenn wir negative Gefühle unterdrücken, werden wir auf Dauer krank. Wir sollten also jedes uns entgegenkommende Gefühl bewusst wahrnehmen. Dabei sind solche Sprüche wie „ein Indianer kennt keinen Schmerz" oder „Jungen weinen nicht" wenig hilfreich. Wir dürfen unsere Gefühle auch ruhig vor

anderen Menschen zeigen. Das macht uns verletzlich aber auch sehr menschlich. Jesus selbst weinte, als er am Grab von Lazerus stand. An Seinen Tränen merkten die umstehenden Menschen, wie sehr Er Lazerus geliebt hatte.
Ein Gefühl zu fühlen ist erst mal gut. Dann jedoch müssen wir es unbedingt auf seinen Wahrheitsgehalt überprüfen. Habe ich vielleicht eine subjektive Wahrnehmung? Könnte ich mich in sachlicher Betrachtung der Situation vielleicht geirrt haben? War mein Gefühl der Situation wirklich angemessen? Oft hilft es, die Situation, die das Gefühl hervorgerufen hat, mit dem Sachauge zu betrachten. Dann werden die Dinge oft schon klarer, und das Gefühl beruhigt sich wieder. Auch hilfreich ist, sich zu fragen: Was triggert mich hier gerade an, dass ich mit diesem Gefühl reagiere. Wenn wir unsere „Baustellen“ = Verletzungen aus der Vergangenheit kennen, können wir es leichter zuordnen und uns beruhigen, um zu einer verantwortungsvollen Reaktion auf die Situation zu kommen. Deshalb ist Impulsivität sehr selten gut. Geben wir beispielsweise dem Gefühl der Wut auf jemandem sofort nach und beleidigen ihn oder „hauen ihm eine rein“, hat das sowohl für ihn als auch für uns Konsequenzen, mit denen wir dann leben müssen.
Ein gutes Beispiel, wie giftig die Eifersucht ist, finden wir gleich am Anfang der Bibel in der Geschichte von Kain und Abel (siehe 1.Mo.4). Sie kostete Abel das Leben. Das ist sehr extrem, doch überlegen wir einmal, was für eifersüchtige Gedanken wir schon hatten, wenn jemand anderes die Beförderung bekam oder ein anderer gelobt wurde, obwohl wir das Gleiche geleistet haben, ein Bruder oder eine Schwester dauernd gesegnet wird, und wir ständig unter Herausforderungen leiden, wir das Gefühl haben, dass es nie um uns geht u.s.w.
Wenn wir ehrlich sind, waren das weder erfreuliche noch freundliche Gedanken, die uns da durch den Kopf gingen. Das kann zu Missgunst und Neid führen oder dazu uns selbst wichtig zu machen. Die Bibel ist hier ganz klar:

„Wo nämlich Eifersucht und Ehrgeiz herrschen, da gibt es Unordnung und böse Taten jeder Art."
Jak.3.16

Kaufen wir spontan ein neues Auto, weil der Nachbar neuerdings auch eines auf dem Hof stehen hat und wir neidisch sind, kann es gegebenenfalls ein böses Erwachen beim Betrachten unseres Kontostandes geben. Auch diese Liste ließe sich endlos fortsetzen. Johannes Hartl gab den Rat: „Schau in den Spiegel. Dort siehst du den, der für Dein Leben in seiner Fülle verantwortlich ist." Gott hat uns die Verantwortung für unsere Bedürfnisse gegeben. Deshalb sollten wir jedes Gefühl unbedingt wahrnehmen. Was spüre ich gerade und wo im Körper merke ich das? Spüre ich also ein negatives Gefühl:
Stopp
Atmen
Raum geben, – wahrnehmen
Wahrheitscheck
Verantwortung übernehmen

Wie Johannes Hartl sagte: „Emotional erwachsen werden, erspart einem niemand. Wir sollten uns die Frage stellen: Was brauche ich wirklich? Interessierst du dich für gute Gefühle oder für ein Leben in der Wahrheit?"
Ach ja, die Bibel gibt eine wundervolle Antwort auf die Frage nach dem Glück:

„Ich aber, Gott zu nahen, ist mein Glück. Ich habe alle meine Zuversicht auf Den Herrn gesetzt, zu erzählen alle Seine Taten"
Ps73.28

Die Macht der Zunge

Die Sprachentwicklung ist abhängig von der Umgebung, in der Du lebst. So gibt es in allen Umgebungen teilweise für Außenstehende merkwürdige Redewendungen, die nur dort gelten. Unser Umfeld bestimmt mit, wie wir reden. Deutlich ist das zu erkennen, wenn ein Kind in den Kindergarten kommt. Plötzlich kennt es Worte und Redewendungen, welche die Eltern die Hände über den Kopf zusammenschlagen lassen. An dieser Stelle muss ich als ehemalige Kitaleitung und Erzieherin für meine Kollegen in den Riss springen. Die Kinder lernen solche Dinge von anderen Kindern. Sobald die Erzieher so etwas mitbekommen, wird darüber geredet. Ein anderes Beispiel sind die Jugendcliquen, denen die Kinder später angehören. Jede hat ihre eigenen Redewendungen. Vieles automatisiert sich, und wir denken gar nicht mehr genau darüber nach, was genau wir da gerade sagen. Deshalb sollte unser Wortschatz und unser Sprachgebrauch sich nach der Bekehrung derart ändern, dass ein Unterschied zur Welt erkennbar ist.
Wenn Du siegreich durch Dein Leben gehen willst, dann sei Dir der Macht Deiner ausgesprochenen Worte bewusst. Wir haben ja schon über die Gedanken gesprochen. Sei vorsichtig, was Du denkst. Wenn Du diese Gedanken aber aussprichst, kann es richtig dramatisch werden. „Warum das denn?“ fragst Du Dich vielleicht. Schauen wir uns dazu einmal den Schöpfungsbericht an. Da steht:

„Und ER sprach: Es werde... und es geschah so...“
1.Mo.1.6,7

Die ganze Abfolge der Schöpfungsgeschichte sprach Gott...und es geschah. Alles wurde durch Sein WORT geschaffen. In der Bibel steht nicht. Er arbeitete, oder Er formte, nein Er
sprach ... und es wurde! Hier zeigt uns Gott gleich zu Anfang der Bibel, wozu Er das Wort bzw. die Sprache in erster Linie erfunden hatte. Mit dem Wort kreieren wir. Es hat schöpferische Kraft! Theologen sprechen auch vom „Gesetz der ersten Erwähnung.“. „Wer weiß was“ definiert dies folgendermaßen: „Es besagt, dass eine

biblische Wahrheit ihre grundsätzliche Bedeutung, die sie bei ihrer ersten Erwähnung hat, bis zum Ende beibehalten wird. Ihr Sinn kann sich entwickeln und erweitern, aber ihre Ausgangsbedeutung wird nie aufgehoben." Die Bedeutung der Sprache bzw. des gesprochenen Wortes taucht gleich auf der ersten Seite des Wortes Gottes auf. Das zeigt uns die Bedeutung, die Er selbst dem zumisst. In der Bibel wird unzählige Male auf die Wichtigkeit dessen, was wir aussprechen hingewiesen.
Überlege Dir einmal, wie oft Du unüberlegt schlimme Dinge über Dich selbst aussprichst wie:

Mann, bin ich blöd
Das schaffe ich nie
Immer ich
War ja klar, dass ich...
Ich bin zu nichts zu gebrauchen
Für mich gilt das nicht.................usw.

Lies Dir diese Statements noch einmal durch. Sind sie positiv? Und jetzt überlege einmal, dass Deine Worte schöpferische Kraft haben.
Was Du aussprichst gilt in der geistlichen Welt.
Das was Du ausgesprochen hast, wurde geschaffen.
Wenn Du das verstanden hast, geht Dir vielleicht ein Licht auf, warum Dir so wenig gelingt. Kein Wunder, wenn Du ständig negative Dinge über Dich selbst aussprichst.
Sogar die Psychologie kennt das. Sie nennt das „selffullfilling prophecy", also eine sich selbst erfüllende Prophezeiung. Die Psychologie antwortet auf dieses Problem, das viele Menschen haben, mit positivem Denken.
Nun bist Du hoffentlich schon aufgerüttelt. Jetzt überlege Dir einmal, was Du alles schon über andere Menschen ausgesprochen hast! Nimm Dir ruhig etwas Zeit dafür. Wie leicht geraten wir ins Lästern, kritisieren, verurteilen. Lästern macht sogar Spaß. Ich erinnere mich noch, wie meine Schwester und ich zum Glück im

jugendlichen Alter einmal in der Stadt Leute beobachteten. Wir hatten so einen Spaß beim Betrachten der uns merkwürdig erscheinenden verschiedenen Charaktere: Da gab es die verlotterten Alt 68ziger, die aufgedonnerten Blondinen, die düsteren Grufties, die langweiligen Ökos, die blassen grauen Mäuse...Für jeden hatten wir einen passenden Kommentar, der selten freundlich war. Dabei kannten wir die Menschen gar nicht und erlaubten uns einfach subjektiv ein Urteil über sie. Ohne Unrechtsbewusstsein fanden wir es sogar witzig uns die „Lästerschwestern“ zu nennen. Heute schämen wir uns dafür. Gott sei Dank ist unser Gott ein vergebender Gott!

Nun haben wir uns schon ein wenig über die Macht der Zunge angesehen. Am aller Wichtigsten ist natürlich, was das Wort Gottes darüber sagt. Weil das so wichtig ist, schreibe ich hier mal mehrere Bibelstellen auf.

„Tod und Leben sind in der Gewalt der Zunge, und wer sie liebt, wird ihre Frucht essen.“
Spr.18.21

Hier kommt gleich eine enorm wichtige Tatsache mit Warnung. Achten wir nicht darauf, was aus unserem Mund kommt, werden wir nach dem Prinzip von Saat und Ernte, (mit dem wir uns gleich danach befassen) die Früchte dessen essen, was wir ausgesprochen haben und somit ins Leben gerufen haben! Manchmal geht es dabei sogar um Leben oder Tod!

„Nicht was in den Mund hineingeht, verunreinigt den Menschen, sondern was aus dem Mund herausgeht, das verunreinigt den Menschen.
Mt.15.11

Hier sehen wir einen weiteren wichtigen Aspekt dieses Themas. Wenn faules, gemeines, diskriminierendes, prahlerisches, lästerndes, verurteilendes, verletzendes oder anders negatives Gerede aus unserem Mund herausgeht, schaden wir uns doppelt, weil es nicht nur negatives Leben schafft, sondern uns auch noch selbst verunreinigt.

„So ist auch die Zunge ein kleines Glied und rühmt sich großer Dinge. Sieh welch kleines Feuer; welch einen großen Wald zündet es an! Auch die Zunge ist ein Feuer; als die Welt der Ungerechtigkeit erweist sich die Zunge unter unseren Gliedern, als diejenige, die den ganzen Leib befleckt und den Lauf des Daseins entzündet und von der Hölle entzündet wird."
Jak.3.5,6

„Ein ruchloser Mann gräbt Unheil, und auf seinen Lippen ist es wie sengendes Feuer."
Spr.16.8

„die Zunge aber kann keiner der Menschen bändigen: sie ist ein unstetes Übel, voll tödlichen Giftes."
Jak.3.8

„Bei jeder Mühe ist Gewinn, aber bloßes Gerede führt bloß zum Mangel!"
Spr.14.23

„Denn ich fürchte, dass vielleicht Streit, Eifersucht, Zorn, Selbstsüchteleien, Verleumdungen, Ohrenbläsereien, Aufgeblasenheit, Unordnungen da sind"
2.Kor.12.20

Hier wird der Aspekt der Verunreinigung bekräftigt und darauf hingewiesen, dass die Zunge, so klein sie im Körper ist, ein Feuer entzünden kann, das aus der Hölle kommt, sie ist sogar voll tödlichen Giftes und führt zum Mangel. Welcher Christ würde so etwas aus seinem Mund wollen? Wir alle haben aber ständig mit unserer Zunge zu kämpfen. Auch in den neutestamentarischen Briefen wird darüber berichtet. Es gibt im Wort Gottes aber auch viele Ermahnungen, auf seine Zunge aufzupassen, sie „im Zaun“ zu halten.

„Die unheiligen, leeren Geschwätze aber vermeide! Denn sie werden zu weiterer Gottlosigkeit fortschreiten und ihr Wort wird um sich fressen wie Krebs.“
2.Tim.2.16-17a

„...niemand zu lästern, nicht streitsüchtig zu sein, milde zu sein, an alle Menschen alle Sanftmut zu erweisen!“
Tit.3.2

Alle Bitterkeit, und Wut und Zorn und Geschrei und Lästerung sei von euch weggetan, samt aller Bosheit!“
Eph.4.31

„Ich sage euch aber, dass die Menschen von jedem unnützen Wort, das sie reden werden, Rechenschaft geben müssen am Tag des Gerichts;“
Mt12.36

Hier erfahren wir, was Jesus selbst zu diesem Thema sagt. Dieses Thema ist absolut ernst und betrifft uns Christen genauso wie andere Leute. Oft schaden wir uns selbst, wenn wir unsere Probleme zu vielen Leuten erzählen. Wir wissen gar nicht, ob alle von ihnen uns gut gesonnen sind. Besser ist es, damit zum Herrn zu gehen und nur den Menschen zu erzählen, denen wir absolut vertrauen können. Dabei müssen wir auch noch aufpassen, dass wir immer bekennen, dass Gott unser Versorger und Schutz ist und unsere Kämpfe kämpft. Denk dran! Sprichst Du etwas Negatives aus, gilt es in der Geistlichen Welt. Zum Beispiel: „Diese ewigen Rückenschmerzen bringen mich noch um“

Heute morgen hörte ich eine kleine Predigt von Joe Kirby. Er verdeutlichte den Schaden, den Tratsch, Verleumdung, ausgesprochene Verletzungen und jedes böse Wort anrichten, anhand eines aufgeschnittenen Kissens, dessen Federn mit dem Wind wegfliegen, wenn man es schüttelt. Ausgesprochene Worte sind genauso. Wenn ich daran denke, wie viel unnützes Zeug ich schon geredet habe, bin ich wieder so froh, dass wir einen Gott haben, Der vergibt!
Er wies aber noch auf ein paar andere Aspekte der Macht der Zunge hin, mit denen wir in den Gemeinden zu tun haben. Hier sind einige Beispiele für Sachen, die wir vermeiden sollten.:

... hast du schon gehört, was dem oder dem passiert ist. Ist ein Geheimnis, nicht weitererzählen. Die Bibel sagt dazu folgendes:

„Ein Mann der Falschheit entfesselt Zank und ein Ohrenbläser entzweit Vertraute“
Spr.16.28

Also, auch, wenn es noch so verlockend ist, Neuigkeiten zu erzählen, sollten wir es einfach lassen!

Bibelwitze erzählen
Es gibt Christen, die erzählen gerne Bibelwitze, weil sie zeigen wollen, dass sie Humor haben und ganz locker drauf sind vielleicht? Bitte, jene, die das tun, bedenkt, worüber ihr Witze macht. Wer ist das Wort Gottes? Ach ja, JESUS!!! Sein Wort ist heilig! Dafür, es durch Witze oder anders zu verunglimpfen, gibt es ein Wort. Es heißt „Blasphemie“. Laut Oxford Languages bezeichnet dies „verletzende, höhnende oder ähnliches Äußerung über etwas Heiliges, Göttliches“ Das kann doch kein Christ wollen, oder? Joes Kirby gab auch noch zu bedenken, dass wir uns einmal deutlich machen sollten, wie das Wort Gottes zu uns persönlich gekommen ist. Über die Jahrhunderte ist es durch ein Meer vom Blut derer, die für seine

Verbreitung gestorben sind, bis zu uns durchgedrungen. Viele Christen würden sehr viel dafür geben, eine gedruckte Bibel besitzen zu dürfen! Sollten wir diesen Schatz nicht mit allem gebührenden Respekt behandeln?

Gott im Gebet versprechen: „Ich tu das nie wieder, das verspreche ich!“
Schmunzelnd denke ich gerade daran, dass wir Kinder genau das oft zu unseren Eltern gesagt haben, wenn wir beim „Mist bauen“ erwischt wurden und die Strafe fürchteten.
Rate mal, ob wir diese Versprechen halten konnten. Genauso ist es mit dem Fehlverhalten vor Gott. Nicht wir selbst können es ändern, sondern nur Gott. Darum sollten wir ihn darum bitten, uns zu helfen, Dinge „nicht wieder zu tun“. Dann haben wir Aussicht auf Erfolg. Außerdem sagt die Bibel in Pred.5.3-5 :

„Wenn du Gott ein Gelübde ablegst, zögere nicht, es zu erfüllen! Denn Er hat kein Gefallen an den Toren. Was du gelobst, erfülle! Besser, dass du nicht gelobst, als dass du gelobst und nicht erfüllst. Gestatte deinem Mund nicht, dass er dein Fleisch in Sünde bringt!“

Mehr ist dazu wohl nicht zu sagen!

im öffentlichen Gebet unsere theologische Meinung proklamieren Zum Beispiel „Ich danke Dir Herr, dass Du alle Menschen retten willst und wir daher das Evangelium nicht weiterverbreiten brauchen“ Mit solchen Gebeten verletzen wir andere. Unsere Gebete sollen durch Ermutigung, Fürbitte, Liebe, Dank und Anbetung gekennzeichnet sein.

Heute morgen hörte ich eine kurze Predigt von Daniel Maritz, die das Ganze noch ergänzt!
Weiterhin sollten wir es unbedingt vermeiden, ...

Gottes Namen so auszusprechen, wie die Welt es tut, ohne Ehrfurcht vor seinem Heiligen Namen! Diese Angewohnheit ist nicht nur in der Welt sehr verbreitet sondern leider auch unter Christen! Wir sollten uns bewusst machen, dass wir in der Welt leben, jedoch nicht von der Welt sind, sondern Himmelsbürger! (siehe Joh.17.16; Röm.12.2)
vulgäre oder schmutzige Sprache benutzen. Das verunreinigt uns selbst und wir sollten auch bedenken, dass wir mit den gleichen Lippen Gottes Lob aussprechen!
Statements aussprechen, wie „Klopf auf Holz“, „Drück dir den Daumen“, „Hals und Beinbruch“
Oder „Viel Glück“. Als Christen sollte man uns daran erkennen, dass wir solche Sprüche nicht gebrauchen, weil wir uns immer auf die Versprechen unseres liebenden allmächtigen Gottes verlassen.

Außer Gottes Willen proklamieren nur zu unserem Wohl. Der eine betet für Regen, weil er ihn seine Ernte braucht, einen Kilometer weiter betet jemand für Sonne, weil er ein Picknick plant. Nur Gott hat die globale Sicht der Dinge.

Nun lässt uns Gott aber nicht alleine mit diesem schrecklichen Problem, sondern bietet uns Lösungsmöglichkeiten an.

„Bei vielen Worten bleibt Treubruch nicht aus, wer aber seine Lippen zügelt, handelt klug“
Spr.10.19

„Ich sprach: Ich will auf meine Wege Acht haben, dass ich nicht sündige mit meiner Zunge; ich will meinen Mund im Zaun halten, solange der Gottlose vor mir ist.“
Ps.39.2

„Wer seinen Mund behütet, bewahrt sein Leben; wer seine Lippen aufreißt, dem droht Verderben.“

Spr.13.3

"Bestelle Herr eine Wache für meinen Mund! Wache über die Tür meiner Lippen!"
Ps.141.3

Das ist für mich die ultimative Lösung. So oft schaffe ich es nicht, meine Zunge im Zaun zu halten, da ich von Natur her ziemlich kommunikativ bin. Deshalb ist mir die Proklamation dieser Bibelstelle zum beliebten Gebet geworden. Die Erfolge bleiben nicht aus. Oft wollte ich bestimmte Dinge sagen, blieb im entscheidenden Moment jedoch stumm, weil Der Heilige Geist mich hinderte, dieses auszusprechen. Im Nachhinein bin ich immer sehr dankbar, weil ER mich wieder vor Fettnäpfchen oder Schlimmeren gerettet hat.
In unserer Gemeinde predigte einmal ein Holländischer Pastor, Gert Jop, der einige interessante Gedanken zu diesem Thema beisteuerte. Er ermahnte uns, dass unsere Worte aufbauen, ermutigen und Frieden stiften sollen. Dazu gab er ein kleines Beispiel des griechischen Philosophen Sokrates:
Der hatte erzählt, jemand besuchte ihn und wollte ihm ganz aufgeregt irgendwelche Neuigkeiten aus der Nachbarschaft erzählen. Bevor er richtig loslegen konnte, ermahnte Sokrates ihn mit folgenden Fragen:
Hast du es auf den Gehalt der <u>Wahrheit</u> geprüft?
Ist das was du erzählen willst, <u>gut?</u>
Hast du das, was du erzählen willst, <u>durch Liebe gesiebt?</u>
Ist es nötig, dies zu erzählen, <u>hilft es irgendjemandem weiter?</u>
„Also, wenn das alles nicht auf deine Nachricht zutrifft, belästige mich nicht damit."
Damit hat Sokrates einen wichtigen Punkt erkannt. Wenn wir allen Leuten alles mögliche erzählen, legen wir ihnen eine Last auf. Wollen wir das?
Gert Joop erwähnte dann noch einen weiteren Aspekt.

Warum will ich das erzählen, die Frage nach der Motivation. Erzähle ich es, um interessant zu sein, mich selbst darzustellen, im Gespräch zu bleiben oder selber besser da zu stehen?
Bin ich die richtige Person, das zu erzählen? Vielleicht sind meine Motive rein, aber ich bin nicht die, die das weitergeben sollte, oder der Zeitpunkt ist falsch.
Gut ist es, wenn wir lernen, uns immer durch den Geist Gottes leiten zu lassen und Dinge, bevor wir sie weitererzählen, erst durch dieses Sieb reinigen. Wenn wir das tun, fällt uns schon vorher auf, dass wir das Erzählen besser unterlassen sollten. Das ist ein weiterer Punkt, den ich zu mir selbst predige.

Jetzt kommt zum Glück noch eine gute Nachricht! Das was wir im Positiven laut aussprechen, gilt genauso in der unsichtbaren Welt. Wir haben ja die Wahl, was aus unserem Mund hervorkommt. Entscheiden wir uns, unter der Führung Des Heiligen Geistes zu bleiben und uns von Ihm leiten zu lassen, und damit mit unserer Zunge zu segnen statt zu fluchen, können wir mit dieser Zunge zum Segen für uns selbst aber auch für alle unsere Mitmenschen werden, denen wir begegnen. Das heißt, wir können uns jeden Morgen neu entscheiden, das Wort Gottes, welches Autorität über unser Leben hat, wenn wir Ihm glauben, über uns selbst und unsere Familie laut auszusprechen, zu proklamieren. Dazu eignen sich zum Beispiel alle Verheißungen und die Gottfakten wunderbar. Ich möchte Euch dazu ermutigen, dies fleißig zu tun. Die Erfolge werden irgendwann sichtbar sein. Dazu habe ich eine Geschichte aus meinem Leben.

Zu alt?

Fünfeinhalb Jahre hatte ich im Außendienst einer großen Kosmetikfirma gearbeitet.
Seit Längerem war mir klar, dass dies nicht bis zur Rente mein Platz war. Oft hatte ich den Herrn um Weisheit gebeten, wann ich die Firma verlassen konnte.

In diesem Monat hatte ich das Okay im Herzen. Ich durfte aus dem Hamsterrad aussteigen.
So unterschrieb ich nach vier Wochen Krankschreibung einen Aufhebungsvertrag.
Die Personalabteilung meiner Firma machte noch einmal deutlich, dass es ja mein Wunsch sei, die Firma zu verlassen. Sie hätten mich gerne behalten. Dies zu hören, tat gut, ich wusste jedoch, dass meine Zeit dort einfach vorbei war und wollte nur noch einen sauberen Schlussstrich ziehen. So wurde ich mit sofortiger Wirkung freigestellt, bekam aber mein Gehalt noch für zwei Monate. Auch den Firmenwagen durfte ich noch so lange behalten.
Natürlich meldete ich mich bei der Agentur für Arbeit.
Ich berichtete meiner Fallmanagerin von meinem Traum, wieder in meinem erlernten Beruf zu arbeiten, als Erzieherin.
Sie jedoch machte mir da keine Hoffnungen. „Tja Frau..., Sie sind über vierzig. Seit fast zwanzig Jahren haben Sie nicht mehr in ihrem erlernten Beruf gearbeitet. Dass Sie da noch einmal Fuß fassen, sehe ich nicht! Aus diesem Grund fordere ich Sie auf, drei Bewerbungen in der Woche im kaufmännischen Bereich, wo Sie als Letztes gearbeitet haben, zu schreiben. Und dokumentieren Sie mir dieses bitte!" Kurz stutzte ich. Dann antwortete ich ihr: „Tja schauen wir mal, was Gott für Pläne für mich hat. Ich bin Christ!" Damit verabschiedete ich mich und ging.
In der nächsten Zeit fertigte ich brav Bewerbungen für den kaufmännischen Bereich. Parallel
suchte ich mir aber auch die Adressen aller Kindertageseinrichtungen in meiner Stadt plus Umgebung heraus. Entweder fragte ich telefonisch, ob Bedarf an Erziehern bestand, oder ich bewarb mich schriftlich.
Anfang des nächsten Jahres, ich war erst seit einem Monat arbeitslos, hatte ich eine Nachricht auf meinem Anrufbeantworter, als ich eines Vormittags vom Walken kam.
Die Leitung einer Kindertagesstätte des DRK bat um Rückruf, damit ein Termin für ein Vorstellungsgespräch vereinbart werden könne.

Wie gerne kam ich dieser Bitte nach.
Das Vorstellungsgespräch hatte ich gänzlich in Gottes Hände gelegt. So ging ich einigermaßen gelassen zu diesem Termin. Etwas vermessen war mein Wunsch nach zwanzig Jahren einfach so in meinen erlernten Beruf zurückzukehren ja wohl. Warum sollten sie ausgerechnet mich nehmen, so alt und aus der Übung, wie ich war? Der HERR versorgte auch hier. Ich bekam tatsächlich den Job. Diese Kindertagesstätte wurde für über zehn Jahre mein berufliches Zu Hause. Ich liebte die Arbeit mit den Kindern und war sehr froh, dem kaufmännischen Bereich entkommen zu sein.

Hier habe ich der Mitarbeiterin beim Arbeitsamt nur zu bedenken gegeben, dass ich nicht von den Umständen abhängig bin, sondern von den Plänen meines Himmlischen Vaters.
Hier folgt noch eine weitere aus meinem Leben...

Kleines Gebet – Große Wirkung

Seit fast drei Jahren arbeite ich jetzt schon nicht mehr aufgrund einer langwierigen Erkrankung. Mittlerweile bin ich erst einmal für drei Jahre voll verrentet.
Während der ganzen Zeit fühlte ich mich immer von Gott getragen. Nun wollte ich gerne einen Schlussstrich unter mein Arbeitsverhältnis ziehen, damit ich mit diesem längeren Lebensabschnitt vollkommen abschließen kann. Ich habe mir in der ganzen Zeit wirklich keine Sorgen gemacht, weil mein Herr mich immer prächtig versorgt hat. Ich habe immer nur das getan, was getan werden musste, (Papierkram, Fristen einhalten) und mich weiter nicht darum gekümmert. In Gottes Händen liegt es am besten!
Nun haben mir aber immer alle, die sich mit so etwas auskennen, abgeraten selbst zu kündigen. Mein Arbeitgeber bestand aber darauf. So wollte mein Anwalt Klage einreichen, weil mir der angesammelte Urlaub verloren geht, wenn das Arbeitsverhältnis nicht

beendet wird. Gerne tat ich das nicht, weil ich immer am liebsten mit allen in Harmonie lebe.
Natürlich hat mein Anwalt Recht, wenn er sagt, die ganze Sache sei hier nur auf dem Sachauge zu sehen. Dafür habe ich ihn ja. Selbst wäre ich gar nicht kompetent und fähig, mit meinem Arbeitgeber, für den ich immer gerne gearbeitet habe, in Konfrontation zu gehen.
So hatte ich vor ein paar Wochen eine E-Mail im Fach mit dem Entwurf der Klageschrift. Ich segnete sie ab, segnete den Anwalt und meinen Arbeitgeber und legte das Ganze erneut in Gottes Hand. Vor einigen Tagen bekam ich die Ladung zum Gericht im nächsten Monat, wo der Fall verhandelt werden sollte. Gott sei Dank brauchte ich nicht selbst erscheinen. Das würde mein Anwalt regeln. Auweia, jetzt würde es ernst werden. Eigentlich wollte ich mich gar nicht mit solchen Dingen beschäftigen. Unsere Gemeinde fastete gerade in dieser Woche und es gab schon genug wichtige Gebetsanliegen. So wandte ich mich in dieser Sache kurz an Den Herrn und bat nur laut: „Herr DU weißt, was hier gerecht ist. Ich lege es noch mal ganz bewusst in DEINE Hand und bitte Dich nur inständig DEIN Wille geschehe!“
Dann verdrängte ich den Termin und konzentrierte mich lieber auf die Gebetsanliegen der Fasten Woche. Zwei Tage später hatte ich wieder eine E-Mail im Postfach. Der Arbeitgeber akzeptierte das Ende des Arbeitsvertrages und kündigte an, die noch fälligen Urlaubsansprüche zu überweisen. Wir möchten die Klage doch bitte zurückziehen.
Da hatte ich die prompte Antwort auf mein kurzes Gebet. Gott hatte meine Kämpfe gekämpft und in die Situation eingegriffen. Lob, Preis und Ehre sei IHM!

„Der Herr selbst wird für euch kämpfen, wartet ihr nur ruhig ab!“ 2.Mose.14

Auch hier hatte ich nur nebenbei laut mein Vertrauen in Gott ausgesprochen mit ganz erstaunlichen Ergebnissen. Wie wir unsere Zunge gebrauchen, liegt ganz bei uns. Ich habe mich entschieden, ein Danker, Ermutiger und ein Lobpreiser zu sein. (das Gendern spare ich mir mal) Natürlich falle ich manchmal hin, und etwas Negatives kommt aus meinem Mund. Sobald ich es merke, bitte ich den Herrn um Verzeihung. Gott sei Dank ist Seine Gnade jeden Tag neu!

Prinzip von Saat und Ernte

Gerade tauchte ja schon mal das Prinzip von Saat und Ernte auf. Dieses Prinzip kennen wir aus unserem alltäglichen Leben. Der Spruch „Du erntest, was du säst“ dürfte nahezu jedem bekannt sein. Klar, ein Bauer, der im Frühjahr nicht sät, weil er keine Lust hat, abgehalten wird, krank ist, oder aus welchen Gründen auch immer, wird im Herbst nichts ernten können außer vielleicht einiges Wildkraut, das von allein auf seinem Acker wächst. Wenn er zum Beispiel Weizen aussät, kann er keinen Dinkel erwarten. An einem Apfelbaum wachsen keine Birnen. Dieses Prinzip lässt sich auch auf das soziale Leben anwenden. Die Freundschaften, die Du pflegst, haben eher eine Chance zu halten, wenn das auf Gegenseitigkeit beruht. Das Gleiche gilt für das Verhältnis zwischen Kollegen, Gemeindemitgliedern, Nachbarn...Das was Du darin investierst, bzw. säst, wird seine entsprechende Ernte haben. Als Kind las ich einmal eine Geschichte über einen kleinen Jungen, der aus Holz etwas baute. „Was baust du da?“ fragten ihn seine Eltern. „Ich baue einen Platz, wo ihr abseits von mir essen könnt, wenn ihr so alt seid wie unser Opa jetzt und nur noch sabbert.“ Der kleine Junge hatte gesehen, wie seine Eltern mit dem alten Großvater umgingen und daraus gelernt. Diese Geschichte hatte ein happy end, weil die Eltern ihr Verhalten beschämt korrigierten.

Saat und Ernte lässt sich auf das Verhältnis zwischen Eltern und Kindern sehr gut anwenden. Wie viel an Zeit, Hingabe, Intensität, Kreativität, emotionaler, sozialer und intellektuellen Bildung sowie Liebe säst Du in das Leben Deiner Kinder? Ein Kind lernt nie wieder so viel wie in den ersten fünf Lebensjahren. Nutzt Du diese Zeit, um seiner Entwicklung das Beste mitzugeben? Die Beziehung, die Du von Anfang an zu Deinen Kindern aufbaust, wird ihr ganzes Leben und eure Beziehung als Erwachsene für immer beeinflussen. Säe dort weise!

Vor einigen Wochen las ich eine Geschichte. Ich weiß leider nicht mehr wo, aber sie hat mich sehr beeindruckt. Es gab einmal einen Jungen in China, der auf eine christliche Schule ging. Er lernte viel und gerne. Besonders beeindruckt war er von einem seiner Lehrer, einem Pastor.

Jahre später, der Junge war inzwischen ein Teenager, hörte er, dass dieser Pastor in seiner Stadt in einem Hotel anwesend war. Voller Freude begab er sich dorthin und bat an der Rezeption, mit diesem Pastor sprechen zu dürfen. Der Rezeptionist rief im entsprechenden Zimmer an und schüttelte bedauernd den Kopf. „Herr ... lässt ihnen ausrichten, er habe keine Zeit für sie, nicht jetzt und später auch nicht." Tief betroffen und hängenden Hauptes verließ der Teenager das Hotel. Sein Name war Mao Tse Tung. Dies Geschichte macht auch mich tief betroffen. Ich weiß nicht einmal, ob sie so der Wahrheit entspricht, aber selbst als Parabel ist sie beeindruckend! Stell Dir vor, der Pastor hatte nur einen schlechten Tag und säte aus diesem Grund das Falsche. Was für eine Ernte hat es getragen! Gott sei Dank bringt auch all das Gute, das wir säen, eine Ernte, selbst, wenn wir sie selbst nicht sehen. Reinhard Bonnke erzählte vor einigen Jahren in seinem Rundbrief einmal die Geschichte einer älteren Frau in Deutschland, die ich glaube in den Fünfzigern des letzten Jahrhunderts plötzlich vom Herrn geweckt wurde, um für ihn zu beten. Sie betete stundenlang für Reinhard Bonnke, der als junger Missionar in Afrika wegen einer schlimmen Krankheit zur selben Zeit mit dem Tode rang. Wie wir wissen, genas er. Was für eine Ernte! Hätte sie dem Ruf Gottes nicht gefolgt, und sich lieber noch mal im Bett herumgedreht, als diese Zeit im Gebet zu säen, was wäre passiert? Durch ihren Gehorsam aber wurden Millionen von Afrikanern über die Jahre durch den Dienst von Reinhard Bonnke für Zeit und Ewigkeit gerettet.

Vertraue Gott

Gottvertrauen ist das A und O unseres Glaubens. Doch kann ich aus eigener Erfahrung sagen, dass es auch ein Weg ist. Jahrelang war das Lebensthema für mich! Ich war als ich widergeboren wurde, so voller Ängste (wie schon vorher beschrieben), dass es eine lange Zeit brauchte, diese zu identifizieren, Gott hin zu halten, und mich von IHM davon befreien zu lassen. Dazu hier eine Geschichte aus meinem Leben.

Was willst Du von mir?
Seit über vier Jahren war ich nun schon Bezirksleiterin einer großen Kosmetikfirma im Außendienst. Meine Aufgabe war es, für die Firma jede Woche fünf neue Beraterinnen zu rekrutieren, sie und die bereits im Bezirk vorhandenen zu schulen und ihnen dabei behilflich zu sein, ihren Umsatz zu steigern. Für jede "Kampagne", das ist ein Verkaufszeitraum von drei Wochen, in der eine bestimmte Verkaufsbroschüre gilt, gab es vom Verkaufsleiter einen Plan, der in allen Segmenten zu erreichen war. Wenn der Plan erreicht war, gab es in einer der zahlreichen Konferenzen Lob und einen Blumenstrauß. Wurde dieser Plan nicht erreicht, aus welchen Gründen auch immer, gab es Druck. Die Firma wollte entsprechende Zahlen sehen.
Es interessierte niemanden, warum eine Beraterin keinen Auftrag eingeschickt hatte. Vielleicht hatte sie dafür keine Zeit gefunden, weil ihr Kind krank, sie im Urlaub war und zu viel andere Arbeit hatte.

Vielleicht hatte sie ja auch ihre letzte Rechnung nicht bezahlt, dann ging der Auftrag gar nicht raus und wurde natürlich auch nicht zum Umsatz des Bezirkes gezählt. Die Beraterinnen sind alle freiberuflich dabei. Keiner konnte von ihnen Engagement verlangen. Die Bezirksleitung konnte sie ausschließlich mit Preisprogrammen locken und auf jede erdenkliche Weise motivieren.
Eine weitere Aufgabe, die mir oblag, war es, in meinem Bezirk alle 3 Monate einen Kosmetikkurs stattfinden zu lassen. Er kostete 25 Euro für die Beraterinnen und wurde schon bei Buchung des Kurses abgerechnet. Eine ausgebildete Kosmetikerin würde bei jeder Teilnehmerin zuerst eine Hautanalyse erstellen, mit entsprechender Produktempfehlung. Dann würden die Beraterinnen selbst darin unterwiesen, wie sie bei ihren Kundinnen eine einfache Hautanalyse durchführen konnten nebst anschließendem Tages Make-Up. Schließlich gab es noch einführende Schulungen für die neuesten Hautpflegeprodukte und Tipps, wie die Beraterinnen selbst für ihre Kundinnen Hautpflegepartys veranstalten konnten. Der Kurs würde den ganzen Tag dauern und fand nur statt, wenn sich mindestens 9 Beraterinnen dazu einfanden. Morgen sollte er für dieses Quartal in der Mitte meines Bezirkes stattfinden, damit keine zu weit fahren musste. Ich hatte alles organisiert. Der Raum sowie die Verpflegung waren gebucht und die Kosmetikerin bestellt. Ich hatte auch genügend Kurstickets verkauft, so das dem Gelingen des Kurses nichts im Wege stand.
Gegen Abend, ich fuhr mit meinem Firmenwagen schon wieder in meiner Heimatstadt herum und freute mich auf den wohlverdienten Feierabend, begann mein Handy zu klingeln. Die erste Beraterin sagte ab. Ihr Kind war krank geworden. Das war ja zu verstehen. Einige Minuten später klingelte es erneut. Eine Beraterin beklagte ihr liegengebliebenes Auto, nun hatte sie keine Möglichkeit, zum Veranstaltungsort zu gelangen, so ein Pech, wo sie doch noch jemanden mitbringen wollte. Ich bot an, die beiden frühmorgens abzuholen und sie zum Kurs zu fahren. Da musste ich eben eine Stunde früher aufstehen. Das nahm ich in Kauf, wenn dadurch nur dieser Kosmetikkurs stattfand. Kurze Zeit später erwartete mich jedoch die nächste Absage: Die Beraterin musste am nächsten Tag notfallmäßig in ihrem Hauptjob für

eine Kollegin einspringen.“ Okay“, dachte ich, „wenn es jetzt ruhig bleibt, klappt immer noch alles. “Eine viertel Stunde später, ich war bereits fast zu Hause, ging der nächste Anruf ein. Es tut mir leid“, klagte eine Beraterin ins Telefon “Ich habe mich wirklich stark erkältet. Daher kann ich nicht versprechen, dass ich morgen am Kosmetikkurs teilnehmen kann. „
Äußerlich ruhig gab ich ihr einige Tipps, die eine Erkältung günstig beeinflussen konnten und beschwor sie, möglichst morgen zu kommen. Dann wünschte ich ihr einen angenehmen Abend und legte auf. Allmählich spürte ich, wie die Verzweiflung an mir hochkroch.
Das konnte doch nicht wahr sein. Ich hatte doch alles getan, um den Erfolg dieses Kosmetikkurses sicherzustellen. Mehr hätte ich wirklich nicht tun können und trotzdem bestand nun die Möglichkeit, dass er nicht stattfand. Schon lief in meinem Gehirn ein Film ab. Morgen früh würde alles bereitstehen. Die Kosmetikerin hatte alles aufgebaut, der Gastwirt rechnete mit Umsatz, die Beraterinnen freuten sich darauf, lehrreichen Tag verleben zu können. Aber all das würde nicht stattfinden! Alle mussten unverrichteter Dinge nach Hause fahren, weil zu der Mindestteilnehmerzahl eine fehlte!
Sofort würde es mehrere aufgebrachte Anrufe in Richtung Verkaufsleiter geben, der mich dann zu einem äußerst unangenehmen Gespräch bitten würde. „Frau Jakobs, es ist Ihnen nicht gelungen, ihren Beraterinnen die Wichtigkeit dieses Kurses zu vermitteln.“ würde er mich tadeln. Vielleicht drohte mir gar eine Abmahnung!
Hatte ich etwas falsch gemacht? Wie sehr hatte ich den Herrn gebeten, diesen Kurs stattfinden zu lassen. „Was willst Du von mir?“ brach es laut aus mir heraus.
„Dass du Mir vertraust!“ kam prompt in meinem Inneren die Antwort.
„Okay“ betete ich. „Ich vertraue Dir.“
So ging ich das Risiko ein und sagte den Kurs nicht selbst ab.
Nach einer etwas unruhigen Nacht, in der ich aber wohl geschlafen hatte, machte ich mich frühmorgens auf und holte wie abgemacht die beiden Beraterinnen mit dem kaputten Auto ab. Etwas vor der Zeit erreichten wir den Veranstaltungsort, wo alles vorbereitet war. Anwesende Beraterinnen schauten sich die ausgestellten Produkte an

oder unterhielten sich. Nachdem ich alle begrüßt hatte, zählte ich still. Mit den von mir mitgenommenen Damen waren es acht Teilnehmerinnen. Da fehlte ja doch noch eine. Wie würde es jetzt weitergehen? Fiel der Kurs aus? „Herr, ich vertraue Dir!“ proklamierte ich in Gedanken. In dem Moment öffnete sich die Saaltür und eine völlig unerwartete Beraterin trat ein. „Ich hörte von meiner Bekannten, dass sie am Kurs nicht teilnehmen kann und würde gerne ihren Platz einnehmen, wenn das geht“, sprach sie mich an. „Und ob das geht!“ versicherte ich ihr. Beinahe hätte ich sie vor Erleichterung in den Arm genommen. Langsam ließ die Anspannung, die sich in meinem Nacken gesammelt hatte nach. Still schickte ich ein kurzes aber inniges Dankgebet zum Herrn, bevor ich mich auf die Abläufe konzentrierte.
Wir alle verlebten einen angenehmen lehrreichen Tag, an dessen Ende sich viele Teilnehmerinnen bei der Kosmetikerin und mir bedankten.
Auf der Heimfahrt, nachdem ich die beiden Damen zuhause abgesetzt hatte, ließ ich den Tag Revue passieren. Während ich bei der angestellten Lobpreismusik mitsang, überwältigte mich tiefe Dankbarkeit. Der Herr hatte Wort gehalten und dafür gesorgt, dass der Kosmetikkurstermin stattfand, nicht nur das, sondern Er hatte uns allen auch einen tollen, erfolgreichen Tag geschenkt. So ist ER!! Er versorgt und erhört Gebet. Seine Hilfe kommt immer! – Nicht zu früh und auch nicht immer so, wie wir uns das vorstellen, aber nie zu spät und immer so, wie es gut für uns ist.

Diese Geschichte erlebte ich vor fast zwanzig Jahren. Wie oft hatte ich seitdem Gelegenheit, mein Vertrauen in Gott in äußerst herausfordernden Situationen wachsen zu lassen. Und es wuchs! Stück für Stück. Ich bin heute dankbar für all die Schwierigkeiten in meinem Leben, denn dadurch konnte Gott in Seiner Gnade mein Vertrauen zu Ihm wachsen lassen.
In der Bibel gibt es zahlreiche Stellen, die uns auf die Wichtigkeit des Gottvertrauens hinweisen. Auch sie sind im Anhang zu finden! Hier möchte ich die Stelle erwähnen, die mich durch mein bisheriges Christenleben begleitet hat.

„Vertraue auf Den Herrn mit deinem ganzen Herzen und stütze dich nicht auf deinen Verstand! Auf all deinen Wegen erkenne nur Ihn, dann ebnet Er selbst deine Pfade!"
Spr.3.3-5

Gott sei Dank habe ich dieses Vertrauen von Situation zu Situation immer besser gelernt. Hätte ich mich auf meinen Verstand verlassen, wäre ich heute entweder krank, bitter oder gestorben!
Eine weitere Übung in Gottvertrauen erlebe ich gerade in diesen Tagen. Für eine Reise nach London zu meinem ältesten Sohn und seiner Familie mit dem Baby, das ich noch nie gesehen habe, brauche ich einen PCR Test, der nicht älter als 48 Stunden sein darf. Mein Sohn hat den Flug für Dienstagmittag gebucht. Ich verlasse mein Haus also schon morgens. Den Test kann ich wegen des Wochenendes nicht vor Montag machen. Normalerweise dauert es bis zu 24 Stunden, ehe das Ergebnis feststeht. Mein Sohn braucht dieses für die Restbürokratie aber schon Montagabends. So stecke ich in einer spannenden Situation. Vertraue ich Dem Herrn, dass Er mir die Ergebnisse früh genug besorgt? Ich habe es Ihm hingelegt und weiß, dass ER meine Kämpfe kämpft. Trotzdem beschäftigt sich mein Unterbewusstsein nachts mit dieser Herausforderung. In der letzten Nacht sagte ich im Schlaf zum Herrn: „Ich brauche das (dass alles gut gehen wird) schriftlich!" „Das hast du!" war die Antwort. Ich wurde davon wach und verstand, was damit gemeint war. Im Wort Gottes haben wir die Zusagen unseres Vaters im Himmel, Seine Verheißungen und die Gottfakten im Neuen Bund schriftlich. Etwas schriftlich zu haben und vorlegen zu können, gibt in meinem Kulturkreis Sicherheit und Vollmacht. Daher auch der Spruch: „Da steht es schwarz auf weiß." Ich werde mir auch das Testergebnis und das E Flugtechnik ausdrucken und mitnehmen. Sicher ist sicher! Und was den Test betrifft:

„Woher kommt meine Hilfe? Meine Hilfe kommt vom Herrn, der Himmel und Erde gemacht hat."
Ps.121

PS: Tatsächlich ist alles gut gelaufen. Obwohl ich immer wieder darauf hingewiesen wurde, dass es einen Tag braucht, ehe man das Testergebnis bekommt, nahm ich mit einiger Aufregung aber Gottvertrauen an jenem besagten Montag morgen meinen Testtermin in einer Nordhorner Arztpraxis wahr. Meine Geduld wurde noch etwas geprüft, als ich trotz Termin fast eine halbe Stunde warten musste, ehe der Test durchgeführt wurde. Die Sprechstundenhelferin wies noch einmal darauf hin, dass es aller meistens einen Tag braucht, bis das Testergebnis einzusehen ist.
Einer Eingebung folgend, fragte ich, mit welchem Labor sie zusammenarbeiten würden, und ob es Sinn macht, den Test selbst dorthin zu bringen. Sie nannte mir die Adresse des 19 Kilometer entfernten Labors, meinte, vielleicht macht das Sinn, weil die Tests allgemein erst ab 11.00 Uhr abgeholt und in ganz Nordhorn gesammelt würden, bevor sie dann weiter nach Schüttorf transportiert würden. Ich kontaktierte das Labor und meldete mein Kommen an. Dank Google fand ich die Adresse sofort. Als ich den Test einer freundlichen Mitarbeiterin abgab, fragte ich, ob in so einer Notlage vielleicht die Möglichkeit besteht, diesen Test vorzuziehen. Dieses verneinte sie mit dem Hinweis auf die täglichen 2000 Proben, die bearbeitet werden müssten. Die Krankenhäuser hätten Vorrang. Das sah ich natürlich ein, bedankte mich und verabschiedete mich mit den Worten: „Nun lege ich alles in Gottes Hand, denn ER versorgt mich! immer!"
Was soll ich sagen? Nachmittags um kurz vor halb drei konnte ich das (natürlich) negative Ergebnis auf meiner extra dafür eingerichteten Labor-App einsehen und es meinem Sohn mailen, der mich dann mit allen erforderlichen Papieren für die Einreise nach England versorgte. Nach einer kleinen Herausforderung mit dem Drucker hielt ich abends alle erforderlichen Papiere in meiner Hand, die ich sorgfältig in meiner Handtasche verstaute. Sicher ist sicher.
Warum erzähle ich diese kleine Geschichte? Egal, welche Steine auch im Weg liegen, wie düster die Situation auch aussieht. Das letzte Wort hat unser Vater im Himmel! Und ER hat uns versprochen, dass Er uns immer versorgt und unsere Kämpfe für uns kämpft. Unsere Aufgabe

ist es nur, in jedem Fall daran festzuhalten.

Spiele niemals mit Sünde

Als normaler Christ, dessen Seele ein Leben lang braucht, um verändert zu werden, kennt wohl jeder das Gefühl von: „Lasst mich doch einfach mal in Frieden!" Wir wollen in Ruhe unseren Alltag leben und nicht dauernd an Sünde denken. So weit so gut. Richtig , wir leben im neuen Bund und bleiben die Gerechtigkeit Gottes, auch wenn wir fallen. Natürlich haben wir einen liebenden Vater, Der gerne vergibt, wenn wir unsere Sünde bemerken und aufrichtig bereuen. Dafür ist Jesus gestorben! Sollte uns deshalb egal sein, wie wir leben, da wir ja unter Gnade stehen? Ich rede hier nicht vom unbewussten Fallen, von dem das Wort Gottes sagt, der Gerechte fällt siebenmal am Tag (siehe Spr.24.16). Solange wir noch in unserem Körper stecken, werden wir immer wieder fallen, Heiligung ist ein lebenslanger Prozess. Wir fallen und stehen mit Jesus wieder auf. Die Bibel warnt ausdrücklich hauptsächlich vor bewusster Sünde. Schon im 5.Mo.30.19-20 heißt es:

„Ich rufe heute den Himmel und die Erde als zeugen gegen euch auf: das Leben und den Tod habe ich dir vorgelegt, den Segen und den Fluch! So wähle das Leben, damit du lebst, du und deine nachkommen, indem du den Herrn, deinen Gott liebst, und Seiner Stimme gehorchst und Ihm anhängst."

Das heißt, wenn wir mit vollem Bewusstsein dessen, was wir tun, gegen Gottes Willen verstoßen. Um zu verstehen, warum, schauen wir uns die Definition von Sünde an. Laut Wikipedia „besteht Sünde nach christlichem Verständnis einer Abkehr von Gottes Willen, im Misstrauen Gott gegenüber, im Zulassen des Bösen oder Sich-Verführen-Lassen...".
Lesen wir uns diese Erklärung mehrmals durch, erkennen wir,

warum wir niemals mit Sünde spielen sollten. Willst Du es zulassen, dass Du misstrauisch gegenüber Gottes Willen wirst? Diese Haltung sät Giftsamen in Dein Herz. Gehst Du dagegen nicht an mit der Erneuerung Deines Denkens nach dem Wort Gottes, wird in Deinem Herzen eine giftige Pflanze wachsen, die wiederum nach dem Prinzip der Ernte neues Gift abgibt. Jedes Mal, wenn Du bewusst Gottes Willen missachtest, entfernst Du Dich weiter von IHM, und die Verfehlung wird schleichend zur Normalität. Der Heilige Geist zieht sich dann irgendwann zurück, denn Licht bleibt nicht in der Dunkelheit. Die Sünde wird zur Normalität und zieht weitere Sünde nach sich. Wie wir wissen, hat nicht nur Gott einen Plan für unser Leben, sondern auch der Teufel. Er will uns verwirren, verführen, knechten, in Gefangenschaft bringen und am liebsten, wenn der die Gelegenheit bekommt, töten. In Hebr. 12.1 spricht der Verfasser von der uns „leicht umstrickenden Sünde". Sie kommt so harmlos daher!

„ - Ach komm, einmal kannst Du doch auf das Flirten deines attraktiven Kollegen
eingehen,
ist doch nichts dabei...
einen trinken wir noch...
sei kein Spielverderber...
wir kommen alle, alle in den Himmel (alter Schlager)
das bisschen schadet doch nichts...
sei keine Spaßbremse...
mitgehangen, mitgefangen
Pornografie im Internet anschauen macht doch jeder..
die kleine Notlüge..."
und so weiter....
Fallen wir auf diese Lockungen herein, geraten wir in das Spinnennetz der Sünde, das immer fester um uns gewoben wird, bis es uns erstickt! Aus ein bisschen wird, ehe wir es merken immer mehr. Auch mit einer „Notlüge" verbinden wir uns mit dem Vater der

Lüge, welches ist der Teufel. Eine Lüge zieht die nächste nach sich, schon kommt man aus dem ganzen Lügengeflecht nicht mehr heraus. Aus „ein bisschen im Internet unreine Dinge anschauen", entwickelt sich schnell eine Sucht, die uns beschmutzt. Johannes Hartl hat dazu eine interessante Predigt gehalten mit dem Titel: 55 shades of porn" Die kann ich als weiterführendes Material zu diesem Thema wirklich empfehlen!

„Ein jeder aber wird versucht, wenn er von seiner eigenen Begierde fortgezogen und gelockt wird. Danach, wenn die Begierde empfangen hat, bringt sie Sünde hervor; die Sünde aber, wenn sie vollendet ist, gebiert den Tod:"
Jak.1.14,15

Hier sehen wir ganz deutlich die Warnung, wohin uns bewusste Sünde führt. Gott sei Dank geht Der gute Hirte Seinen verlorenen Schafen nach! Es gab eine Zeit in meinem Leben, in der auch ich das erleben durfte! Ich stürzte in eine Grube, aus der ich mit eigener Kraft nicht mehr herauskam. Jesus ging mir nach, warb immer wieder um mein Herz und führte mich, als ich IHN zuließ, in die Buße und dann wieder zurück an Sein Herz. Meine Dankbarkeit dafür hat keine Grenzen!

Das war eine äußerst schmerzhafte Zeit, in der ich viel weinen musste. Ich ging durch eine Phase von Seelsorge, in der die Wunden heilten, die ich mir durch meinen Abweg selbst zugefügt hatte. Ich nahm Gottes Vergebung an, jedoch dauerte es eine lange Zeit, bis ich mir selbst vergeben konnte. Mein eigenes Beispiel zeigt noch einen weiteren Aspekt der Sünde. Sie kann vergeben werden, aber die Konsequenzen sind da! Davids Ehebruch im Alten Testament ist ein gutes Beispiel dafür. Erst sah er Batseba nur, fand sie verlockend, dann gab er der Verlockung nach, verführte sie. Das führte zu einer Schwangerschaft, einem Mord, und unendlichem Leid, als das von Batseba geborene Baby starb. Nach seiner Buße erlangte David Vergebung, aber wie viele Leben wurden durch

diese Sünde negativ beeinflusst! Mit den Konsequenzen mussten alle Beteiligten leben, (außer Uria, Batsebas Ehemann, den hatte er ja umbringen lassen!)
Einen weiteren Aspekt, warum Sünde unbedingt zu vermeiden ist, hörte ich in einer Predigt von einem jungen Engländer, Joe Kirby. Der Titel lautete: „Gott ist gefährlich." Darin zeigte er anhand von mehreren biblischen Beispielen auf, welche Konsequenzen Sünde nach sich zieht. Dazu nahm er folgende Beispiele aus der Bibel: Sei vorsichtig mit...
der Sünde des Stolzes: Nebukadnezar (siehe Da.4)
Nebukadnezar hörte nicht auf die Warnungen Gottes durch Daniel und musste aufgrund seines Stolzes sieben Jahre wie ein Tier leben. Das hat ihn allerdings in die Buße geführt.

der Sünde der unreinen Augen : Samson
Samson, obwohl unbesiegbar, konnte den Reizen des Philistermädchens Dileila nicht widerstehen und machte sich im falschen Vertrauen auf sie angreifbar. Das hatte seine Blindheit und seinen Untergang zur Folge. (siehe Ri.16)

der Sünde des Verlustes der Liebe zu den Menschen: Jonah
Jonah weigerte sich dem Befehl des Herrn zu folgen, die Menschen in Ninive zur Umkehr zu rufen. Er hielt sie für zu schlecht und der Mühe nicht wert. Seine Flucht auf einem Schiff in die andere Richtung führte dazu, dass er in einem Sturm von Bord geworfen wurde und drei Tage im Bauch eines Wals verbrachte! Keine sehr appetitliche Vorstellung, brachte ihn aber auch in die Buße und Gehorsam. (siehe Jon.1)

der Sünde der Täuschung : Hananias und Saphira
Als die junge Gemeinde in Jerusalem beschloss, alle ihre Güter zu verkaufen und den Erlös zusammen zu legen, beschloss das Ehepaar Hananias und Saphira etwas vom Erlös für sich zurück zu halten, log aber auf die Frage, ob ihre Gabe vollständig sei. Diese Lüge

kostete die beiden nacheinander das Leben. Sie fielen direkt danach tot um. (siehe Apg.5.11)

der Sünde der Narrheit und Lästerung: Die Jünglinge , die den Propheten Elisa verspottet haben
Diese Geschichte mutet uns gar nicht nett an. 42 Jugendliche, die den Mann Gottes Elisa
verspottet haben, wurden auf seinen Fluch hin von Bären getötet. (siehe 2.Kön.2.23-25)

All diese Geschichten zeigen uns, dass mit Sünde nicht zu spaßen ist. Joe Kirby, der junge Evangelist aus Großbritannien meinte, das Beste, was Der Herr für uns tun kann, ist uns durch herausfordernde Umstände auf die Knie zu bringen, damit wir hinhören, was Er uns sagen möchte.! Ich kann das nur bestätigen!

Nicht ablenken lassen, raus aus Laodizäa

Damit kommen wir schon zum nächsten Thema, welches wir bereits angeschnitten aber hier noch vertiefen möchten. Wenn wir jung im Glauben sind, spürt jeder unsere Begeisterung. Wir sind dauernd mit dem Gedanken an Jesus beschäftigt und sprühen vor Leidenschaft. Leider kehrt bald der Alltag ein mit seinen Herausforderungen, zahlreichen Aufgaben und gesellschaftlichen Verpflichtungen. Dazu kommen noch Sorgen und die Arbeit in der Gemeinde! Das was als erstes leidet, ist die Beziehung zu Gott.
Das Alte Testament gibt ein gutes Beispiel dazu:

„Und sie verwarfen ... und liefen der Nichtigkeit hinterher – und sie wurden selber nichtig - und liefen den Nationen nach, die rings um sie her waren, von denen Der Herr ihnen geboten hatte, nicht wie sie zu tun.“
2.Kön.17.15

Das ist eine sehr ernste Warnung an uns. Wer von uns will es riskieren, selbst der Nichtigkeit zu verfallen, wo er doch so teuer erkauft ist?

Dazu gibt es einige Geschichten aus meinem eigenen Leben. Hier ist eine:

Heute im Angebot

Wie liebe ich es, wenn am Samstag die Beilagen mit den Angeboten der Discounter für die nächste Woche kommen. Es ist bei uns aber Tradition, dass wir sie erst beim Sonntagsbrunch durchschauen. Darauf bin ich immer schon ganz gespannt und entscheide dann am Sonntag, ob ich von den Angeboten etwas brauche oder nicht. Schon immer war ich der Schnäppchenjäger. Früher gab es zwei Mal im Jahr den Schlussverkauf. Dort deckte ich mich mit dem Kleidungsbedarf für die ganze Familie ein.
Ich freute mich wie ein Schneekönig, wenn ich gute Ware für wenig Geld ergattert hatte. Zu Hause rechnete ich dann aus, wie viel ich wieder gespart hatte.
Bei uns in der Nähe gibt es ein großes Outlet. Dort fahre ich mindestens zwei Mal im Jahr hin. Teure Markenware gönne ich mir nur im Angebot. Den regulären Preis zahle ich nur selten. Ich mag das Sparen. Warum das bei mir so ist, weiß ich auch nicht.
Da fällt mir etwas ganz anderes ein. Beschäftigt mit all den Angeboten in dieser Welt sehe ich plötzlich vor meinem inneren Auge JESUS CHRISTUS.
Er steht mit offenen Armen da und wartet, bis ich mir Zeit für IHN nehme.
Das wichtigste Angebot, das ER mir gemacht hat, habe ich ja zum Glück angenommen;
das ewige Leben durch Seinen Tod für mich am Kreuz!

ER hat an nichts gespart.
Er hat alles für mich gegeben.
Er hat den vollen Preis für mich bezahlt, damit ich für immer und die Ewigkeit in Seinem Reich leben kann.
Er hat unvorstellbar gelitten, damit ich schon hier ein Leben im Sieg führen kann.
ER hat mir den Status einer Königstochter verliehen.
Auch, wenn ich untreu bin und mich von dem Schnickschnack der Welt ablenken lasse, ist ER treu.
Obwohl ER mich genau kennt, liebt ER mich unfassbar und sehnt sich nach mir.
ER wartet! Auf mich!
Ich bitte IHN, dass mir die tägliche Zeit mit IHM das Wichtigste am ganzen Tag wird.
Ich halte IHM mein Herz hin und bitte um Reinigung und Heiligung.
Immer besser darf ich lernen zu erkennen, dass ER an jedem Tag das allerbeste Angebot für mich bereit hält In Seiner Gegenwart darf ich zur Ruhe kommen, neue Kraft schöpfen, mich trösten lassen, mich liebevoll korrigieren lassen, lernen, IHM die Tagesplanung anvertrauen,
IHN immer besser kennen lernen.
Mich kostet es nichts. IHN hat es alles gekostet. Das ist unbezahlbar! Das ist Gnade – ein unverdientes Geschenk!

JESUS spricht: „Kommt her zu Mir, alle ihr Mühseligen und Beladenen.
Und Ich werde euch Ruhe geben.
Nehmt auf euch Mein Joch und lernt von Mir.
Denn Ich bin sanftmütig und von Herzen demütig
Und ihr werdet Ruhe finden für eure Seelen,
denn Mein Joch ist sanft, und Meine Last ist leicht."
MT.11.28

Hier kommt noch eine Weitere:

Ohne Dich?
In meinem Rentnerdasein hatte ich mich schon ganz gut eingerichtet. Es gab Zeit für die Familie, für meine Enkeltochter, Zeit für Sport, Zeit für Beziehungspflege mit alten und neuen Freundinnen,
Zeit für meinen Haushalt, deren Arbeiten ich mir über die Woche kleinteilig aufgeteilt hatte, Zeit für das Dienen in der Gemeinde und Zeit für den Herrn.
In den letzten Tagen spürte ich, dass mir alle die Beschäftigungen schwerer wurden. Ich war sehr schnell müde und ausgelaugt. Dabei hatte ich viele schöne Sachen unternommen, gute Sachen, die mir Freude machten und andere Menschen segneten. Schließlich will ich ja für Den Herrn leben.
Meine Zeit gehört IHM. Ich hatte sehr viele Ideen entwickelt, wie ich IHM Freude machen könnte.
Natürlich machte ich morgens auch meine stille Zeit. Allerdings musste ich ehrlich zugeben, dass das von meiner Seite manchmal eher Pflichterfüllung war. So geriet diese Zeit an manchen Tagen recht kurz, passte sie doch manchmal kaum in den sich rasend schnell entwickelnden Terminkalender.
Wie schnell komme ich immer wieder in ein Hamsterrad der guten Aktivitäten, die doch ohne die Gnade und Kraft Gottes für den Tag alles nichts sind! Ich müsste es doch wirklich besser wissen.

„Fangt uns die kleinen Füchse, die die Weinberge verderben!
Denn unsere Weinberge stehen in Blüte."
Hld.2.15

Heute hatte ich auch einiges zu tun, allerdings fast ohne Zeitlimit. Deshalb verordnete ich mir selbst heute erst mal eine Zeit für den Herrn ohne Uhr. Ich hatte ein ganz schön schlechtes Gewissen. So kam ich erst einmal mit Lobpreis vor den Herrn, dann mit Dank.

Ich befahl meine Gedanken unter den Gehorsam JESU CHRISTI, als sie immer wieder in Alltagsnichtigkeiten abschweifen wollten. Ich bekannte meine Schuld, die Prioritäten mal wieder falsch gesetzt zu haben, suchte Seine Gegenwart und betete:
„Herr, ich bringe mich Dir mit allem, was ich bin, hab und kann, mit meinen Motiven.
Du siehst mich, was mein Herz wirklich bewegt, ich halte mich Dir hin und bitte Dich um Reinigung. Alle Ehre sei DIR! Alles womit ich mich in all der letzten Zeit beschäftigt habe, war für Dich.“ Plötzlich hörte ich mich sagen, „aber ohne DICH“
Als mir richtig klar wurde, was ich da gerade gesagt hatte, war ich traurig.
Wie oft noch würde ich in diese Falle tappen? Wie oft noch würde ich reinfallen?
Wieder mal tat ich Buße, dass ich IHM nicht die Planung überlassen hatte. Um wie viel Kraft, Gnade und Segen hatte ich mich mal wieder gebracht!
DAS WILL ich NOCH LERNEN!!
Welche unfassbare Geduld hat unser Herr. ER sehnt sich nach mir, und ich finde keine Zeit für Beziehungspflege mit IHM, weil ich etwas für IHN tun will. Und doch liebt ER mich!
ER sehnt sich sogar nach *mir!*
„Danke, wunderbarer Herr, dass Deine Gnade jeden Tag neu ist.“
Ich habe den Herrn mal gefragt, was ER über mich denkt. Die Antwort hatte ich eines Sonntags morgens beim Aufwachen ganz klar im Herzen. Sie lautete:
„Mein Feldzeichen über dir ist Liebe!“ (nach Hhl.1.4)

Das sind zwei kleine Alltagsgeschichten aus meinem Leben. Wer bis hier her gelesen hat, merkt, dass Gott mich in meinem Leben über die Jahre geduldig immer weiter in Seine Gegenwart gezogen hat. Sollte ich mal ungeduldig mit der Entwicklung meiner Kinder sein, darf ich mir die Geduld, die Der Herr mit mir selbst hat, immer wieder ins Gewissen rufen.!

Wie am Anfang des Buches schon erwähnt, höre ich vom Herrn seit ungefähr fünf Jahren immer wieder den Ruf: „Reinigt Euch, Heiligt Euch!“. Ich hatte IHN um Hilfe dabei gebeten, und Er hat mein Gebet erhört, indem die Umstände in meinem Leben sich drastisch verändert haben. Obwohl es schwer war und manchmal ist, bin ich so dankbar dafür! Jetzt habe ich die Zeit und den Raum, meine Beziehung zu IHM immer weiter zu festigen. Mich nicht vom Wesentlichen ablenken zu lassen, sondern die Priorität absolut auf die Beziehung zu IHM zu setzen, bleibt eine Herausforderung, die ich allerdings mit Hilfe Des Heiligen Geistes bewältigen werde!

Schauen wir uns jetzt einmal „Ladodizea“ an. Hier handelt es sich um eine der Gemeinden, über die Jesus in der Offenbarung spricht. Sie stehen aber auch für die Gemeinden in der Endzeit, in der wir uns meines Ermessens nach befinden!

Laodizäa wird von Ihm ernsthaft gewarnt! Das gesamte Sendschreiben, das wirklich für Christen aufrüttelnd ist, ist auch im Anhang zu finden. Ich habe mal über den Standort der antiken Gemeinde gegoogelt und bin bei der „Deutschen Bibelgesellschaft“ fündig geworden.

Danach lag Laodizäa in Kleinasien in der Nähe von Kolossä. Der Name der Gemeinde ist zusammengesetzt aus den griechischen Begriffen für „Volk“ und „Gerechtigkeit“. Betrachten wir die Bedeutung des Namens verstehen wir, warum Laodizäa auch die Gemeinde der Menschenmeinungen genannt wird. Wirtschaftlich ging es dieser Gemeinde sehr gut. Sie war bekannt für Wohlstand und ihr Heilwesen besonders in der Augenheilkunde. Die Menschen in dieser Stadt waren sehr stolz auf ihre Erfolge. Gestern sah ich auf Bibel TV einen Bericht über Laodizäa . Nach einem Erdbeben lehnten die Stadtväter die ihnen angebotene finanzielle Aufbauhilfe aus Rom glattweg ab mit der Begründung: Sie bräuchten nichts von anderen annehmen, sie hätten selbst alles, was sie bräuchten. Ein Archäologe fand bei Ausgrabungen mehrere Häuser mit der Aufschrift:

„Aus eigener Kraft!“ Es ist anzunehmen, dass diese stolze Haltung auch auf die zahlreichen Christen in der Stadt abgefärbt hat. Außenstehende hätten sie vielleicht für eine florierende perfekte Gemeinde halten können. Nach Menschenmaß war die Gemeinde reich und hatte alles, was eine gute Gemeinde ausmacht! Nicht so Jesus! Er schaut hinter die Kulissen in die Herzen der Menschen. Was Er dort findet, veranlasst Ihn zu einer scharfen Rüge! Er rät den Menschen in dieser Gemeinde von IHM im „Feuer geläutertes Gold, weiße Kleider und Augensalbe zu kaufen! Diese Aussage impliziert, dass diese Gemeinde auf Menschenkraft aufgebaut war und darin lief. Das machte sie stolz und blind für das, worauf es in jeder Gemeinde wirklich ankommt! ALLEIN AUF JESUS!

Kommt Dir Laodizäa irgendwie bekannt vor? Ist Dir klar, dass Jesus lauwarme Christen verabscheut? Schon im Alten Testament werden wir mehrfach gewarnt, ernsthaft mit unserem Glauben umzugehen. So ruft Elia in 1.Kön.18.21 das Volk Gotte auf, sich endlich zu entscheiden:

„Wie lange hinkt ihr auf beiden Seiten? Wenn Der Herr Der wahre Gott ist, dann folgt Ihm nach; wenn aber der Baal, dann folgt ihm nach.“

Wie viel mehr Gründe sollten wir als wiedergeborene Christen im Neuen Bund haben, Gott nachzufolgen!

Besonders seit diesem Jahr, wo ich viel Zeit damit verbringe, Predigten aus der ganzen Welt zu hören, erlebe ich, wie sich das Wort aus Apg.2.17 bewahrheitet. Es gibt sehr viele prophetische Worte aus allen möglichen Teilen der Welt, die natürlich alle anhand des Wortes Gottes geprüft werden müssen. Interessant ist aber, dass der Inhalt überall gleich ist.

Die Quintessenz ist, dass Jesus Christus über den Zustand Seiner Gemeinde auf der Erde sehr traurig ist, weil viele Seiner Kinder mit ihren eigenen Dingen beschäftigt sind, anstatt in Seinem Königreich zu leben und sich dafür ein zu setzten!

Die Bibel sagt uns, dass alles, was wir aus eigenen Werken tun, verbrennen wird (siehe 1.Kor.3.10-17). Da haben wir die Erklärung, warum diese Gemeinde „nackt“ vor Jesus steht.
Die einzige Hoffnung ist die radikale Rückkehr zu JESUS. In Seiner unfassbaren, geduldigen Liebe zu den Menschen bietet Jesus ihnen in Offb.3.20,21 folgendes an:

„Siehe Ich stehe an der Tür und klopfe an; wenn jemand meine Stimme hört und die Tür öffnet, zu dem werde Ich hineingehen und mit ihm essen, und er mit Mir. Wer überwindet, dem werde Ich geben, mit Mir auf meinem Thron zu sitzen.“

Diese Worte waren es übrigens, die ich vor ca. 30 Jahren in meinem Herzen hörte, als ich Gott vor meiner Wiedergeburt fragte, ob ich denn nicht schon Christ sei. Damals nahm ich die Einladung an. Sie gilt jedoch für jeden Tag! Wir müssen uns jeden Tag neu dafür entscheiden, für wen und was wir leben wollen Es kommen auch immer wieder Worte aus aller Welt, dass Jesus jetzt durch Seine Gemeinde geht und diejenigen sucht, die IHM als Braut unbeirrt folgen, die Eclesia, die Herausgerufenen.
Diejenigen Christen, die sich nicht dazu entschließen können oder wollen, werden später in einer Art Einheitskirche wiedergefunden werden, wenn sie nicht ganz abfallen. Diese Einheitskirche, die bereits im Begriff ist, zu entstehen ist nicht die Braut Christi. Maria Prean meinte dazu in einer Predigt einmal:
„Informiert euer Gesicht, dass wir in aufregenden Zeiten leben.“ In deiner Hand liegen Deine Entscheidungen. Nimm selbst dafür Verantwortung. Willst du faul und mittelmäßig oder außergewöhnlich sein?“
Das ist für jeden von uns eine herausfordernde Frage. Ich will nicht in Laodizäa gefunden werden. Was ist mit Dir?
Mir gefällt folgender Spruch:

„Der ist kein Narr, der hingibt, was er nicht halten kann, um zu

bekommen, was ihm keiner nehmen kann.“
Jim Elliot

Bleibe demütig

Um ein siegreiches effektives Leben führen zu können, ist es unbedingt wichtig, dass wir nicht in eigener Kraft gehen, wie schon vorher berichtet. Gehen wir in eigener Kraft, rennen wir mit bester Absicht irgendwann vor die Wand! Das ist schmerzhaft und entmutigt uns. Außerdem verbrennen diese Werke in eigener Kraft auch noch! Diese Anstrengungen, selbst ein guter Christ zu sein, sind also völlig umsonst, Autsch! Wie viel Zeit, Energie und Kraft hat uns dieses sinnlose Unterfangen schon gekostet! Heute morgen hörte ich im Internet eine Predigt von Gregory Dyckow. Er brachte den reichen Jüngling in Mk.10 in Erinnerung, der Jesus alles, das Dieser ihn fragte, positiv beantworten konnte. Nur seinen Reichtum konnte er nicht loslassen. Deshalb drehte er sich um und folgte Jesus nicht nach. Nun hatte er so viel geleistet. Aus eigener Kraft konnte er seinen Reichtum nicht loslassen. Er war ihm wichtiger als Jesus. Wäre er bloß bei IHM geblieben. Er hätte ihn dazu befähigen können. (immer, wenn ich die Geschichte höre, wünsche ich mir, dass der Jüngling seine Entscheidung später revidiert hat. Die Bibel erwähnt ihn aber nicht mehr. Gregory Dickow erwähnte auch Marta (siehe LK.10.), die von ihrer Schwester Maria genervt war, weil diese sie unverschämter weise mit der ganzen Arbeit als Gastgeber allein ließ, und es vorzog ihre gesamte Aufmerksamkeit auf Jesus zu richten. Jesus bestätigte auf die Anklage Martas jedoch nicht sie, sondern Maria in ihrem Handeln. Maria hat den besseren Teil gewählt. Als sie die Gelegenheit erhielt, Jesus persönlich zu erleben, Ihm in die Augen zu schauen, Seine Stimme zu hören, von Ihm persönlich gelehrt zu werden, ergriff sie diese beim Schopfe. Nichts anderes konnte so wichtig sein wie dies Begegnung. Das können wir von ihr lernen, das ist mir persönlich von Tag zu Tag

wichtiger. Ich will Jesu Gegenwart bewusst erleben, IHN immer mehr kennen lernen und diese Zeit als die wertvollste des Tages wertschätzen. Diese Erkenntnis ist jedoch ein Weg! Was ist denn nun die Lösung?
Zuerst fällt mir da etwas essentiell wichtiges ein:

„Die Furcht des Herrn ist der Weisheit Anfang; und ERKENNTNIS Des allein Heiligen ist Einsicht. Denn durch mich werden zahlreich deine Tage, und es mehren sich dir die Jahre des Lebens."
Spr.9.10,11

Oft sagt uns die Bibel, dass wir uns nicht fürchten sollen, aber diese Furcht, die Gottesfurcht ist unerlässlich und führt uns ins Leben. Die Furcht Gottes bedeutet, dass wir erkannt haben, wer ER wirklich ist und wer wir sind. Diese Erkenntnis führt dazu, Ihn absolut ernst zu nehmen und Ihm zu gehorchen. Auch wenn wir es anders sehen, ist das etwas von den Dingen, die einen reifen Christen ausmachen. Das führt uns in die ultimative Lösung.
Obwohl bereits an früherer Stelle erwähnt, will ich hier noch einmal betonen: Die Lösung ist eine innigste Beziehung zu Gott in Seiner Dreifaltigkeit! Wir wissen ja, dass wir ohne Jesus nichts tun können. Warum rennen wir trotzdem so oft in bester Absicht los, um mit eigenen Fähigkeiten die Probleme dieser Welt zu lösen? Die Antwort wird mir in letzter Zeit immer deutlicher! Durch Gottes Gnade durfte ich einige wunderbare Predigten zu diesem Thema hören. Eine der leidenschaftlichsten Predigten, die ich jemals gehört habe, kam letzten Sonntag von Cheedy, einem jungen Arzt und Lobpreiser aus Afrika, der mit seiner Familie seit ein paar Jahren unsere Gemeinde bereichert. Er sah seine Verantwortung als Vater darin, seine Kinder so groß zu machen, dass sie größer werden als er selbst. Aber wie kann jemand aus eigener Kraft dieser Aufgabe gerecht werden? Sitzen wir doch alle mit unseren Begrenztheiten! Der Mensch, der allein handelt, hat einen Drang zur Katastrophe, so Cheedy.

Das sehen wir deutlich am Beispiel von Simon Petrus. Als Jesus über den See kam, dachte er, es sei ein Geist und hatte Angst (siehe Mt.14). Bei der Gefangennahme Jesu war Petrus noch mutig und schlug dem Diener ein Ohr ab. Kurze Zeit später war er es jedoch, der Jesus drei Mal hintereinander gegenüber einer jungen Magd verriet und behauptete, Jesus überhaupt nicht zu kennen siehe (Joh.18.16-27).

Der gleiche Petrus war es, der nachdem die Jünger mit dem Heiligen Geist erfüllt worden waren, der vor Tausenden von Menschen Jesus Christus bezeugte. Später ging der gleiche Petrus für seinen Jesus in einen grausamen Tod, gekreuzigt wie Jesus, nur auf seinen Wunsch mit dem Kopf nach unten. Was für ein Löwenherz! Diese Veränderung hat Der Heilige Geist in ihm bewirkt! Cheedy kam zu dem Statement, dass auch wir als Gläubige in heutiger Zeit in dieser sich drastisch zum Schlechten verändernden Welt ohne die Gemeinschaft mit dem Heiligen Geist nicht leben können. Die Eigenschaften des Heiligen Geistes haben wir ja bereits beleuchtet. Er ist eine Person, dessen Gegenwart uns bei der Wiedergeburt geschenkt wurde. Er ist also immer bei uns. Wir sind mit Ihm versiegelt wie mit einem Stempel (siehe Anhang, Gottfakten). Es liegt aber in unserer Verantwortung, wie viel Raum wir Ihm geben. Um das Evangelium verkünden zu können, müssen wir mit Ihm erfüllt sein! Sind wir das nicht, ist unser Zeugnis oder unsere Predigt fleischlich! Tut mir leid, wenn ich jetzt einigen Leuten auf die Füße trete, das merkt man. Daniel Maritz hat dazu eine herausfordernde These aufgestellt:

„Nicht Geisterfüllte Leiter und Prediger sind eine große Waffe des Teufels in den Gemeinden!"

Bei uns in der Grafschaft gibt es einen Spruch.: „Geht schon!" Gestern beteuerte unser Pastor Eddie in seiner Predigt noch einmal: „Nein! OHNE JESUS geht gar nichts!" Genauso ist es, das sollten wir uns immer wieder vor Augen halten, egal, was wir tun.

Ohne Jesus können wir nichts tun, und Der Heilige Geist führt immer zu IHM. Jesus selbst hat Seinen Dienst erst begonnen,

nachdem Er mit Dem Heiligen Geist bei seiner Taufe erfüllt worden war (siehe Mk.1.9-11)
Was wir unbedingt tun müssen, ist uns vollkommen vor Gott zu demütigen, unsere einhundertprozentige Abhängigkeit von IHM zu erklären, unseren eigenen Bankrott! Wir müssen Den Heiligen Geist bitten, uns von uns selbst zu entledigen, damit Er Raum einnehmen kann. Cheedy erwähnte noch, dass man einen bereits gefüllten Becher nicht noch mehr füllen kann! Kipp ihn aus, entleere Dich von Dir selbst. Paulus berichtete, dass er sich täglich „selbst stirbt". Schluss mit den Ausreden! Für das, was uns wichtig ist, finden wir immer Zeit. Lehne Ihn nicht ab, betrübe Ihn nicht durch Sünde! Er ist Gottes Geschenk an Dich. Wenn die Schmetterlinge der ersten Liebe weggeflogen sind, berufe Dich auf Deine Entscheidung für Ihn! Gott antwortet laut Reinhard Hirtler immer auf unseren Hunger! Wir müssen also ernsthaft um die Erfüllung mit Dem Heiligen Geist bitten!
Strecke Dich nach Ihm aus! Verlange nach Ihm! Verbringe Zeit im Gebet, Anbetung und Lobpreis. Wohne in Seiner Gegenwart! Du kannst Ihm nicht vorschreiben, wann Er kommen darf. Wenn Du ausgelaugt bist, ist das oft ein Zeichen, dass Du neue Erfrischung durch Ihn brauchst, deshalb achte darauf, dass Du nicht abdriftest. Werde sensibel für Seine Stimme, denn sie ist meistens leise! Fache die Flamme der Liebe wieder an. Er wartet auf Dich. Mit Ihm kannst Du die Menschenfurcht besiegen! Daniel Maritz erwähnte in seiner Predigt zu diesem Thema:
„Wenn Du das Gefühl hast, du solltest für diese Person beten, frage Dich nicht, ob das vom Teufel kommt. Der würde Dich nicht darum bitten. Es ist Der Heilige Geist, Der Dich führt."
Jesus sagt in Joh.10.4:

„Meine Schafe hören Meine Stimme!"

Die Schafe folgen Ihm, weil sie Seine Stimme kennen. Dazu befähigt uns Der Heilige Geist.

Ohne mit Ihm erfüllt zu sein, kannst Du auch die Prüfungen der kommenden Zeit nicht bestehen. Ohne dieses kannst Du nicht Jesus wählen, wenn Dir der Tod naht, wie der 14jährigen Lea aus Nigeria, die sich weigerte, Jesus zu verleugnen und dafür nicht wie ihre Mitgefangenen Schulkolleginnen freigelassen wurde, sondern für ihren Glauben starb. Mit Ihm erfüllt, werden Ströme des lebendigen Wassers aus Dir herausfließen, zu den Menschen, denen Du begegnest.
Die Bibel selbst sagt uns, dass diejenigen Söhne und Töchter Gottes sind, die vom Heiligen Geist geleitet werden, (siehe Röm.8.14-16)
Die Frage, die nur Du für Dich selbst beantworten kannst, ist: „Willst Du nur ein Kind Gottes sein und bleiben, bis Du Ihn triffst, oder eine reife Tochter oder Sohn."

Welche Waffen benutzt Du? Deine oder Seine?

Wie reagierst Du zuerst, wenn Du in eine Notlage gerätst? Machst Du dir sofort einen Schlachtplan, wie Du da wieder herauskommst? Rufst Du einen Freund an und bittest um Rat und Hilfe? Recherchierst Du im Internet nach Lösungen für Dein Problem? So oft reagieren wir Christen genau wie die Menschen in der Welt. Dabei haben wir einen allmächtigen, souveränen Gott als Vater, Dem nichts wirklich nichts unmöglich ist. Durch die Verbindung mit IHM sind auch wir unbegrenzt. ER hat uns als Seinen Kindern jede Waffe, die wir brauchen, um siegreich in jeder Situation zu sein, bereits geschenkt. Der Gedanke, diese Tatsache zu ignorieren ist nicht logisch und beleidigt unseren Herrn! Es ist unsere Aufgabe, uns darüber zu informieren und zu lernen, alle Waffen einzusetzen und effektiv zu benutzen.
So sagt Gott im Alten Testament selbst über Sein Volk, dass es aus Mangel an Erkenntnis zugrunde geht! (siehe Hos.4.6)
Willst Du siegreich durch Dein Leben gehen? Dann mache es zu eine Deiner Prioritäten, zu lernen, welchen Reichtum an

Möglichkeiten und Waffen Du durch Gott hast. Sie stehen Dir zur Verfügung, Du musst sie nur kennen und einsetzen!
In den letzten Tagen konnte ich an mir selbst feststellen, welche Waffen ich benutze, wenn ich angegriffen werde. Der Teufel sät immer noch gerne Furcht in meine Gedanken. Gestern morgen hatte ich erst einen Internetausfall, dann einen kompletten Stromausfall. Wie sollte ich ganz allein damit umgehen? Leichte Panik drohte, sich breit zu machen. Nachdem ich kurz innegehalten hatte, proklamierte ich, dass Gott meine Kämpfe kämpft. Dadurch klärten sich meine erschrockenen Gedanken, und ich rief bei der Störungsstelle meines Strom Versorgers an. Dort half mir ein freundlicher Mitarbeiter, über den Sicherungskasten das Problem herauszufinden. Es war überhaupt nicht dramatisch.
Heute Nacht hatte ich einen bedrückenden Traum. Ich wurde mit vielen anderen Menschen mittels der Eisenbahn in ein Lager deportiert. Es gab keinerlei Möglichkeit zu fliehen. Den Menschen, die das mitbekamen, war unser Schicksal mehr als egal. Viele applaudierten den ausführenden Organen sogar. Im furchtbar düsteren Lager wurden jeden Tag Menschen ausgesondert, die dann verschwanden. Jeder hoffte, nicht der Nächste zu sein. Ich fühlte mich völlig allein und hilflos. Als ich aus diesem Traum erwachte, spürte ich die Furcht und Hoffnungslosigkeit wie einen dunklen Nebel über mir liegen. Nun wusste ich, dass ich aktiv werden musste! Zuerst holte ich mir meine Bibel und proklamierte laut mehrmals den 23. Psalm. (Dabei fiel mir auf, dass ich ihn wieder besser auswendig lernen muss, damit er gleich in meinen Gedanken parat ist, wenn ich über Furcht angegriffen werde! Als ich frisch bekehrt war, klappte das wunderbar. Ich konnte mit dem Psalm aus bösen Träumen aufwachen. Sogar meine Kinder beherrschten dieses). Dann band ich in Jesu Namen alle Gedanken der Furcht unter Seinen Gehorsam und gebot, allen Furchteinflößenden Dingen in Jesu Namen sofort mich zu verlassen. Danach hörte ich über Internet auf dem Handy Lobpreismusik. Gleich das erste Lied beschrieb, dass ich im Feuer nicht allein bin, sondern dass da jemand mit mir geht.

„Zufällig" passten alle Lieder genau in meine Situation. Schließlich betete ich zuerst in Zungen und später in Deutsch für meine Familie, mein Umfeld und alle, die mir aufs Herz gelegt wurden. Schließlich waren ungefähr zwei Stunden vergangen. Ich pries den Herrn, dankte Ihm für diese Situation und schlief zufrieden ohne jegliche Angst wieder ein.
Durch meine kleinen Erlebnisse wurden schon einige Seiner Waffen genannt. Schauen wir uns alle mir bekannten Waffen noch einmal an.

Gottes Waffen für ein siegreiches Leben als Christ

Gott hat uns ein ganzes Arsenal von Waffen zum Schutz gegen die Angriffe des Feindes zur Verfügung gestellt.
<u>Sein Name</u> JESUS CHRISTUS Name **über alle** Namen
Die Bibel versichert uns, dass der Name Jesu über alle anderen Namen erhoben ist, die der Himmlischen, irdischen und unterirdischen genannt ist, damit sich jedes Knie beuge.(siehe Phil.2.9.10). Das bedeutet, dass die Nennung des Namens eine unfassbar große Kraft in der geistlichen Welt hat, wenn dieser im Glauben und Ehrfurcht ausgesprochen wird! Jeder Christ sollte von dieser genialen Waffe Gebrauch machen, denn ohne IHN können wir nichts tun! Sogar die Tiere wissen das. Dazu eine witzige Geschichte aus meinem Leben:

Hundegeschichte
Super, dass das geklappt hatte. Wir hatten wirklich einen Termin gefunden, an dem wir alle Zeit für ein Treffen hatten. Nun war ich mit dem Auto auf dem Weg zu einer Freundin, die ich auf einen zweitägigen Trip zu einer anderen Freundin in eine andere Stadt mitnehmen wollte.
Endlich hatte ich einen Parkplatz in ihrer Straße gefunden, auch wenn ich bis zu ihrer Adresse noch einige Meter zu Fuß laufen

musste. Die Zeit drängte schon etwas, deshalb lief ich entschlossenen Schrittes auf das Haus meiner Freundin zu. So merkte ich erst gar nicht, wie ein mittelgroßer Hund aus einer Einfahrt geschossen kam und zielstrebig auf mich zu kam.
Bald stand er vor mir und kläffte mich an. Nein, das war kein freundliches Begrüßungskläffen. Er fletschte die Zähne und begann, mich aggressiv anzuknurren.
Einigermaßen ratlos überlegte ich, was nun zu tun war. Bloß keine Angst zeigen, dann hielt er mich wahrscheinlich für leichte Beute. Also rief ich so entschlossen ich nur konnte: „Ab!“ und „aus!“ Der Hund ließ sich davon nicht beeindrucken und kam mir bedrohlich knurrend und kläffend näher. „Willst du wohl verschwinden, du Köter“ versuchte ich es erneut. Mit Nichts konnte ich ihn dazu bewegen, mich in Ruhe meinen Weg fortsetzen zu lassen.
Sollte ich wirklich an diesem wunderschönen, heißen Sommertag von diesem schrecklichen, aggressiven Hund ins bloße Bein gebissen werden? Wegen der Hitze trug ich einen kürzeren Rock. „Hilf mir, Herr“ schrie ich verzweifelt. Der Hund knurrte bedrohlich. Plötzlich hörte ich mich selber ruhig, aber bestimmt zu dem Hund sagen: „Im Namen Jesu verschwindest du jetzt sofort!“ Verdutzt hielt er sofort inne, sah mich kurz irgendwie fragend an und verschwand auf die andere Straßenseite. Ich konnte es kaum fassen, die Gefahr war vorbei. Solche Kraft liegt im Nennen des Namen Jesu. Selbst die Tiere gehorchen Ihm.
Selber erstaunt von dem Erlebten, klingelte ich endlich an der Haustür meiner Freundin.
Die Fahrt konnte ohne Hundebisse fortgesetzt werden, und ich hatte wieder eine schöne Geschichte über Gottes Schutz selbst in den banalsten Situationen zu erzählen.

<u>Die Waffenrüstung aus Eph6.10-17</u>

Die gesamte Quellenstelle befindet sich im Anhang. Dort kannst Du sie studieren, wenn Du keine Bibel zur Hand hast. Es geht dabei darum, dass unser Kampf nicht gegen Menschen, sondern

geistliche Mächte geführt wird. „Die Waffenrüstung ist jedoch nichts Mystisches sondern eine Lebensstil." Diese Aussage traf Joseph Z. in einer Predigt über geistliche Kampfführung. Diese Waffenrüstung sollte unser tägliches Outfit sein.
Als Beispiel für die Waffenrüstung dient ein Soldat, der mit seiner vollständigen Waffenrüstung in den Kampf zieht. Da wäre:
1. Lenden – umgürtet mit Wahrheit. Wenn wir selbst nicht in der Wahrheit sind, also Lüge in unserem Leben zulassen, sind wir nicht geschützt. Wir wissen ja, wer die Wahrheit, der Weg und das Leben ist – Jesus! Und wo finden wir Ihn? In der täglichen Bibellese. Dort kann uns Der Heilige Geist immer wieder korrigieren und neu festigen. Vorrausetzung ist natürlich, dass wir diesen wichtigen Schutz in Anspruch nehmen.
2. Brustpanzer der Gerechtigkeit – Damit ist die Gerechtigkeit gemeint, die wir in Jesus Christus aufgrund des neuen Bundes erhalten haben. Gehen wir in dieser Gerechtigkeit, prallen die giftigen Anklagepfeile des Teufels an uns ab. Gehen wir aber in unserer eigenen Gerechtigkeit, das heißt, sind wir gesetzlich, haben wir ein dickes Problem. Die schützt uns nämlich vor nichts, die Pfeile der Anklage dringen dann ungehindert in unser Herz.
3. Beschuht an den Füßen mit der Bereitschaft zur Verkündigung des Evangeliums:
Diese Bereitschaft sollten wir haben, wo auch immer wir uns befinden. Wir folgen dem Evangelisationsbefehl aus Mt.28.18-20, in dem Jesus uns auffordert die frohe Botschaft zu verbreiten in <u>allen</u> Nationen.
Schild des Glaubens – Wenn wir unseren Glauben an die Allmacht unseres Gottes und die Wahrheit Seines Wortes hochhalten wie ein Schild vor unseren angreifbaren Körper, dringen die Angriffe des Feindes nicht bis zu unserem Herzen durch. Besitzen wir dieses essenzielle Schild nicht, sind wir den Attacken schutzlos ausgeliefert. Denn glauben wir nicht, glauben wir auch nicht an unseren Brustpanzer!
Helm des Heils – Dieser Helm beschützt unsere Gedanken mit der

Gewissheit, dass wir mit Jesus Christus das Heil erlangt haben. Ohne diesen Helm werden die Gedanken angegriffen. Immer, wenn negative Gedanken in unser Herz dringen wollen, müssen wir uns diesen Schutzhelm bewusst machen.
Schwert des Geistes – Jetzt kommt die einzige Angriffswaffe in dieser Waffenrüstung. Das Schwert des Geistes ist das lebendige Wort Gottes!. Dieses angewendet in Gebet, Lobpreis und Proklamation schlägt den Feind mit Sicherheit in die Flucht!

Proklamation Seines Wortes

Wir wissen, dass Jesus selbst das lebendige Wort Gottes ist. (siehe Joh.1.1). Wenn wir diese Tatsache anerkennen, wird klar, warum das Wort Gottes eine solche Kraft hat. In der Wüste, als er vom Teufel versucht wird, antwortet Jesus mit dem geschriebenem Wort Gottes und der Widersacher muss aufgeben. Heute morgen las ich bei Joseph Prince, dass es interessant ist, dass Jesus dem Teufel nicht vorhielt, was ER kurz zuvor bei Seiner Taufe erlebt hatte. Er hatte gehört, wie Sein Vater Ihn als Dessen geliebten Sohn bezeichnet hat. Das blieb bei der Prüfung in der Wüste jedoch unerwähnt. Jesus konzentrierte Sich allein auf das geschriebene Wort. Daraus können wir lernen. Es ist schön, wenn wir Gottes Stimme auf irgendeine Art hören. Beim Proklamieren sollten wir uns jedoch wie Jesus auf das bekannte geschriebene Wort konzentrieren. Es ist so mächtig, dass es ausgesprochen, durch seine schöpferische Kraft Situationen, Umstände, Befindlichkeiten, Menschen und sogar Leben beeinflussen und zum Positiven verändert. Beim Proklamieren kann es jedoch ein kleines Problem geben. Wenn Du es einfach nur als Technik einsetzt, ohne zu glauben, was Du sagst, funktioniert es nicht. Es ist auch kein Zauberspruch! Du musst es GLAUBEN. So viele Christen sind an diesem Punkt enttäuscht, wenn sich kein Erfolg einstellt. Reinhard Hirtler predigte darüber. Er gab den Rat, dass wir ehrlich zu Gott kommen und bekennen, wenn wir eine Verheißung oder Gottfakten noch nicht glauben können. Wie der Hauptmann, der zu Jesus sagte: „Ich glaube, hilf meinem

Unglauben!“ (siehe Mk.9.24). Wir bitten um den Glauben dafür und dann proklamieren wir die Wahrheit aus Gottes Wort. Reinhard Hirtler erzählte auch, wie er mit herausfordernden Situationen umgeht. Er konfrontiert die erlebte Wirklichkeit mit der Wahrheit aus Gottes Wort! (Als Beispiel konfrontiert er seinen leeren Kontostand mit der Wahrheit, dass Der allmächtige Gott sein Versorger ist). Er erwähnte noch seine fünf B s bei der Proklamation:
bekennen
biblisch (nicht einfach, was wir uns wünschen)
persönlich (auf meine Person beziehen, nicht allgemein lassen)
in der Gegenwart
positiv bekennen

Lobpreis

Gestern in der Gebetsstunde spürten wir, dass in der Gemeinde Bedrückung und Hoffnungslosigkeit die Herzen vieler verschleierte. Rose, eine reife und erfahrene Glaubensschwester bekam den Eindruck eines Bildes: Viele Leute tanzten im hingegebenen Lobpreis und beteten ihren Gott damit an. Die dunkle Atmosphäre, die am Anfang an diesem Ort präsent war, wurde wie mit einem Schwert durchgeschnitten und wich einer Atmosphäre der Leichtigkeit. Genau das konnten wir im nachfolgenden Gottesdienst spüren. Eine Frau gab sogar Zeugnis darüber, wie sie mit einem zornigen Herzen hergekommen war, unfähig sich zu freuen. Nach dem Lobpreis änderte sich ihre Stimmung in Liebe, Freude und Vergebungsbereitschaft. Ich mache die gleichen Erfahrungen, sobald ich mich mit Lobpreis beschäftige. Angst weicht, Traurigkeit weicht, Freude kehrt ein. Lobpreis sollte gerade in dieser dunklen Zeit eine unserer beliebtesten Waffen sein. Heute hörte ich im Internet eine Predigt von Joshua Halls von Australian Worship Network. Er befindet sich in Australien an einem sehr gefährlichen Ort. Er hat als Lehrer seine Arbeit verloren wie viele Menschen dort. Aber wozu ruft er auf? Zum Lobpreis! Er bittet seine Geschwister gerade in dieser Situation unseren Herrn zu erheben, zu loben, zu preisen, anzubeten. Er

rät dazu, täglich dem Herrn Lieder zu singen über...
Unsere Familie
Unsere Nachbarn
Unsere Freunde
Unsere Stadt
Unser Land
Unsere Regierung.
Lobpreis bringt uns auf einen Platz von höherer Erkenntnis, eine andere Sicht auf die Umstände. Es verändert absolut die Atmosphäre in der geistlichen Welt. Geistlicher Durchbruch geschieht durch Lobpreis!
Eines muss uns klar sein. Gott braucht unseren Lobpreis nicht! Wir brauchen ihn, weil wir unglaublich darin gesegnet werden!

Dankbarkeit

Jetzt stutzt Du vielleicht. Dankbarkeit als Waffe? Ich sehe in Dankbarkeit nicht nur eine Haltung, die unsere Beziehung zum Herrn in Anerkennung, WER uns in Seine Familie aufgenommen hat, unbedingt prägen sollte, sondern auch als Waffe. Gerate ich in eine unangenehme Situation und fange an zu meckern über mein Unglück, verrate ich die Tatsache, dass uns laut Röm. 8.28 alles zum Guten dienen muss. Durch die schöpferische Kraft meiner ausgesprochenen Worte bestätige ich die Situation, so wie sie ist und beleidige meinen Herrn, weil ich SEINEM Wort nicht vertraue. Mein Vertrauen zu IHM bekenne ich, indem ich in dieser vertrackten Situation, die sich so unangenehm anfühlt, anfange, IHM zu danken. Mancher fragt sich jetzt vielleicht: „Und wofür soll ich Ihm danken? Ich fühle überhaupt keine Dankbarkeit“. Da finden wir wieder ein Beispiel dafür, dass wir unsere Gefühle zwar wahrnehmen sollen, jedoch nicht unser Handeln an ihnen orientieren dürfen, sondern am Wort Gottes! Die Antwort, wofür wir danken sollen, ist: Für alles! Ja, genau, richtig gehört. Nicht nur in allem sondern auch für alles. Ein Beispiel für Dankbarkeit in einer schweren Situation erzählte Reinhard Hirtler in einer Predigt. Er musste sein Haus in

Amerika verkaufen, als er nach Brasilien zog. Vertrauensvoll legte er alles in Gottes Hand. Zuerst schien alles glatt zu laufen, bald jedoch stellten sich mehrere unerwartete Probleme ein, die sich scheinbar nicht lösen ließen. Er fragte Den Herrn, woran das lag, hatte er doch auch im geistlichen Bereich alles getan, um erfolgreich zu sein. Der Herr zeigte ihm, dass er noch nicht für diese Situation gedankt hatte! Nachdem er darin gehorsam war, änderte sich die Situation und das Haus konnte erfolgreich verkauft werden.

Gebet

Über Gebet gibt es viel zu sagen:

Viele Menschen kennen Gebet mit gefalteten Händen als aufgesagten festen Text. Es ist jedoch viel mehr. Wenn wir wissen, dass Gott uns liebt, und sehnsüchtig auf uns wartet, um mit uns innige Gemeinschaft zu pflegen, dann ist jegliche Kommunikation mit IHM Gebet. Gestern hörte ich in einer Predigt von Markus, einem unserer Ältesten, dass Gebet vom Griechischen her , sich zu etwas bewegen, Ihm unser Sein offenbaren, permanent sein bedeutet. Deshalb ist es sehr wertvoll, wenn wir uns Zeit nehmen, nur um IHM die Ehre zu geben, um anzuerkennen, wer ER ist ; auf Seine Stimme zu hören, IHN näher kennen zu lernen, Ihm unsere geheimsten Dinge zu offenbaren, Seine Gegenwart einfach nur in Dankbarkeit und Anbetung zu genießen.

Damit wächst auch unsere Liebe zu IHM.

Wie wertvoll ist es, wenn wir den Segensspender suchen und nicht nur Seinen Segen! ER ist aller Ehre wert! Wir sollten unsere Gebetskultur noch einmal überdenken, und vom Bittgebet mehr zum Gebet des nehmenden Glaubens mit Dankbarkeit und Anbetung zu gelangen!

Es gibt viele in vielen christlichen Kreisen bekannten Arten von Gebet. Da wäre zum Beispiel...

Tischgebet

Gebet ohne Worte (in Gedanken)

Gebet alleine im „stillen Kämmerlein“

Gruppengebet
Gemeindegebet
Kampfgebet
Fürbittegebet
Sprachengebet
Anhaltendes Gebet
Dankgebet
Proklamation
Zungengebet

Unser Gott erhört sehr gerne unser Gebet. Er kennt uns und weiß, was wir brauchen.

„...euer himmlischer Vater weiß, dass ihr dies benötigt. Trachtet aber zuerst nach dem Reich Gottes und nach Seiner Gerechtigkeit! Und dies alles wird euch hinzugefügt werden."
Mt.6.32 – 33

Eph.3.20
„Dem aber, Der über alle Maßen hinaus zu tun vermag, über die Maßen mehr, als wir erbitten oder erdenken, gemäß der Kraft, die in uns wirkt."

Manchmal antwortet Gott erst später auf unser Gebet, manchmal auch viel später. Da heißt es, zu vertrauen und dranzubleiben. Die Bibel nennt das „ausharren".

Ps.40.2
„Beharrlich habe ich auf Den Herrn geharrt, und Er hat sich zu mir geneigt und mein Schreien gehört."
Dan.10.12 – 13
„Und er sprach zu mir: Fürchte dich nicht, Daniel! Denn vom ersten Tag an, als du deine Herz darauf gerichtet hast, Verständnis zu erlangen und dich vor deinem Gott zu demütigen, sind deine Worte

erhört worden. Und um deiner Worte willen, bin ich gekommen."

Hebr.10.30
„Denn Ausharren habt ihr nötig, damit ihr, nachdem ihr den Willen Gottes getan habt, die Verheißung davontragt."

Jesus selbst hat Seinen Jüngern gesagt, wie wir beten sollen.

Lk.11.1 –4
„Wenn ihr betet, so sprecht:
Vater, geheiligt werde Dein Name,
Dein Reich komme;
Unser nötiges Brot gib uns täglich;
Und vergib uns unsere Sünden,
denn auch wir selbst vergeben jedem, der uns schuldig ist;
und führe uns nicht in Versuchung
Mt. 6.13 *sondern errette uns von dem Bösen."*

Wenn Jesus den Jüngern erklärt, wie sie beten sollen, impliziert uns das , dass es auch möglich ist, falsch zu beten.
Im oben aufgeschriebenen „Vater Unser" beginnt das Gebet mit Lobpreis. Wir beginnen ein Gebet also damit, IHM Lobpreis zu geben. Damit erkennen wir Seine Stellung als unser **GOTT** und unsere Stellung als Seine **KINDER** an.

Ps.100.4
„Zieht ein in Seine Tore mit Dank, in Seine Vorhöfe mit Lobgesang! Preist Ihn, dankt Seinem Namen."

Indem wir Ihm danken, für all die Segnungen, die ER uns schon gegeben hat, ehren wir Ihn und erkennen an, was Er tut. Außerdem helfen Dank und Lobpreis gegen trübe Gedanken.
Der Herr weiß, was wir benötigen, wir sollten aber genau ausformulieren, was unser Anliegen ist.

„Bittet, und es wird euch gegeben werden, sucht, und ihr werdet finden; klopft an, und es wird euch geöffnet werden! Denn jeder Bittende empfängt, und der Suchende findet, und dem Anklopfenden wird geöffnet werden."
Mt.7.7 –8

Wir sollten im **Namen Jesu** beten. Denn nur in Seinem Namen haben wir jederzeit freien Zugang zu Gottes Thron.

„Bis jetzt habt ihr nichts gebeten in Meinem Namen. Bittet, und ihr werdet empfangen, damit eure Freude völlig sei!"
Joh.16.24

Wichtig ist, dass wir **im Glauben** bitten. Die Bibel ist da ganz deutlich. Haben wir keinen Glauben oder wenig, dürfen wir auch dafür bitten, wie der Mann im neuen Testament, der sagte: „Herr ich glaube, hilf meinem Unglauben."

„Wenn aber jemand von euch Weisheit mangelt, so bitte er Gott, Der allen willig gibt und keine Vorwürfe macht, und sie wird ihm gegeben werden. Er bitte aber im Glauben, ohne irgend zu zweifeln; denn der ... Zweifler denke nicht, dass er etwas von Dem Herrn empfangen werde."
Jak.1.5 –7

„Ohne Glauben aber ist es unmöglich, IHM wohlzugefallen; denn wer Gott naht, muss glauben, dass ER ist und denen, die IHN suchen, ein Belohner sein wird."
Hebr.11.16

Wir sollten nicht einfach um irgend etwas wie zum Beispiel „den roten Mercedes" bitten. Es sollte schon **dem Willen Des Vaters** entsprechen. Bevor wir bitten, sollten wir nachdenken, ob das, um was wir bitten wollen, uns nicht schon im neuen Bund geschenkt wurde. Das betrifft übrigens z. B. die Versorgung, Segen... In diesem Fall sollten wir dem Herrn einfach danken und die Wirklichkeit dessen, was wir wahrnehmen, mit der Wahrheit des Neuen Bundes konfrontieren.

„Und dies ist die Zuversicht, die wir zu IHM haben, dass Er uns hört, wenn wir etwas nach Seinem Willen bitten."
1.Joh.5.14

Wenn wir unbereute Sünde oder Unvergebenheit im Herzen tragen, kann Gott unser Gebet nicht erhören. Das steht so lange zwischen IHM und uns, bis es bekannt und von IHM vergeben wurde.

„Siehe , die Hand des Herrn ist nicht zu kurz, um zu retten, und Sein Ohr nicht zu schwer, um zu hören.; sondern eure Vergehen sind es...und eure Sünden haben Sein Angesicht vor euch verhüllt, dass Er nicht hört."
Jes.59.1 – 2

„Und wenn ihr steht und betet, so vergebt, wenn ihr etwas gegen jemand habt, damit auch euer Vater, Der in den Himmeln ist, euch eure Übertretungen vergebe."
Mt.11.25

Wir sollten vor dem Beten unsere Motive überprüfen und nicht aus Selbstsucht, Zorn, Stolz
oder anderen schlechten Herzenshaltungen beten.

„Ihr bittet und empfangt nichts, weil ihr übel bittet, um es in euren Lüsten zu vergeuden."
Jak.4.3

„Und wenn ihr betet, sollt ihr nicht sein wie die Heuchler; denn sie

lieben es...zu beten, damit sie von den Menschen gesehen werden. Wahrlich Ich sage euch, sie haben ihren Lohn dahin."
Mt.6.5

Wenn wir beten, sollen wir nicht mit vielen Worten beten, sondern unser Anliegen kurz und präzise vortragen. Gott ist weder taub noch langsam im Verstehen.

Mt.6.7 –8
„Wenn ihr aber betet, sollt ihr nicht plappern wie die von den Nationen; denn sie meinen, dass sie um ihres vielen Redens willen erhört werden. Seid nun ihnen nicht gleich! Denn euer Vater weiß, was ihr benötigt, ehe ihr Ihn bittet."

Die Bibel sagt uns, dass JESUS CHRISTUS selbst für uns bittet.

„Daher kann Er auch die völlig erretten, die sich durch Ihn Gott nahen, weil Er immer lebt, um sich für sie zu verwenden."
Heb.7.25

Auch Der Heilige Geist bittet für uns. Das tut er besonders im Zungengebet. Das Zungengebet steht jedem geistgeführten Christen zur Verfügung. Hier kommt die Geschichte, wo ich es zum ersten Mal empfangen durfte:

Bügelsession
An diesem Tag hatte ich mir eine Menge Bügelwäsche mit in den Keller genommen.
Eine Familie mit drei kleinen Kindern beschert der Hausfrau Berge von Wäsche.
Meine drei Kinder spielten im Spielzimmer nebenan. Ich hörte ihr vergnügliches Glucksen und war zufrieden. Sie spielten so intensiv, dass es schien, als ob ich den Haufen Bügelwäsche heute schaffen könnte. Nun war Bügeln nicht gerade meine

Lieblingshaushaltsbeschäftigung. Ich fand es etwas langweilig. Deshalb hatte ich mir für heute eine Kassette mit einem Vortrag von Derek Prince in den Recorder gesteckt und drückte auf „on".
Der Vortrag handelte vom „Sprachengebet". Derek Prince hatte ihn schon vor einigen Jahren in einer großen katholischen Kirche im Süden Deutschlands im Rahmen der charismatischen Erneuerung gehalten.
Ich hatte über dieses Thema schon einiges gehört. Nun war ich sehr daran interessiert, ob auch ich dieses Geschenk des HEILIGEN GEISTES wohl bekommen könne.

Und als der Tag des Pfingstfestes erfüllt war, waren sie alle an einem Ort beisammen...Und es erschienen ihnen zerteilte Zungen wie von Feuer, und sie setzten sich auf jeden einzelnen von ihnen. Und sie wurden alle mit HEILIGEM GEIST erfüllt und fingen an, in anderen Sprachen zu reden, wie Der Geist ihnen gab auszusprechen."
Apg.2.1-4

Derek Prince sprach darüber, dass die Ausgießung des HEILIGEN GEISTES, die am Pfingsttag begonnen hatte, niemals aufgehört hat. Auch heute kann sie jedem Christen, der sich ehrlich danach ausstreckt, geschenkt werden.
Oft schon hatte ich Christen in Sprachen, die sie eigentlich nicht sprechen konnten, beten hören. Auch wusste ich, dass dieses in einigen christlichen Kreisen verpönt war, weil diese annahmen, das Sprachengebet sei nicht von Gott, da die Apostelgeschichte lange vorbei sei.
Derek Prince belegte seine Ansicht mit vielen Bibelstellen. Besonders sprach mich folgende Bibelstelle an:

Und Ich sage euch: Bittet, und es wird euch gegeben werden; sucht, und ihr werdet finden;
Klopft an, und es wird euch geöffnet werden! Denn jeder Bittende empfängt, und der Suchende findet, und dem Anklopfenden wird

aufgetan werden. Wen von euch, der Vater ist, wird der Sohn um einen Fisch bitten – und wird er ihm statt des Fisches (etwa) eine Schlange geben? Oder auch, wenn er um ein Ei bäte – er wird ihm doch nicht einen Skorpion geben?
Wenn nun ihr, die ihr böse seid, euren Kindern gute Gaben zu geben wisst, wie viel mehr Der VATER, Der vom Himmel (gibt, Den) HEILIGEN GEIST geben denen, die IHN bitten?"
Lk11.9-13

Derek Prince forderte die Zuhörer seiner Predigt auf, um das Sprachengebet beim VATER im Himmel in JESU Namen zu bitten. Danach sollten sie einfach den Mund öffnen und herauslassen, was da herauskam. Bald hörte ich Gemurmel aus vielen Kehlen.
Die Kinder spielten immer noch voller Freude miteinander und hatten mich noch kein einziges Mal gestört. So tat ich dasselbe. Ich bat Gott in JESU Namen um das Sprachengebet und öffnete den Mund. Tatsächlich hörte ich etwas, was ich nicht verstand. Zuerst dachte ich noch „ das bin bestimmt nur ich und nicht Der HEILIGE GEIST:" Ich gab aber nicht auf und fuhr fort. Nein, das kam nicht aus meinem Verstand. Ich hatte dieses Geschenk wirklich erhalten! Ehrfürchtig dankte ich Gott. Meine anfänglichen Zweifel wurden immer weniger und ich vertraute darauf, was ER in Seinem Wort gesagt hatte.
Beeindruckt war ich auch von der Tatsache, dass Der Herr Herrscher über Raum und Zeit ist.
Der Vortrag war schon einige Jahre alt. Dennoch hatten nicht nur die darum bittenden Teilnehmer, sondern auch ich, Jahre später in einem Keller beim Bügeln das Geschenk des Sprachengebetes erhalten. Dieses tröstet mich oft, wenn mir in einer schweren Stunde nichts Weises zum Beten einfallen will.
Wie souverän ist unser Gott!

„Ebenso nimmt auch Der Geist sich unserer Schwachheit an; denn wir wissen nicht, was wir bitten sollen, wie es sich gebührt, aber Der

Geist selbst verwendet Sich für uns in unaussprechlichen Seufzern. Der aber die Herzen erforscht, weiß, was der Sinn Des Geistes ist, denn Er verwendet sich für Heilige Gott gemäß."
Röm.8.26 – 27

(Quelle: Themenkonkordanz, Christliche Verlagsgesellschaft, Dillenburg)

Heute nimmt das Zungengebet in meinem Gebetsleben mehr und mehr Raum ein. Wer weiß besser, was zu beten dran ist, als Der Heilige Geist!

Fasten

Eine sehr starke Waffe in unserem Arsenal ist das Fasten. Es gibt verschiedene Arten des Fastens: Da wäre zum Beispiel:
Fasten von Genussmitteln
Fasten von Elektronik und Medien
Fasten teilweise von Nahrung
Wasserfasten
Wenn wir bewusst auf etwas verzichten, auf das wir ein Recht haben, es stehen lassen, um den Willen des Herrn zu suchen, dann fasten wir. Es ermöglicht uns, die Bedürfnisse unserer Seele einmal zum Schweigen zu bringen und uns voll auf die Beziehung zu Gott zu konzentrieren., unsere Zeit hauptsächlich mit IHM zu verbringen, um zu erfahren, was ER möchte.
Jemand in unserer Gemeinde, ich weiß nicht mehr wer, sagte einmal: „Wenn du fastest, ist es, als würdest du durch ein Megaphon in die Himmlische Welt sprechen."
Tatsache ist es, dass es unsere Motivation und Prioritäten reinigt und neu justiert. Jedes Mal, wenn unsere Gemeinde eine Zeit des Fastens und gemeinsamen Gebetes ausruft, bekommen wir Antworten, auf die wir schon lange gewartet haben, neues Feuer, Trost und Ermutigung vom Herrn. Es lässt uns Dinge klarer sehen,

die vorher wie im Nebel gelegen haben. Mittlerweile liebe ich diese Zeiten. Es sind Zeiten, in denen wir geistlich wachsen können. Durch den Verzicht von geliebten Annehmlichkeiten bringen wir vor Gott unsere Abhängigkeit und unseren Hunger nach IHM zum Ausdruck. Wir leben dieses Wort von,

„der Mensch lebt nicht vom Brot allein, sondern von jedem Wort, das aus dem Munde Gottes kommt.“
(siehe 5.Mo. 8.3), welches Jesus bei seiner Versuchung in der Wüste zitiert.

Sein Blut

Für neu bekehrte Christen hört sich das einigermaßen seltsam an. Es ist jedoch Jesu Blut, das uns reingewaschen hat von allen Ansprüchen des Bösen. Gott hat es so eingerichtet, dass Sünde mit dem Blut unschuldiger Geschöpfe reingewaschen werden muss. Das zeigt uns, dass es Ihm absolut ernst ist, dass Sünde kein Spiel ist.
Nachdem Abraham seinen Sohn Isaak nicht opfern musste, tötete er stattdessen einen Widder und opferte dessen Blut. Diese Begebenheit zeigt uns, dass Gott das tat, was er vom Menschen nicht verlangte. ER gab Seinen Sohn für uns.
Als Gott die Plagen auf das ägyptische Volk legte, weil der Pharao die Israeliten nicht ziehen lassen wollte, mussten diese ihre Türpfosten im Lande Goschem, wo sie lebten, mit Tierblut einschmieren, damit der Engel des Todes an ihren Häusern vorbei gehen würde.
Im dritten Buch Mose, Levitikus bekam Mose vom Herrn genaue Anweisungen über verschiedene zu bringende Opfer. Darunter waren auch Tieropfer, deren Blut für die Entsühnung von Sünden vorgesehen waren. Erst wurden sie im Zelt der Begegnung, indem sich das Heiligtum befand, gebracht , viel später wurde ein Tempel

gebaut, wo Gott diese Opfer durch die Hohepriester entgegennahm Der Hohepriester durfte einmal im Jahr auf diesem Weg Buße für das ganze Volk tun. Auch Familien und Einzelpersonen mussten dauernd solche Tieropfer darbringen, um von ihren Sünden reingewaschen zu werden.
Diese Rituale wiesen bereits auf den einmaligen ultimativen Opfertod Jesu am Kreuz hin, wo ER ein für alle Mal Sein kostbares, unschuldiges, teuerstes Blut zur Entschuldung unserer Sünden vergoss und sich danach , nach Seiner Himmelfahrt für immer zur Rechten Gottes setzte, bis Er wiederkommt. So ist es Sein Blut, das uns einmalig für immer reingewaschen hat. Dadurch stehen wir vor Dem Vater durch Jesu Blut als vollkommen gerechtfertigt da.
Wenn der Teufel uns angreift, können wir uns und unsere Familien immer wieder ganz bewusst unter dieses Blut stellen, und damit ausdrücken, dass wir zwar fehlerhaft sind, aber von Jesus freigekauft wurden. Da hat der Ankläger keinerlei Chance!

Gottes Engel
Engel werden immer mal wieder im gesamten Wort Gottes erwähnt. Da sind die Heerscharen von Engel, die vor Gottes Thron anbeten. Die Bibel spricht von Erzengeln, Gabriel und Michael. Ein Engel war es, der Adam und Eva aus dem Paradies führte. Engel besuchten Abraham und Sara, Lot, Isaak und Daniel. Engel erschienen bei der Geburt Jesu und dem Johannes. So gibt es unzählige Beispiele für das Wirken von Engeln als dienstbare Geister des Himmels. Engel werden ja leider in der abendländischen Kultur verniedlicht als Putten mit dicken Bäuchlein und Bäckchen. Dazu gibt es viel Kitsch zu kaufen. Es gibt aber auch die esoterische Strömung mit Engeln zu kommunizieren, sie anzubeten. Das hat mich immer sehr abgeschreckt. Richtige Engel wollen nicht angebetet werden. Diejenigen, die das Mitmachen, sind wohl gefallene Engel also Dämonen. Wie oft habe ich irgendwelche Schutzengelanhänger oder dergleichen geschenkt bekommen, die ich nie haben wollte. Ich will mich auf Jesus konzentrieren. Letztes

Jahr, als ich für ein paar Wochen bei meinem Sohn in London zur Ruhe kommen konnte, begann ich dort stundenlang Predigten aus dem Internet zu hören. Dort stieß ich auf eine Predigt von Reinhard Hirtler mit dem Titel: „Interaktion mit Engeln". Ein wenig verwirrt hörte ich mir an, was er dazu zu sagen hatte und hörte, dass er die gleichen Bedenken gehabt hatte wie ich, bis Der Herr eines Tages fragte, weshalb er Seine Geschenke ablehne. Er erklärte Reinhard Hirtler, dass Gottes Engel im gleichen Team sind wie wir. Sie stehen bereit, uns mit dem zu helfen, was wir nicht tun können. Wir brauchen keine Angst haben, dass sie etwas gegen Gottes Willen tun würden oder Anbetung entgegennehmen. Das würden sie nie tun! Sie umgeben uns und warten auf unseren Auftrag. Sie werden durch das laut ausgesprochene Wort Gottes aktiviert. Sie sind genauso real wie die ganze übernatürliche Welt. Wir müssen uns jedoch dafür entscheiden, dass wir an die Realität des Übernatürlichen glauben. Diese Welt ist eine Welt des Glaubens!

Es war Gottes Idee, Engel zu kreieren, die uns zur Seite stehen, (siehe Hebr.1.14)

Der Himmel ist offen, wir haben Zugang dazu. Wir müssen es lediglich ergreifen, (siehe Joh.1.51). Haben wir dieses ergriffen, werden wir auf diesen Schutz und die übernatürliche Hilfe, die Der Herr uns hier offeriert, nicht mehr verzichten wollen. Dann geht es uns so wie dem Knecht von Elisa, dem die Augen aufgetan werden, damit er das Heer von Engeln sehen kann, das auf ihrer Seite kämpft.

Geistliche Kampfführung

Anfang letzten Jahres kaufte ich mir extra ein Buch von Daniel Kolenda über dieses Thema, weil es mich sehr interessiert. Es heißt: „Drachen töten" Der Titel klingt ja schon einmal vielversprechend! Ich erhoffte mir neue Strategien, um in Gottes Reich effektiv für IHN arbeiten zu können. Bevor er jedoch auf diese Strategien einging, bemerkte der Autor erst einmal etwas äußerst Interessantes! Die wichtigste geistliche Kampführung im Leben eines Christen ist ein gereinigtes, geheiligtes Leben im Alltag! Das ist natürlich vollkommen logisch. Da kommt aber leider nicht jeder, der ein Soldat in Gottes Reich sein will, als Erstes drauf. Hier sind wir wieder bei dem Punkt, der sich durch das ganze Buch zieht. Ich weiß nicht, wie oft ich mich hier schon wiederholt habe, ist wahrscheinlich jetzt auch nicht das letzte Mal. Bevor wir irgendetwas für den Herrn tun wollen und sofort nachdem wir morgens aufgestanden sind, sollten wir uns immer mit unserem Herrn Jesus verbinden. Hören, was Er sagt, uns und unsere Lieben unter Seinen Schutz, Seinen Sieg und Sein Blut stellen. Sein Wort studieren, auf Den Heiligen Geist hören und Seine Waffen benutzen schützt uns –

Vor Angriffen von außen aber auch vor unseren eigenen Ambitionen! Wir sind durch das Opfer am Kreuz gerecht gemacht. Jedoch möchte Der Herr jeden Tag unsere Füße waschen.

Wie schnell übersehen wir unsere Schwächen, reagieren auf herausfordernde Situationen schnell menschlich mit Stolz, Aggression oder auch Menschenfurcht. Ohne die tägliche Verbindung mit Gott in Seiner Dreifaltigkeit schneiden wir uns selber von der Infusion ab, die uns überleben lässt und siegreich macht. Nur durch IHN kann unser Leben gereinigt und geheiligt werden. Lassen wir es täglich geschehen. Dann kann Der Herr uns zeigen, was genau in der jeweiligen Situation zu tun ist.

Ich werde jetzt zu diesem Thema nicht in die Tiefe gehen. Darüber gibt es hervorragende Bücher wie z.B dieses von Daniel Kolenda, welches ich hier empfehlen möchte.

Die Quintessenz dessen, was ich mir daraus mitgenommen habe ist:

Lebe ein gereinigtes und heiliges Leben
JESUS ist Dein Partner, ohne Ihn geht gar nichts
Lerne Ihn besser kennen und lieben
Lerne von Ihm, wie Er mit Versuchungen und Prüfungen umgegangen ist
Bilde Dich darüber in Gottes Wort, wer es ist, gegen den Du kämpfst
Lass Dich nicht vom Zeitgeist bestimmen, sondern vom Heiligen Geist
Sei bereit und stehe (wie ein Soldat, der auf Seinen General schaut)
Lebe in Disziplin, Hingabe und geistlicher Autorität
Erlege Dein Drachenhaustier (deine persönlichen)
Kämpfe immer mit den geistlichen Waffen
Bleibe im Sieg
Sei beharrlich und lass Dich nicht einschüchtern
Dämonen gehören ausgetrieben

Geistliche Kampführung ist ein Thema für jeden Christen. In dieser Zeit sollten wir uns alle damit befassen, denn die Umstände, die gerade entstehen, werden nicht einfacher. Gegen manifestierte Dämonen in einer Person sollte jedoch ein geschultes Team von zwei Personen angehen.
Dr. Kynan Bridges rät bei der geistlichen Kampfführung ebenfalls, nach Gottes Muster vorzugehen. Zuerst wird Gottes Reich gesucht, wie in allem, was wir tun. Wir danken Gott in der Situation für die Situation, loben Ihn und beklagen uns nicht. Wir suchen Ihn im Gebet und nutzen das Zungengebet. Wir nutzen das Prinzip von Saat und Ernte sowie das Prinzip des Bindens und Lösens. Auf das Prinzip von Saat und Ernte sind wir schon eingegangen. Genauso hat Jesus uns das Instrument des Bindens und Lösens geschenkt:

„Wenn ihr etwas auf der Erde bindet, wird es im Himmel gebunden sein,
und wenn ihr etwas auf der Erde löst, wird es im Himmel gelöst sein."
Mt.18.18

Das Prinzip ist so einfach, wie es sich anhört. Wenn Jesus etwas sagt, ist es zu 100 Prozent die Wahrheit. Wir müssen nur glauben und uns unserer Position in IHM ganz sicher sein.
Bevor die ganze Corona-Situation begann, als ich noch nicht alleine wohnte, hatte ich eines Nachmittags auf meinem Fernsehsessel spontan das starke Empfinden, dass Der Herr haargenau zu mir sagte:

„Du bekommst das, was Du glaubst."
Mt.8.13

Dieses Wort habe ich seitdem immer festgehalten. Es passt auch sehr gut für die geistliche Kampfführung.
Dämonen austreiben hört sich erst mal wieder gruselig an. Wer will damit etwas zu tun haben? Leider begegnen sie jedem von uns mal. Wir brauchen keine Angst vor denen zu haben und zurückweichen. Wenn wir ihnen in der Autorität Jesu ruhig befehlen, haben sie zu schweigen und zu verschwinden. Sie wissen das. Wir brauchen nicht laut zu werden. Die Autorität und der Name Jesu ist das, was sie vertreibt! Das Einzige was wir dringend brauchen ist eine neue Offenbarung darüber, WER wir in Jesus Christus sind. Wenn wir das begriffen haben, haben wir die Autorität Jesu Christi, mit der Er selbst Dämonen ausgetrieben hat. Daniel Kolenda zitierte Frank Hammond aus seinem Buch „Schweine in der guten Stube":
„Dämonen sind geistliche Feinde, und es gehört zur Verantwortung jedes Christen, sie im geistlichen Kampf direkt anzugehen."

Ein Leiter auf einer Konferenz in Dresden, die ich vor vielen Jahren

einmal besucht habe, meinte in seiner Predigt: „Dämonen austreiben ist wie Toiletten putzen. Wir tun es nicht gerne, es ist aber immer wieder nötig!“
Natürlich sollten wir jetzt nicht überall auf der Suche nach diesen Feinden sein, oder sie überall sehen. Mir fallen da jetzt einige Gruselfilme ein, wo gezeigt wurde, wie Hollywood das Thema sieht. In diesen Filmen sind die Dämonen immer stärker. Das ist nämlich nicht die Realität. Falls sie uns aber begegnen, sollten wir uns jedoch bewusst sein, dass sie für einige Herausforderungen verantwortlich sind, und wir dies nicht hinnehmen müssen. Wenn die Bedrohung schwerer ist und eine Person befreit werden muss, ist es wichtig, nicht allein da heranzugehen, sondern mit einem geübten Partner zusammenzuarbeiten, wie Daniel Kolenda betont. Das Gleiche sagt uns auch das Wort Gottes an mehreren Stellen. So etwas sollte geschulten Personen, wenn möglich vorbehalten bleiben. Er geht in seinem Buch noch genau darauf ein, was in solchen Fällen zu beachten ist. Zur Vertiefung dieses Themas weise ich noch einmal auf dieses Buch hin. Zu dessen Abschluss hier möchte ich zur Ermutigung noch einen Spruch aus Daniel Kolendas Buch weitergeben:

„Nichts in dieser Welt kann Beharrlichkeit ersetzen. Talent kann es nicht; denn es ist nichts weiterverbreitet als ein talentierter aber erfolgloser Mann.
Genialität kann es nicht; denn ein verkanntes Genie ist ein bekanntes Sprichwort.
Bildung kann es nicht; denn die Welt ist voll gebildeter Obdachloser.
Beharrlichkeit und Entschlossenheit sind allmächtig.“
unbekannt

Licht sein, Salz sein

Wir wollen alle gerne ein Licht in dieser Welt sein. Ein Licht, das in der Dunkelheit auffällt, strahlt, die Dunkelheit um uns herum hell erleuchtet. Jesus Christus sagt von sich selbst in Joh.8.12, dass Er das Licht der Welt ist. Ebenfalls sagt Er in Mt.5.14-16, dass auch wir als Licht in der Finsternis scheinen sollen. Er redet davon, dass wir „unser Licht nicht unter einen Scheffel stellen“ sollen. Dort kann es nicht leuchten. Schämen wir uns manchmal dafür, dass wir Christen sind? Weiß unsere Umgebung, wer wir sind? Wenn es keiner merkt oder weiß, stellen wir unser Licht unter den Scheffel. Wofür ist es dann gut, wenn es nicht leuchtet?
Was ist mit unserem Licht? Strahlt es hell in der Dunkelheit und weist den Weg, denen die nichts sehen können? Können andere Menschen sich daran orientieren? Oder ist es trübe und blind geworden, gibt nur noch schwachen Schein oder leuchtet es gar nicht mehr?
Im gleichen Abschnitt sagt Jesus, dass wir Salz sind. Er sagt nicht, wir sollen es sein, nein, wir sind es. Weshalb nimmt er dieses Bild? Um das zu beleuchten, schauen wir uns einmal an, wozu Salz gebraucht wird. Das erste, was mir einfällt:
Salz würzt! Die meisten pikanten Speisen schmecken ohne Salz einfach fade. Es verleiht Gerichten einen angenehmen Geschmack und verstärkt auch die Geschmacksnote anderer Gewürze. Daher kommt wohl auch das Sprichwort „Salz in der Suppe“. Salz macht den Unterschied!
Mit Salz werden Sachen haltbar gemacht. Bevor es Gefriertruhen und die Methode des Einkochens gab, war das Pökeln mit Salz (neben dem Trocknen) fast die einzige Methode, Lebensmittel haltbar zu machen. So ist es unsere Aufgabe als Salz, die christlichen, biblischen Werte, die in unserer Gesellschaft immer mehr verlorengehen oder gar ins Gegenteil verkehrt werden, klar zu benennen und dafür einzutreten!
Salz hat auch heilende Eigenschaften. Der menschliche Körper

braucht „Kochsalz zur Regulation des Wasserhaushaltes, für den Knochenstoffwechsel und die Muskel- sowie Nervenfunktion.... Bei Fieber, Erbrechen und Durchfall entstehen schnell Salzdefizite, welches von außen zugeführt werden muss. Oft wird Salzlösung in der Medizin sogar per Infusion verabreicht.

Salz wird auch zur inneren Reinigung des Körpers durch Entgiftungs- und Entsäuerungsbäderbäder mit Salz genutzt. Es beruhigt die Haut bei Neurodermitis und Juckreiz.

Salz hat eine stark desinfizierende und antiseptische Wirkung und wird als Lösung gegen Entzündungen im Mund- und Rachenraum eingesetzt. (aus „medikamente-per-klick.de“)

Schauen wir uns all diese Eigenschaften des Salzes an, sehen wir, wie wertvoll, ja lebenswichtig Salz für die Menschen ist.

Wie unfassbar wertvoll war es wohl zu biblischen Zeiten. Schon im Alten Testament hatte Salz eine enorme Bedeutung. Vor ein paar Tagen flatterte mir der Freundesbrief von „www.gottes-haus.de“ von Martin und Sigrid Baron aus Fulda ins Haus. Sigrid Baron behandelte „zufällig“ genau das Thema „Salz“. So wies sie darauf hin, dass es im Alten Testament einen Salzbund gab, der mehrmals erwähnt wurde. Die damals lebenden Menschen verstanden diese Bezeichnung „Salzbund“ wegen der dauerhaften, bewahrenden, konservierenden Kraft des Salzes sehr gut. Es verdeutlichte, dass dieser Bund unzerstörbar und ewig war.

Auch für Opfergaben war Salz unverzichtbar.

„Alle deine Speiseopfer sollst du salzen, bei deinem Speiseopfer darf das Salz des Bundes deines Gottes nicht fehlen. Zu jeder Opfergabe sollst du Salz darbringen.“

3.Mo.2.13

Bei den Salzopfern versprach Gott Seinem Volk ein ewiges Königreich (siehe2.Sam.7.12-16)

„Diese Verheißung wurde in Jesus Christus erfüllt. Das bei den Opfern verwendete Salz ist ein Symbol für das bleibende, ewig genügende Opfer Jesu. “Danke schön, liebe Sigrid Baron!

So sollen wir als Christen sein! Wie sieht es denn mit unserem Salz aus? Würzen wir die Orte, an denen wir uns befinden mit Jesu Liebe? Macht unser Christ-Sein Beziehungen, in denen wir involviert sind, haltbar? Bringen wir Jesu heilende Liebe in herausfordernde Situationen? Können wir Streitsituationen durch unser Handeln als Stellvertreter Jesu entgiften und reinigen? Bringen wir dadurch Ruhe und Entspannung an spannungsgeladene Orte?
Was ist, wenn das Salz stumpf ist? Jesus sagt dazu, es taugt zu nichts anderem mehr, als weggeworfen und von den Menschen zertreten zu werden. Beziehen wir diese Aussage auf unser Christ sein, ist dies eine herausfordernde Ansage! Beschäftigen wir uns hauptsächlich mit uns selbst, wird unser Salz stumpf. Lassen wir uns zu viel auf die Dinge der Welt ein und unser Fokus verrutscht, wird unser Salz verunreinigt. Manchmal verlieren wir unser Salz auch auf schmerzhafte Weise durch nicht verarbeitete Enttäuschungen oder Schicksalsschläge.
Licht und Salz machen den Unterschied! Und genau das ist auch unsere Aufgabe als Christen!
Das Salz im Salzstreuer ist nicht dazu da, dort zu bleiben, sondern zu würzen.
Doch wie können wir, die wir für Jesus leben wollen, den Unterschied in dieser dunklen Welt und unter denjenigen, die sich Christen nennen, es aber nicht sind, machen?

Die Antwort ist, wir brauchen, (ich hörte davon in einer Predigt von Reinhard Hirtler, die mich sehr ansprach):
- Ein zerbrochenes Herz! Das heißt wir haben erkannt, dass eigene Werke und Anstrengungen zu nichts führen und wir in allem und für alles von Jesus abhängig sind. Nur durch Ihn können wir ein siegreiches Leben führen, sogar die Dinge tun, die Er tat und noch mehr, wie Er selbst in Joh.14.12 sagt! Dahin führt uns Der Heilige Geist, Dem wir die Führung über unser Leben vertrauensvoll überlassen!
Demut! Die Notwendigkeit der Demut haben wir bereits ausgiebig

angeschaut. Leben wir ein gekreuzigtes Leben. Lassen wir das Weizenkorn unseres Egos sterben, damit es viel Frucht bringen kann. Tote kann man nicht mehr beleidigen. Heute morgen hörte ich in einer Andacht von Joyce Meyer einen schönen Spruch dazu.
„Der Mensch sieht auf die Kerne im Apfel. Gott sieht auf die Äpfel im Kern"

Das ist eine äußerst interessante Denkweise, die uns daran erinnert, dass wir mit Gott unbegrenzt sind, mehr als wir uns selbst jemals ausdenken können.
Wenn Christus durch uns hindurchfließen kann, dann, nur dann fließt Leben. Denn Er ist das lebendige Wasser, das die Menschen so nötig haben.
- Hingabe! Hingegebene Christen sind frei, loszulassen, zu vergeben. Sie sorgen sich nicht mehr, weil sie wissen, wer ihre Kämpfe kämpft. Ihre Priorität liegt im Königreich Gottes!
- Weihe! Hingegebene Christen verzetteln sich nicht mehr an allen Fronten, sondern folgen treu dem Auftrag, den Der Herr ihnen gegeben hat. Darin investieren sie ihre Kraft und lassen sich nicht ablenken. Das heißt, auch manchmal „nein" zu anderen wichtigen Arbeiten zu sagen. Hingegebene Christen suchen nach dem Platz, den Jesus für sie vorbereitet hat. Sie bleiben ihrer Berufung auch unter Anfechtung treu wie Josef und David und fliehen nicht wie Jona, der im Maul eines Fisches korrigiert werden musste.
Arbeiten wir mit Dem Heiligen Geist daran, uns dahingehend verändern zu lassen, leben wir all die guten Eigenschaften von Licht und Salz und machen den Unterschied!
Zum Schutz für den einzelnen hat Der Herr die Gemeinde gegeben.

Bleib gesegnet...

„Es gibt nichts Größeres, als dass ein Mensch ein Segen für andere ist!“
Corrie ten Boom

In Seiner Ruhe und bei der Quelle bleiben

Als ich vor vier Jahren mit einem fetten Burn out zusammenbrach, verbrachte ich, nachdem ich realisiert hatte, dass mein berufliches Leben in der gewohnten Form vorbei war, eine lange Zeit damit, die „Maschine“ irgendwie herunter zu fahren. War ich es doch gewohnt, alles zu planen, zu organisieren, durchzuführen, zu kontrollieren, zu reflektieren und zu evaluieren. Dieser Mechanismus ließ sich nicht so einfach abstellen. Ich hatte so lange über meine Kräfte funktioniert, dass ich sehr schlecht „loslassen“ konnte. Die Dampfmaschine meines Lebens war regelrecht festgefahren. Nicht in der Lage sie anzuhalten und einfach auszusteigen, befand ich mich wie in einem immerwährenden Krampf, immer in Hab Achthaltung. In diesen vielen Monaten, in denen ich mich immer von Gott getragen fühlte, sehnte ich mich danach, herauszufinden, was es bedeutet, in Seine Ruhe einzugehen.
Ich betrachtete gerne Bilder und Fotos aus der Natur oder von kuscheligen Orten, die Ruhe ausstrahlten. Ganz langsam lernte ich, „herunter“ zu kommen und Entspannung zu suchen und auch zu finden. Zur Ruhe zu kommen und Entspannung zu finden, ist herrlich regenerierend. Ich konnte die Entspannung in der Sauna, vor dem Ofen mit einem guten Buch, ein Gespräch mit lieben Menschen, ein Bad, eine Massage, einen Spaziergang in freier Natur mit der Zeit langsam wieder genießen. Meine Sehnsucht ging jedoch viel tiefer als menschliche Ruhe und Entspannung zu erfahren. Ich wollte in GOTTES Ruhe eingehen. Was war der Unterschied?

Darüber habe ich lange nachgedacht, und bin zu dem Schluss gekommen, dass menschliche Ruhe und Entspannung unheimlich guttun und auch wichtig sind. Das Problem ist nur, sie sind temporär. Für eine kleine Zeit gelingt es uns vielleicht, unsere Probleme und Sorgen zu verdrängen. Weg sind sie aber nicht. Ungefragt grinsen sie uns ins Gesicht, sobald sie wieder in unsere Gedanken kommen.
Flüchten wir uns aber zu Gott, erleben wir mitten im Sturm nicht nur Ruhe, sondern tiefen Frieden. Ich selbst durfte letztes Jahr Anfang Oktober meine eigenen Erfahrungen damit machen. Als ich plötzlich verlassen war, wäre ich aus lauter Verzweiflung am liebsten dauernd gegen eine Wand gelaufen, um den Schmerz ertragen zu können. In dieser Situation sagte der Herr immer wieder deutlich in mein Herz: „Schaue jetzt nur auf MICH"
Nicht auf die Situation, nicht auf die Emotionen, nicht auf die Umstände. Und es funktionierte! Ich fühlte mich regelrecht von meinem Papa im Himmel in den Arm genommen. Genau das brauchte ich in dieser Zeit so dringend. Jeden Abend kuschelte ich mich in mein Bett und in Seinen Arm. Dabei betete ich oft den Psalm 91, den ich Euch nicht vorenthalten möchte, ist er mir doch so zum Trost geworden.

„Wer im Schutz Des Höchsten wohnt, bleibt im Schatten des Allmächtigen.
Ich sage zum Herrn: Meine Zuflucht und meine Burg,
mein Gott, ich vertraue auf Ihn.
Denn Er errettet dich von der Schlinge des Vogelstellers, von der verderblichen Pest.
Mit Seinen Schwingen deckt Er dich, und du findest Zuflucht unter Seinen Flügeln.
Schild und Schutzwehr ist Seine Treue.
Du fürchtest dich nicht vor dem Schrecken der Nacht, vor dem Pfeil, der am Tag fliegt,
vor der Pest, die im Finstern umgeht, vor der Seuche, die am Mittag

verwüstet.
Tausend fallen an deiner Seite, Zehntausend an deiner Rechten – dich erreicht es nicht.
Nur schaust Du es mit deinen Augen, du siehst die Vergeltung an den Gottlosen.
Denn du hast gesagt: „Der Herr ist meine Zuflucht!
Du hast den Höchsten zu deiner Wohnung gesetzt; so begegnet dir kein Unglück, und keine Plage naht deinem Zelt.
Denn Er bietet Seine Engel für dich auf, dich zu bewahren auf allen deinen Wegen.
Auf den Händen tragen sie dich, damit du deinen Fuß nicht an einen Stein stößt.
Auf Löwen und Ottern trittst du, Junglöwen und Schlangen trittst du nieder.
Weil er an Mir hängt, will ich ihn erretten.
Ich will ihn schützen, weil er Meinen Namen kennt.
Er ruft Mich an, und Ich antworte ihm.
Ich bin bei ihm in der Not.
Ich befreie ihn und bringe ihn zu Ehren.
Ich sättige ihn mit langem Leben und lasse ihn Mein Heil schauen.“

Gerade heute morgen las ich eine Kurzpredigt von Joseph Prince zum Psalm 91., den er sehr gerne zum Thema macht. Er spricht vom Teufel als den „Vogelsteller“. Der Vogelsteller ist ein Vogelfänger, der sich das Fangen von Vögeln zum Beruf gemacht hat. Dafür legt er Schlingen und Netze aus, die er sorgfältig tarnt, damit er arglose Vögel in die Falle locken kann. Wir müssen einfach wissen, dass wir in einer gefallenen Welt leben, in der es immer wieder Fallen, Unfälle, Probleme, Katastrophen, Tragödien, Krankheit und Tod geben wird. Es wird nicht besser, sondern noch viel finsterer werden. Wir dürfen jedoch an diesem „geheimen Ort“, am Herzen Gottes Seine Sicherheit, Frieden und Schutz spürten. Ohne Ihn geht es nicht mehr.

Die Schlüsselworte im Psalm 91, die mir in dieser Zeit besonderen

Halt gaben, habe ich unterstrichen und möchte jetzt erläutern warum.
Der Psalm beginnt gleich mit! „Wer“ Dazu gehört erst einmal eine bewusste Entscheidung, sich dorthin zu begeben. Es ist nicht egal, wo wir uns befinden. Verlassen wir uns auf unsere eigene Kraft, sind wir verlassen. Wenn wir uns nicht an unseren Gott wenden, drängt ER sich nicht auf. Kommen müssen schon wir selber. Natürlich geht Der Herr verirrten Christen auch eine Zeit lang nach. Gemeint ist hier, die eigene Entscheidung, sich beim Herrn zu bergen. Es gibt doch das Sprichwort:

„My home is my castle“ (Mein Zuhause ist meine Burg) Ich würde das Sprichwort gerne etwas verändern in „My God is my castle“ (Mein Gott ist meine Burg)

Damit sind wir wieder beim Psalm 91.
Als Der Herr und nur Er zu meiner Zuflucht wurde, spürte ich, dass ich nun an einem sicheren Ort war. Viele Menschen waren und sind für mich da. Sie geben viele gute Ratschläge, und in so manch prekärer Situation habe ich genau die Hilfe bekommen, die gerade vonnöten war. Gott hat mich durch verschiedene Menschen prächtig versorgt und tut es auch weiterhin. Das ist meine volle Überzeugung.
Bei IHM selbst zu verweilen unter Seiner Zuflucht ist jedoch noch einmal etwas völlig anderes, viel Intensiveres. Ich fühle mich dort so sicher und geborgen, dass ich an meine ganzen Herausforderungen und Unsicherheiten gar nicht mehr denke! Sie sind an diesem heiligen Ort nicht einmal von Bedeutung! Ich weiß, mein Papa kümmert sich um alles.
Ich fühle mich dort wirklich wie ein Küken unter den Flügeln seines Mamahuhns. Ich genieße Seine Nähe, Seine Treue, Seinen Schutz. An diesem Ort sättigt Er mich. Mir fehlt gar nichts, egal, wie es um mich herum gerade aussieht oder was gerade abgeht. Hier bin ich vollkommen sicher! Hier befinde ich mich im Auge des Sturmes.

Auch Ps. 23 berichtet davon, dass Er uns einen Tisch vor den Augen unserer Feinde bereitet.
Vor ungefähr zwei Jahren bekam unsere Gemeinde genau dieses als Ermutigung!
Bleiben wir an diesem Ort, wohnen wir hier, kann uns kein Feind etwas anhaben. Von diesem sicheren Ort habe ich in den letzten Monaten in Predigten aus der ganzen Welt viel gehört.
Ein amerikanischer Prediger, dessen Namen ich leider nicht weiß, erinnerte daran, dass schon die Israeliten vor ihrem Auszug aus Ägypten einen solchen „secret place" hatten.
Sie wohnten im Lande Goschem. Dieses war von den Plagen nicht betroffen. Bevor jeder Erstgeborene der Ägypter durch den Engel des Todes ums Leben kam, mussten sie das Blut von Lämmern an ihre Türpfosten schmieren. So wurden ihre Kinder verschont. (Dieses Blut weist natürlich auf das Opfer Jesu hin. Nur durch Sein Blut werden wir vom ewigen Tod „verschont") (siehe 2.Mo.12.7) Dies ist also der Ort, wo wir absolut in die Ruhe Gottes eingehen. Der Ort, an dem es keine Fragen mehr gibt, wo wir bedingungslos geliebt völlig vertrauen können.
Hier finden wir auch zur Quelle: Jesus Christus, Der das Leben, der Weg und die Wahrheit ist, das Alpha und Omega, das lebendige Wasser, ohne das wir eingehen wie eine vertrocknende Blume, der Weinstock, der die Rebe trägt und am Leben erhält.

„Du bewahrst denjenigen in vollkommenen Frieden, dessen Gedanken auf Dich gerichtet sind, denn er vertraut auf Dich."
Jes.26.3

Auch Ps. 84 berichtet von diesem geheimen Ort.

„Glücklich sind, die in Deinem Haus wohnen. Stets werden sie Dich loben.
Glücklich ist der Mensch, dessen Stärke in Dir ist., in dessen Herz gebahnte Wege sind.

Sie gehen durchs Tränental und machen es zu einem Quellort.
Ja mit Segnungen bedeckt es der Frühregen.
Sie gehen von Kraft zu Kraft, sie erscheinen vor Gott in Zion....
...Denn ein Tag in Deinen Vorhöfen ist besser als (sonst) tausend.
Ich will lieber an der Schwelle stehen im Hause meines Gottes, als wohnen in den Zelten der Gottlosen.
Denn Gott, Der Herr ist Sonne und Schild.
Gnade und Herrlichkeit wird Der Herr geben, kein Gutes vorenthalten, denen, die in Lauterkeit wandeln.
Herr der Heerscharen! Glücklich ist der Mensch, der auf Dich vertraut!"
Ps.84. 5-13

In Ps.3 weist der Schreiber ebenfalls auf Gottes Schutz hin und auch, dass Gott uns wieder aufrichtet, wenn wir bedrückt sind und auf IHN schauen. Genauso hier:

„Der Gerechte wird sprossen wie die Palme, wie eine Zeder auf dem Libanon wird er emporwachsen.
Die gepflanzt sind im Hause Des Herrn, werden grünen in den Vorhöfen unseres Gottes.
Noch im Greisenalter gedeihen sie, sind sie saftvoll und grün,
um zu verkünden, dass Der Herr gerecht ist.
Er ist mein Fels und kein Unrecht ist an Ihm."
Ps.92.13-16

Ich weiß nicht, wie ich ohne diesen Ort in diesem letzten Jahr überlebt hätte.

Im neuen Bund leben

Den Neuen Bund, und was er beinhaltet, habe ich ja schon zu Anfang genauer erläutert. Hier ist es mir noch einmal wichtig, zu

betonen, wie wichtig es ist, nicht wieder in das Leben unter dem Alten Bund, dem Gesetz zurückzufallen. Durch das aktive Leben im nehmenden Glauben des Neuen Bundes unter der Gnade Gottes, (nicht nach dem Gesetz) bleiben wir in jeder Situation im Sieg und im Segen. So sind wir ein Segen, für jeden, dem wir begegnen.
Ich betone das hier noch einmal, weil wir alle sehr schnell dazu neigen, zu vergessen, was für einen Reichtum an Schätzen Jesus uns durch den Neuen Bund schon ermöglicht hat.
Was wir bereits besitzen, brauchen wir im Gebet nicht mehr zu erbitten, oder gar zu erflehen.
Es gehört ja schon uns. Es ist bereits da! Unsere Aufgabe ist es, das was wir davon brauchen, in nehmendem Glauben durch Proklamation des Wortes Gottes in die natürliche Welt zu rufen und in der Autorität Gottes in Jesu Namen für unsere Situation zu beanspruchen.
Reinhard Hirtler sagt dazu: „Wir müssen die Wirklichkeit, dessen, was wir sehen und erleben mit der Wahrheit Jesu konfrontieren."
Auch hier gilt: Beharrlich sein!
Jeder Segen in der Bibel gehört uns! Darauf dürfen, ja müssen wir in Jesu Namen und Gottvertrauen bestehen. Rate mal, wer dann gewinnt. Wir sind der Kopf und nicht der Schwanz. (5.Mo.28.13)
Um im Sieg und Segen zu wohnen, ist es wichtig, dass wir nicht wieder in den Alten Bund des Gesetzes zurückfallen, sondern uns genau über den Neuen Bund bilden, ihn in all seiner Vollmacht und Pracht verinnerlichen und dauerhaft darin leben. Der Schlüssel dazu ist Glauben.

Wir brauchen keinen großen Glauben, sondern Glauben an einen großen Gott!
(Joyce Meyer)

Wenn wir das mehr und mehr lernen, werden wir lebensverändernde Erfahrungen machen – Für uns selbst und für andere.

Lebe und freue Dich

Letzen Sonntag hatte unser Reinhard im Gottesdienst ein Bild. Er sah jemanden mit Eisenfesseln an den Händen. Die Fesseln waren jedoch geöffnet. Die Person hielt sie selbst fest! Darunter waren Wunden sichtbar. Reinhard sagte dazu: „Es gibt eine Zeit der Befreiung und der Heilung. Schäme Dich nicht, wenn Deine Wunden sichtbar werden."

Wir gehen im Leben durch viele Prozesse. Dafür brauchen wir uns nicht zu schämen. Jesus tut es auch nicht. ER liebt uns einfach hindurch! Nimm den Zeitplan Gottes an, vertraue Ihm und genieße die Zwischenzeit von der Herausforderung bis zur Lösung.

Lebe bewusst im hier und jetzt. Schau nicht mehr zurück. Was vorbei ist, ist vorbei. Sei es Gutes oder Schlechtes, Leichtes oder Schweres. Lass endgültig los, was Dich belastet und nimm Gottes Vergebung, Liebe und Frieden an und jeden Augenblick persönlich in Anspruch. Heute ist der Tag, den Gott gemacht hat. Heute ist Seine Gnade wieder neu. Heute gibt es neue Chancen, die Du ergreifen kannst. Vergiss, was hinter Dir liegt, auch Deine alten Erfolge! Warum das denn? Sich auf alte Erfolge zu berufen, kann uns stolz machen und die Augen davor verschließen, was Der Herr HEUTE für Dich hat. Dazu hörte ich heute morgen in einer Predigt aus einer Gemeinde in Lingen, (leider kenne ich den Autor nicht) eine Geschichte:

Im Alten Testament musste die Asche des Opfers von gestern weggewischt werden. Sie wurde nicht etwa entsorgt, sondern blieb an einem heiligen Ort. Das zeigt uns, dass Gott unsere Opfer von gestern nicht vergessen hat. Sie sind an einem heiligen Ort. Warum musste die Asche nun vom Altar genommen werden, bevor ein neues Opfer daraufgelegt wurde?

Um das zu verdeutlichen, verglich der Prediger die Asche mit der Asche im Ofen. Brennt der Ofen, wenn wir die Asche vom letzten Tag nicht entsorgen? Nein das Feuer kommt nicht in Gang, die alte Asche verhindert den Brennvorgang. So sollten auch wir nicht an

unsere alten „Opfer“ denken, in dem Sinne: „Was ich auch schon alles für Gottes Reich getan habe!“
Heute ist ein neuer Tag mit neuen spannenden Herausforderungen! Jesus will Dich gebrauchen! Erwarte es und sei bereit!
Sei Dir bewusst, dass Du nicht zufällig in genau dieser Zeit lebst. Der Herr hat Dich mit Absicht genau in diese herausfordernde, spannende Zeit hineingeboren werden lassen. Es gibt keine Zufälle und ER macht keine Fehler. So herausfordernd und chaotisch die Zeiten sich auch entwickeln werden, erwarte jeden Tag Gutes! Gerade jetzt und jetzt erst recht!
Der Herr hat uns Leben versprochen, und das im Überfluss (siehe Joh.10.10). Damit ist „Zoe“ gemeint, das göttliche Leben und nicht „Bio“ das natürliche Leben.
Wir sind in der Welt, aber nicht von der Welt (siehe Joh.17.16) Mache Dir täglich bewusst, dass wir nicht Teil dieses Weltsystems sind! Sage Dir jeden Tag beim Aufwachen:
„Ich bin der Augapfel Gottes.
Ich bin der Jünger, den Jesus liebt.
Weisheit, Versorgung und Gunst fließen mächtig in mir und durch mich!“
Erwarte in jeder schwierigen Situation das Eingreifen Gottes!
Trage dafür Sorge, dass Deine Gedanken durch das Wort Gottes erneuert werden. Das ist ein lebenslanger Weg, den zu gehen sich aber unbedingt lohnt. Nimm jeden Tag, den Der Herr Dir schenkt, als neue Herausforderung und Geschenk an. Dieses Geschenk darfst Du genießen. Geh nicht achtlos an den Schönheiten der Natur vorbei. Schenke ihnen Deine Aufmerksamkeit! Der Herr hat Seine Schöpfung so wunderschön, kreativ bis ins letzte Detail äußerst üppig ausgestattet, damit wir uns daran freuen können. Lass Dich darauf ein, Ihn in all diesen Schönheiten zu entdecken und staune über Seine Genialität.
Genieße Musik, Kunst und Literatur, die unseren Gott ehrt. Dieses wird Dein Leben verschönern. Genieße Deine Familie, Deine Freunde und Deine Gemeinde!

Gehe vorsichtig mit den Medien um. In diesen Zeiten sehen wir, wie die Sprachkultur zwischen den Menschen, besonders jedoch in den Medien auf ein unterirdisches Niveau sinkt. Schimpf- und Fäkalwörter sind salonfähig geworden. Überall werden wir damit bombardiert. Unter uns und auch von uns Christen aus, sollte dort ein deutlicher Unterschied zu spüren sein. Solche unreinen Wörter gehören nicht in unseren Mund. Ansonsten sind auch wir in der Gefahr, vom Feind für seine Zwecke instrumentalisiert zu werden. Ich spreche hier absolut zu mir selbst, denn wie schnell gewöhnt man sich an eine andere Umgangssprache. Ich habe Den Herrn gebeten, mich sofort darauf aufmerksam zu machen, denn ich will Ihn durch so etwas nicht betrüben!

Schau Dir die Menschen in Deiner Umgebung an. Entdecke das Potenzial, das in Dir und in ihnen steckt. Sorge dafür, dass Dein Körper, Deine Seele und Dein Geist genügend Aufmerksamkeit bekommen, damit Du gesund bleibst. Gönne Dir und anderen Gutes. Ein Beispiel dafür durfte ich soeben erleben.

Gerade klingelte es an der Tür. Meine Nachbarskinder standen draußen und fragten, ob sie an Halloween kommen dürften. Sie wüssten ja, dass ich es nicht mag. Ich sah in ihre erwartungsvollen Gesichter, überlegte sehr kurz und antwortete: „Ihr dürft kommen und ich habe auch Süßigkeiten für euch, aber nicht wegen Halloween, sondern weil ich euch alle liebhabe. Wie wunderschön, die Freude in ihren Augen zu erleben. Dann bemerkte ich, dass ich nun auch wieder rauf müsste, ein bisschen weiterschreiben. Darauf fragten sie: „Was schreibst du denn?“ Ich antwortete darauf, dass mein Buch, das ich schreibe, davon handele, wie wir für andere ein Segen sein können. Völlig unerwartet für mich sprudelten die Vorschläge aus ihnen heraus. Ich will sie Euch hier nicht vorenthalten, denn die Kinder haben Recht.

Lächle die Menschen an

Bemerke, wenn jemand etwas Hübsches trägt und sage es ihm

Lobe, wenn jemand etwas gut macht

Bemerke, wenn jemand gemobbt wird und helfe ihm

Schau, wer allein steht und rede mit ihm
Ich war begeistert, so etwas aus dem Munde von relativ kleinen Kindern zu hören und versprach, es aufzuschreiben. Und voila, hier steht es!
Das, was den Kindern spontan einfiel, gilt auch für uns. Das mit dem Lächeln hätte ich sowieso thematisiert. Lächeln hat wirklich verändernde Kraft. Das las ich letztens in einer Kurzpredigt von Joyce Meyer. Selbst habe ich aber auch schon seit Jahren die besten Erfahrungen damit gemacht. Ich lächle gerne die Menschen, denen ich begegne, an. Die allermeisten lächeln zurück. Ein ehrliches Lächeln verändert die Atmosphäre im Raum. Selbstverständlich merken die Leute, ob das Lächeln aufgesetzt oder ehrlich ist. Aber, haben wir, die so angenommen und bedingungslos geliebt sind, nicht allen Grund unser Gegenüber einfach anzulächeln?
Genieße jede gute Gabe, die Der Herr Dir heute schenkt. Mach Dir jeden Tag bewusst, dass nichts davon selbstverständlich ist!
Schon der Dichter Theodor Fontane schrieb:
„Den Fröhlichen gehört die Welt, die Sonne und das Himmelszelt."
Die Bibel fordert uns sehr oft dazu auf, uns zu freuen.
Wir haben auch jeden Grund dazu. Paulus schreibt dazu an die Philipper:

„Übrigens, meine Brüder, freut euch im Herrn! Euch öfter dasselbe zu schreiben, ist mir nicht verdrießlich, für euch aber bedeutet es, dass ihr fest werdet."
Phil.3.1

Die Definition von Freude an sich ist laut DWDS „ein Gefühl der Hochstimmung, der inneren Heiterkeit. Das Gegenwort dazu ist Leid" Freude tut also schon mal unserem gesamten Wesen gut. Die Freude am Herrn ist laut meinem Verständnis aber noch mal etwas ganz Anderes. Dies ist der Gipfel der Freude! Paulus bemerkt hier, dass die Freude am Herrn uns „fest" werden lässt. An anderer Stelle steht:

„ Die Freude am Herrn ist meine Kraft."
Neh.8.10

In einigen Übersetzungen steht dafür auch „Stärke". Wenn wir erfasst haben, welchen Reichtum, Schutz, Versorgung und Sicherheit wir in Gott besitzen, können wir gar nicht mehr anders, als uns an IHM zu freuen. ER ist die Antwort auf alle unsere Herausforderungen. Diese Sicherheit macht uns stark und gibt uns Kraft, wenn wir angegriffen werden.

„Doch mögen sich freuen alle, die sich bei Dir bergen und jubeln allezeit.
Du beschirmst sie, darum frohlocken in Dir, die Deinen Namen lieben!"
Ps.5.12

Heute morgen las ich in einem Kalender von Joyce Meyer, wir sollten sogar nicht einen Augenblick damit aufhören, uns an unserem Gott zu freuen, weil wir unser Glück und unsere Zufriedenheit <u>ausschließlich</u> bei Ihm suchen! Ps. 37, 4 verspricht uns sogar, dass Er uns gibt, was wir innig begehren, wenn wir uns an Ihm freuen. Hast Du also einen Herzenswunsch, von dem Du glaubst, er ist vom Herrn, kannst Du sicher sein, dass er sich zu Gottes Zeit erfüllt. Na, wenn das kein Grund zur Freude ist!

Sei dankbar und lobe Gott

Wenn Du Dir bewusst machst, dass alles im Leben ein Geschenk Gottes ist, das Er Dir in Seiner Güte uns Gnade anvertraut, kannst Du gar nicht mehr anders als Ihm unendlich dankbar sein. Nimm die frische Luft wahr, die jeden Morgen durch Deine Lungen strömt, wenn Du die Haustür öffnest und ins Freie trittst. Atme tief

ein und aus und danke Deinem Herrn dafür. Danke dafür...
dass Du Sein Kind sein darfst.
dass Jesus Dich zum Königskind gemacht hat
dass dir auf ewig vergeben ist und Dein Name unauslöschlich im Buch des Lebens steht.
dass alle Seine Verheißungen Dir gelten
dass Du im Himmel ein Erbe antreten wirst.
dass die Schöpfung so wunderschön ist, um Dich zu erfreuen
dass Du nie wieder alleine sein wirst
dass Du auf eine einzigartige Art und Weise wunderbar gemacht wurdest
dass Du ein Dach über dem Kopf und zu essen hast
für frisches sauberes Wasser und jeglichen Komfort
für freien Zugang zu Bibeln und Gottesdienst
für Deine Gemeinde
für jede Herausforderung ...

Die Liste lässt sich endlos fortsetzen. Nimm Dir einen Moment Zeit und überlege Dir, wofür Du ganz persönlich dankbar bist. Bist Du beim Danken einmal so richtig in Fahrt gekommen, spürst Du tiefe Freude über Deinen wunderbaren Gott und willst IHN nur noch loben. Dass beides Dank und Lobpreis eine Waffe sind, darüber haben wir schon gesprochen. Beides verändert die geistliche Atmosphäre. Ein altes Sprichwort besagt:

„Danken schützt vor Wanken und Loben zieht nach oben“

Was für wahre Worte! Die Bibel spricht in Psalm 100, 4 davon, dass wir in Seine Tore mit Dank einziehen sollen, in die Vorhöfe Seines Heiligtum mit Lobgesang. Abgesehen davon, dass es unseren Herrn ehrt (Er wohnt sogar in unserem Lobpreis, siehe Psalm 22,4), werden wir dort einfach nur gesegnet. Wie bereits erwähnt: Der Herr braucht unseren Lobpreis nicht, wir selbst haben ihn nötig. Er erfrischt und gibt uns neue Kraft und neuen Elan!

Baue dem Herrn Altäre und sammle Dir Schätze

Der Mensch, und zwar jeder Mensch hat die merkwürdige Angewohnheit, gute Dinge und Erfahrungen schnell zu vergessen, während negative Erfahrungen länger im Gedächtnis bleiben. Tobias Teichen hat dafür in einer Predigt einmal den Ausdruck „Seelenalzheimer" kreiert. Wie oft passiert es uns, dass wir bei jedem Problem erst mal den Tunnelblick auf das Problem haben. Es baut sich vor uns auf wie ein Berg. Unser Kopfkino erschafft deswegen schon die grausamsten Horrorszenarien, ehe uns auffällt, dass wir die Lösung ja bereits haben: Jesus!

Unser Gott kennt natürlich Seine „Pappenheimer!" Darum spricht die Bibel öfter vom „Altäre bauen." Laut Bibellexikon war ein „Altar ein Gebilde, auf dem Gott priesterliche Opfer dargebracht wurden. Den ersten Altar baute Noah nach dem Verlassen der Arche. Auch Abraham, Isaak und Jakob bauten Dem Herrn Altäre. Dort wurden Opfer gebracht, jedoch nicht immer. Ich erinnere mich an eine Predigt von Eddie vor einigen Jahren, in der es um „Ältäre bauen" ging. Er wies darauf hin, dass Abraham, wenn er „Mist gebaut" will sagen, die Dinge selber in die Hand nahm, um Lösungen herbei zu führen, damit natürlich kläglich gescheitert ist, dann vom Herrn aufgefordert wurde, zu seinem letzten Altar zurück zu kehren. Mose bekam von Gott den Auftrag, Gott an jedem Ort, an dem Er Seinen Namen wohnen ließ, einen Altar zu bauen. Dafür gab Er ganz genaue Anweisungen. Ein Altar ist ein heiliger Ort. Warum spricht das Wort Gottes so oft über Altäre? Kann es sein, dass es auch für uns eine wichtige Bedeutung hat?

Letzten Sonntag predigte unser Dimi über Altäre. Er erwähnte Jos. 4.6. Dort werden die Israeliten vom Herrn aufgefordert, für jeden Stamm einen Stein aus dem Jordan mit ans andere Ufer zu nehmen, „damit dies ein Zeichen in eurer Mitte sei! Wenn eure Kinder künftig fragen: was bedeuten euch diese Steine, dann sollt ihr sagen..."

Diese Steine waren Altäre, die das Volk Gottes künftig an den

Schutz Gottes beim Überqueren des Jordans erinnern sollten. Gott bietet uns mit den Altären etwas Visuelles an, das uns das Erinnern an Seine Wohltaten erleichtert. Weiterhin wies Dimi auf Ri.2.7-10 hin.

Er bemerkte, dass das für ihn eine der traurigsten Stellen in der ganzen Bibel sei. Darin geht es darum, dass nach der Generation von Josua, als alle davon gestorben waren, eine neue Generation Den Herrn nicht kannte und auch nicht das Werk, das Er für Israel getan hatte.

Und wie handelte diese Generation? Sie wandte sich Baal zu und tat, was böse war in den Augen Des Herrn! Wie traurig ist das, nach allem, was Der Herr für dieses Volk getan hatte!

Das ist ein Bild für uns alle! Wie schnell vergessen wir die Wohltaten unseres Herrn und gehen wieder eigene Wege. Deshalb ist es so wichtig, dass auch wir uns Altäre bauen, die uns an unseren Gott erinnern. Wir können das auf geistliche Weise tun. Im Alten Testament gab es die Beschneidung aller männlichen Mitglieder des Volkes Gottes. Im Neuen Bund haben wir die Beschneidung der Herzen. Das sind Altäre. Das Abendmahl ist ein Altar, der uns dauerhaft, daran erinnert, was ER für uns getan hat, bis Jesus wieder kommt.

Ein weiterer Altar sind unsere Zeugnisse, das was wir persönlich mit unserem Herrn erlebt haben. Es lohnt sich für jeden, seine eigenen Zeugnisse mit Datum aufzuschreiben. Sie werden in dunklen Stunden an Gottes Treue erinnern. Das ist auch ein Grund, warum ich mein erstes Buch mit all den Zeugnissen verfasst habe. Sie sollen ein Altar für viele sein!

Baue Dir Deine persönlichen Altäre und schätze sie, denn sie sind Schätze!

Psalm 84 drückt es ganz wunderbar aus:

Es sehnt sich, ja es schmachtet meine Seele nach den Vorhöfen Des Herrn,

mein Herz und mein Leib, sie jauchzen Dem lebendigen Gott

entgegen.
Auch der Vogel hat ein Haus gefunden und die Schwalbe ein Nest für sich,
wo sie ihre Jungen hingelegt hat – Deine Altäre...
Ps.84.3,4

Sammle Dir noch mehr Schätze ,und zwar die aus Gottes Wort. Das ist der Grund, warum ich die Gottfakten und die anderen Bibelstellen in den Anhang gepackt habe. Lese sie, kaue sie, esse sie, verdaue sie, verstoffwechsle sie! Studiere Gottes Wort und schreibe Dir persönlich besonders groß gewordene Bibelstellen auf. Hänge sie sichtbar auf an den Badezimmerspiegel
oder an den Kühlschrank zum Beispiel. Lerne so viel auswendig, wie Du kannst. Diese Schätze kann Dir keiner mehr nehmen! Wir wissen nicht, ob wir auch in Zukunft Zugang zu Gottes geschriebenen Wort haben werden. Was DU Dir gemerkt hast, ist Dein. Das kann Dir keiner mehr wegnehmen. Bade täglich in Gottes Wort und ernähre Dich davon.
Vorgestern hörte ich einen Beitrag in der Sendung von Sid Roth (Its supernatural.) Ein Gast erzählte dort, er habe eine Vision von Gottes Wort gehabt. Das hat mich so sehr angesprochen. Er sah ein strahlendes geöffnetes Buch. Als er näher hinschaute, bemerkte er, dass in den Seiten ein menschliches Herz schlug. Er wusste, dass es sich dabei um Jesu Herz handelt. Der Herr machte ihm deutlich, dass Sein lebendiges Wort, laut ausgesprochen eine dynamische Wirkung hat. Das Wort lebt! Es ist Jesus! Theoretisch wissen wir das ja alle, aber mir hat es Sein Wort noch wieder nähergebracht. Ich begegne Jesus selbst in Seinem Wort. Im Gebet rede ich, in Seinem Wort redet ER! Wie könnte ich es nicht lieben!

Darauf liegt besonderer Segen

Jeglicher Segen steht uns wie gesagt im Neuen Bund zu. Es gibt allerdings auch ein paar „Orte“, auf denen besonderer Segen Gottes liegt.

wo zwei oder drei in Jesu Namen zusammenkommen...
...da ist Jesus mitten unter ihnen (siehe Mt.18.20)
Daher ist eine Gebetsgemeinschaft immer ein Ort für besonderen Segen. Schon das Alte Testament sagt uns:

„Fünf von euch werden hundert nachjagen, und hundert von euch werden zehntausend nachjagen, und eure Feinde werden vor euch durchs Schwert fallen:“
3.Mo.26.8

Ich schätze sehr die Gebetstreffen in der Gemeinde, aber auch, wenn ich mich mit einem oder mehreren Geschwistern ganz locker treffe und wir miteinander beten. Das ermutigt uns alle in besonderer Weise.

im Ehren der eigenen Eltern
Bei den zehn Geboten im Buch Exodus, die Gott Mose für Sein Volk gab, ist das vierte Gebot:

„Du sollst deinen Vater und deine Mutter ehren“ ...

das Gebot mit der Verheißung: ... „damit es Dir wohl gehe, in dem Lande, in dem du wohnst.“
Warum betont Gott das so? Er ist der Schöpfer der Familie. Die Familie ist ein Urbild für die Gemeinde. Sie wird besonders in dieser Zeit immer mehr angegriffen. Es ist unserem Gott wichtig, dass wir unseren Eltern mit Respekt begegnen. Früher gab es keine Sozialsysteme, in denen die alten Leute aufgefangen wurden, wenn sie nicht mehr leistungsfähig waren. Es war selbstverständlich, dass die Kinder, die einst von ihren Eltern versorgt wurden, das Gleiche

im Alter für sie taten. Was ist jedoch mit den Eltern, denen es nicht gelungen ist, ihren Kindern das richtige Rüstzeug für ein eigenverantwortliches Leben mitzugeben, oder die dazu nicht bereit waren? Joyce Meyer erzählte einmal, dass Der Herr sie aufforderte, ihren Eltern (der Vater hatte sie jahrelang missbraucht und die Mutter hatte nichts dagegen unternommen und das geduldet)
ein Haus zu kaufen. Es sollte sogar ein komfortables Haus sein, nicht irgendeines! Für die Welt , in der oft die Haltung gilt: „Wie du mir, so ich dir" mag das ungeheuerlich klingen. Aber wir sind ja Bürger eines anderen Königreiches. So waren die Meyers gehorsam. Dieses Verhalten führte dazu, dass sich beide Eltern vor ihrem Tod zu Jesus bekehrten.

in der Gemeinde

Mit der Gemeinde ist erst einmal die Weltgemeinde gemeint, das heißt alle Ortsgemeinden auf der ganzen Welt, die Jesus als Haupt akzeptieren, Ihn als solches lieben und Ihm allein folgen. Diese Gemeinde ist „die Braut Christi", die sich durch nichts ablenken lässt und in Verfolgung nicht zurückschreckt (siehe z. B. 2.Kor.11.2 und Eph.5.29-32). Sie sehnt den Tag herbei, an dem sie ihrem Bräutigam endlich von Angesicht zu Angesicht sieht. Sie lässt sich fortwährend reinigen und heiligen und wird an diesem Tag in einem strahlend weißen Brautkleid ihrem geliebten Bräutigam begegnen. Diese Weltgemeinde ist die Wohnung Gottes (siehe Eph.2,19-22; 1.Petr.2.5) Sie ist auch der sichtbare Leib Christi (siehe Eph.5.30). Weiterhin wird die Gemeinde in der Bibel auch als Bau, Ackerfeld, Haus, Tempel, Leib, Pfeiler, Leuchter und Herde bezeichnet. Da wir nicht alle in eine Gemeinde gehen können, gibt es die Ortsgemeinden. Wer so eine oben beschriebene Ortsgemeinde gefunden hat, kann sich sehr glücklich schätzen. Es gibt Millionen von Christen, die nicht das Vorrecht haben, eine Ortsgemeinde besuchen zu können. Gott selbst hat die Gemeinde erfunden, weil dort der einzelne unter dem Schutz der Gemeinschaft steht. Die Gemeindeleitung trägt Sorge für jedes Mitglied und wird eines Tages beim Herrn

Rechenschaft dafür ablegen (siehe Hebr. 13.17). In der Gemeinde werden wir aufgefangen, beschützt und gefördert. Dort können wir auch hervorragend einige Dinge lernen wie z. B. soziales Miteinander und Gehorsam. Bedenken wir, dass wir hier besonders gesegnet sind und dass auch unsere Ältesten im Grunde Menschen sind. Das heißt, seid gnädig mit ihnen und erwartet von ihnen nicht, was nur Gott geben kann. In der Gemeinde
wird Gott die Ehre gegeben
von Christus Zeugnis gegeben
geistliche Kämpfe gewonnen.
Paulus ermahnt uns in Hebr.10.25, die Zusammenkünfte der Ortsgemeinde nicht zu verpassen. Dort werden wir gelehrt, ermuntert und ermutigt und beschützt.
Schlimm ist es, wenn ein Christ aus irgendeinem Grund separiert wird. Dann hat der Teufel eine viel größere Angriffsfläche für seine Lügen und Attacken.

- im Einstehen für Witwen und Waisen
Die Witwen und Waisen stehen unter dem besonderen Schutz Gottes, da sie oft verletzlicher sind als andere Menschen. Die Bibel spricht an mehreren Stellen darüber. Schon in Deut. 14,29 bekommt das Volk Gottes von Gott die Anweisung, dass Witwen und Waisen gespeist werden sollen. Gott macht Seinem Volk an mehreren Bibelstellen klar, dass Er für die Witwen und Waisen einstehen wird, wenn sie unterdrückt werden.

„Sondern bessert euer Leben und euer Tun, dass ihr recht handelt einer gegen den anderen und gegen Fremdlinge, Waisen und Witwen keine Gewalt übt und nicht unschuldiges Blut vergießt an diesem Ort und nicht anderen Göttern nachlauft zu eurem eigenen Schaden, so will Ich euch immer und ewiglich wohnen lassen an diesem Ort, in dem Lande, das Ich euren Vätern gegeben habe.“
Jer.7.5-7

Beim Lesen dieses Textes wird deutlich, welchen Stellenwert Gott den Witwen und Waisen gibt.
Als ich vor vier Jahren in der Reha nach meinem Burn-out den Herrn fragte, was Er nun für mich hätte, bekam ich mehrmals:

„Lernt Gutes tun! Trachtet nach Recht, helft dem Unterdrückten, schafft den Waisen Recht, führt der Witwen Sache!“
Jes.1.17

Ich interpretierte dieses Wort damals in der Art, dass Er mich wohl als Leitung in der Kindertagesstätte behalten wollte. An diesem Ort hatte ich tatsächlich die Möglichkeit gehabt, mich besonders für alleinerziehende Mütter und deren Kinder einzusetzen. Dieses war jedoch bekanntermaßen nicht der Weg, den ich gehen sollte. So machte ich mir Gedanken, wie ich auf eine andere Weise Witwen und Waisen unterstützen konnte. Ein einfacher Weg dafür ist beispielsweise ein Patenkind in der dritten Welt. Unsere Gemeinde unterstützt Gemeinden in Indien unter anderem darin, dass wir so ziemlich alle ihre Patenkinder vermittelt haben. So besteht die Möglichkeit mit einem kleinen Aufwand das Leben eines Kindes und seiner Familie für Zeit und Ewigkeit zum Besseren zu verändern und ihm die Liebe und Versorgung des Himmlischen Vaters zu vermitteln.
Für eine andere Möglichkeit brauchen wir gar nicht so weit weg zu schauen! Überlege, wo es in deiner Nachbarschaft alleinerziehende Mütter mit ihren Kindern oder schlecht versorgte Kinder gibt. Frage Den Herrn, ob hier eine Aufgabe auf Dich wartet und welche.
Vor ein paar Jahren las ich einmal ein Buch dessen Titel mich sofort fasziniert hat. „Bevor du weitergehst...“ von Laura Schreoff. Sie ist eine amerikanische Autorin, die ihre Geschichte aufgeschrieben und veröffentlicht hat. Mittlerweile bekommt sie Tausende Mails mit ähnlichen Geschichten und bereist das Land, um Vorträge über

die Idee zu halten. Es geht darum, wie sie einmal an einem normalen Tag während ihrer Mittagspause durch eine Einkaufspassage ihrer Stadt ging, einen Kaffee to go in ihrer Hand, in Gedanken schon wieder bei der Arbeit. In dieser Situation hörte sie plötzlich, wie sie von einer jugendlich klingenden Stimme um Geld gebeten wurde. Nachdem sie dem ersten Impuls, einfach weiterzugehen und so zu tun, als habe sie nichts gehört, verworfen hatte, drehte sie sich um und sah sich einem etwas heruntergekommenen, düster aussehenden etwa dreizehn Jahre alten Jungen gegenüber. Er versuchte, cool zu wirken, sie konnte jedoch die Verzweiflung in seinen Augen erkennen. Hier stimmte etwas nicht. Der hatte doch Hunger! Mit dieser Erkenntnis fasste sie sich, das Ende ihrer Mittagspause ignorierend ein Herz und lud den Jungen in ein Fast Food Restaurant ein. Dort bestellte sie ihm ein deftiges Mittagessen, welches er mit sichtbarem Genuss verschlang. Währenddessen kamen sie ins Gespräch. Sie erfuhr, dass der Junge tatsächlich so gut wie alleine lebte, weil er von seiner Mutter aufgrund ihrer eigenen Probleme nichts zu erwarten hatte. Die beiden verabredeten sich für den nächsten Tag, an dem der Junge wieder ein Mittagessen bekam. Irgendwann beschloss sie trotz Bedenken, ob dies vielleicht gefährlich sein könnte, ihn in seiner heruntergekommenen Wohnung zu besuchen. Sie lernten sich besser kennen und mit der Zeit entstand eine Freundschaft, die über viele Jahre bis in die Gegenwart anhält. Sie half ihm bei Pubertätsschwierigkeiten, seine schulischen Prüfungen zu bestehen sowie nach der High School einen Studienplatz zu finden.
Der mittlerweile junge Mann wurde Arzt und gründete eine Familie. Sie beteuerte in ihrem Buch, dass sie selbst in dieser Freundschaft mindestens genauso gesegnet wurde wie der Junge. Er wurde zu ihrer Familie. Was für eine wunderbare Geschichte. Was wäre mit ihm passiert, wenn sie an diesem einen Tag einfach weiter gegangen wäre!
Manchmal liegen die Gelegenheiten direkt vor unseren Augen! Wir müssen nur hinschauen.

im Geben

Das „Geben“ in das Reich Gottes, ist ein Thema, welches mir Der Herr schon vor langer Zeit nahegebracht hat. Vor nahezu 20 Jahren zeigte mir Der Herr, was „ den Zehnten geben“ ist, und wie ich damit umgehen sollte.

„Warum Zehnten geben?“ fragst Du jetzt vielleicht. „Wir stehen doch unter der Gnade des Neuen Bundes!“ Das tun wir. Aber gerade deshalb sollte uns bewusst sein, dass Alles, was wir besitzen, von Gott kommt. Wir sind nur Verwalter dieser Gaben. Dazu gehören auch unsere Finanzen. Im Alten Testament gab es den Zehnten (...Teil dessen, was man verdiente), der Gott gehörte. Im Neuen Bund gehören wir ja ganz Jesus. ER hat uns erkauft. Wir gehören nicht mehr uns selbst. Folge dessen gehört auch unser gesamter Besitz Ihm. Hört sich das für Dich provokant an? Dann überlege Dir mal, dass Jesus für Dich nichts zurückgehalten hat, aber auch gar nichts. Er hat sich jeglichem Status, Wohlstand, Sicherheit und Schutz letztendlich dafür entledigt und sich selbst entäußert, damit Du und ich gerettet werden konnten. Da ist die Konsequenz, dass wir Ihm in Liebe alles zur Verfügung stellen, was wir besitzen, nur logisch. Paulus spricht in Seinen Briefen an verschiedene Gemeinden mehrmals davon. Das heißt nicht, dass wir nichts mehr besitzen dürfen. Gott gönnt uns alles Gute. Zur Freiheit hat Er uns berufen. Die hast Du auch bei Deinen Finanzen. Es heißt, dass wir weise mit unserem Besitz umgehen sollen und Gott an die erste Stelle setzen. Wenn ER Dich um etwas fragt, zögere nicht, gehorsam zu sein und es Ihm zu geben. Es wird Dir nicht fehlen. Dazu hast Du bereits eine meiner Geschichten gelesen. Die Bibel sagt uns, dass Gott einen fröhlichen Geber liebt. (siehe 2.Kor.9.7). Gott liebt alle Menschen, aber natürlich liebt Er es besonders, wenn Seine Kinder ihre Prioritäten auf Ihn und Sein Königreich legen und gerne in Freiheit aus Liebe geben. Geld an sich ist kein Problem, nur die Liebe zum Geld. Es darf uns einfach nicht wichtiger sein als ER. Es gibt doch diesen Spruch: „Geben ist seeliger denn nehmen!“ Da ist

absolut etwas dran. Wenn Geben zur Kultur wird, macht es wirklich Spaß und beschert dem Geber tiefe Freude.
Auch hier gilt übrigens das Prinzip von Saat und Ernte, welches schon an früherer Stelle erklärt wurde.

in der Unterstützung Israels

Israel ist der Wohnsitz des Volkes Gottes. Gott hat Seinen Bund mit ihnen, den Juden nie zurückgenommen. Sie sind das auserwählte Volk Gottes. Paulus spricht im Römerbrief davon, dass Israel der natürliche Ölbaum ist und wir die Christen aus den Nationen eingepfropfte Zweige in diesem natürlichen Baum.
Gott sei Dank hatte ich die Idee, zu diesem Thema unseren Experten, Johannes Wesselink zu befragen. Er half gerne und schickte mir zu Röm.11 „eingepfropft sein“ folgende Erklärung von Doron Schneider:
„In Jerusalem auf dem Ölberg gibt es heute noch acht Ölbäume aus der Zeit Jesu, diese sind also 2000 Jahre alt. Sie haben dadurch überlebt, dass die Mönche eines Klosters in der Nähe von Zeit zu Zeit wilde Ölbaumzweige eingepfropft haben. Dadurch wurde von diesen eingepfropften Zweigen wieder neu Saft aus der Wurzel nach oben gesogen und dafür gesorgt, dass die Wurzel nicht abgestorben ist.“ Dieses Bild hatte Paulus in Röm. 11 vor Augen, die eingepfropften Zweige sind wir Christen. Wir haben die Aufgabe, dafür zu sorgen, dass die Wurzel nicht abstirbt. Wir sind dafür da, dass der Saft weiterhin fließt, sprich , dass der Segen nicht aufhört.“
Interessant ist die Erklärung von Doron Schneider, dass wir als Christen nicht nur eingepfropft sind, sondern dabei auch diese gerade genannte Aufgabe bekommen haben.
Seitdem Jesus Christus den Neuen Bund eingesetzt hat, ist Gnadenzeit für die Nationen. Das ist so, bis die Vollzahl der Menschen aus den Nationen eingebracht ist. Danach geht die Geschichte mit Israel wieder weiter und Israel wird durch die Annahme von Jesus

Christus gerettet werden.

„und so wird ganz Israel errettet werden, wie geschrieben steht: Es wird aus Zion der Erretter kommen; Er wird die Gottlosigkeit von Jakob abwenden und dies ist für sie der Bund von Mir, wenn Ich ihre Sünden wegnehmen werde. Hinsichtlich des Evangeliums sind sie zwar Feinde um euretwillen, hinsichtlich der Auswahl aber Geliebte um der Väter willen. Denn die Gnadengaben und die Berufung Gottes sind unbereubar."
Röm.11.26-29.

Es gibt keinen Grund für uns Christen, uns für etwas Besseres zu halten. Aus Gnade sind wir errettet. Und werden eines Tages vereint mit Israel ein Volk Gottes sein. Hierzu sagt Jesus selber:

„Und Ich habe noch andere Schafe, die sind nicht aus diesem Stall; auch sie muss ich herführen, und sie werden Meine Stimme hören, und es wird ***eine Herde und ein Hirte*** *werden."*
Joh.10.16

Gleich zu Anfang der Bibel sagt der Herr zu Abram, (der damals noch nicht Abraham hieß)

... „und Ich will dich segnen und Ich will deinen Namen groß machen, und du sollst ein Segen sein! Und Ich will segnen, die dich segnen und wer dir flucht, den werde Ich verfluchen und in dir sollen gesegnet werden alle Geschlechter der Erde."
Mo.12.3

Hier sehen wir sehr klar, wie Der Herr Sein Volk schützt. Und wir wissen, dass Er absolut treu ist.
Gerade in diesen Zeiten finden viele Juden zum Herrn Jesus. Ist es nicht eine wunderbare Aufgabe, für Israel zu beten und / oder bei der Verbreitung des Evangeliums in Israel mitzuhelfen? Nicht jeder

ist berufen dort als Missionar zu arbeiten. Es gibt jedoch unzählige Möglichkeiten für das Ursprungsvolk Gottes ein Segen zu sein. Zuerst einmal wäre zu erwähnen, dass wir gegen jegliche Form von Antisemitismus Stellung beziehen und aufstehen müssen.
Wir können Juden in unserem Umfeld mit Liebe und Hochachtung begegnen und sie wissen lassen, dass wir an ihrer Seite stehen.
Wir können Organisationen unterstützen, die das Evangelium nach Israel tragen, wie z. B. „One for Israel". Es gibt Organisationen, die Patenschaften für Holocaustüberlebende vermitteln (z.B. GAIN) Damit hat man die direkte Verbindung zu einem alten Menschen in Israel und damit die Möglichkeit, ihm die Liebe Jesu Christi praktisch zu zeigen. Die meisten Holocaustüberlebenden, von denen es natürlich nicht mehr viele gibt, leben am Existenzminimum. Da erleichtert so eine Patenschaft ihnen echt das Alltagsleben. Sie erleben dann auch, dass sie nicht vergessen sind!
Wir können alleine oder in Gebetsgruppen für das Wohl und den Schutz von Israel beten, sowie dafür, dass unsere Nation nicht zu den Bocksnationen gehört, (diejenigen Nationen, die sich in der Endzeit gegen Israel wenden, siehe Mt.25.31-46)
In unserer Gemeinde gibt es eine Connectgruppe „Israel". Dort erfahren wir Lehrreiches über Israel und spannende Hintergründe zum politischen Geschehen in Nah-Ost. Johann, der Leiter dieser Gruppe hat seine Berufung darin gefunden, dem Ursprungsvolk Gottes auf vielerlei Weise zu dienen. Er ist mit großer Leidenschaft dabei und weckt das Interesse vieler für Israel. Schließen wir dieses Kapitel mit einem Ausspruch von Ludwig Schneider, der es ziemlich klar ausdrückt:

„Es ist heute notwendiger denn je, die Menschen zu einer klaren Nachfolge aufzufordern, die keinen Spielraum mehr für Dinge lässt, die von Gott nicht gewollt sind. Zur gleichen Zeit sollen wir das lieben, was Gott liebt und auserwählt hat, und das ist, ob es uns passt oder nicht, Israel."
Ludwig Schneider

... und sei ein Segen

Bleibe in der Liebe und sei ein Vorbild

Gottes Wesen ist Liebe. Unser Ziel ist es, Jesus Wesen immer mehr zu verinnerlichen, Ihm immer ähnlicher zu werden. Deshalb handelt das wichtigste Gebot auch von der Liebe...
Die Liebe zu Gott
Die Liebe zum Nächsten
Die Liebe zu uns selbst

Dieses Thema haben wir bereits behandelt. Hier ist mir noch einmal wichtig, zu betonen, wie wichtig es ist, ungeachtet der Umstände in der Liebe zu <u>bleiben.</u> Gerade in diesen Zeiten, wo die Gesellschaft gespalten ist und die Brüche durch Familien, Gemeinden, Ehen und Freundschaften gehen, müssen wir uns bewusst machen, dass wir <u>nicht</u> Teil dieser Weltordnung sind, wo die Leute sich beschimpfen und bekämpfen. Auch wenn wir manchmal mitten zwischen die Fronten geraten, müssen wir uns bewusst machen, wer wir in dieser Welt sind – die Vertreter Jesu Christi. Und unser Jesus hat die Feindesliebe gepredigt (siehe z.B.Luk.6.27-30; 32-36). Er selbst ist noch am Kreuz für diejenigen eingetreten, die Ihn gequält und hingerichtet haben. Das Wort Gottes fordert uns an mehreren Stellen auf, unsere Feinde zu lieben. Schon in den Sprüchen 25.21-22 wird dazu aufgefordert:

„Wenn dein Hasser Hunger hat, gib ihm Brot zu essen, und wenn er Durst hat, gib ihm Wasser zu trinken! Denn glühende Kohlen häufst du auf sein Haupt, und Der Herr wird es dir vergelten."

Wie viele „Feinde" sind im Laufe der Geschichte der Christenheit durch Liebe, die ihnen von den Christen, die sie selbst drangsaliert hatten, entgegengebracht wurde, zum Nachdenken gebracht und letztendlich für Gottes Reich gewonnen worden. Ein gutes Beispiel dafür ist das junge Ehepaar Elliot. Als ihr Ehemann bei dem Versuch einen indigenen Stamm zu Jesus zu führen von ihnen ermordet wurde, hat die Ehefrau, die ihrer gesamten Zukunft mit ihrem Mann beraubt war, ihnen nicht nur vergeben, sondern ihre Gegenwart gesucht, ihr Vertrauen gewonnen, bei ihnen gewohnt. Letztendlich wurde durch diesen Akt der Opferbereitschaft und Liebe der gesamte Stamm für das Reich Gottes gewonnen.

Diese Feindesliebe ist eines der prägnantesten Dinge, die uns von der Welt unterscheidet. Gute Menschen gibt es viele. Aber wer liebt auch die, die ihm schaden wollen? Das können wir nur, wenn Jesus in uns wohnt. So dürfen auch wir mit Seiner Hilfe nicht urteilen, noch verurteilen. Selbst, wenn es uns unheimlich schwerfällt, sollen wir nicht schimpfen, sondern beten. Das sage ich absolut zu mir selbst! Wie leicht ist es in dieser Zeit, in diese Falle zu tappen, die Segen verhindert. Erinnern wir uns an die Macht der Zunge und an das Prinzip von Saat und Ernte. Vor allem müssen wir uns unserer Vorbildfunktion immer bewusst sein. Die Welt beobachtet uns und das, was wir tun, sehr genau! Lasst uns deshalb authentisch als Christen sein, und das, was wir anderen predigen, auch selbst leben.

Sei sichtbar

Weiß Deine Umwelt, dass Du Christ bist? Wir sprachen ja bereits darüber, dass es kein Zufall ist, dass DU in dieser Zeit und an dem Ort, wo Du bist, lebst. Gott hat einen Plan für Dein Leben und Er möchte, dass Du an diesem Ort Sein Vertreter, Licht und Salz bist. Dazu musst Du für jeden als Sein Kind sichtbar und erkennbar sein. Ich weiß, das ist nicht immer bequem. Manchmal stehst Du ganz allein da, manchmal wirst Du verlacht, manchmal bist Du für die Umwelt einfach nur der „Spinner“. Dazu fällt mir eine kleine Begebenheit aus meinem eigenen Leben ein. Meine liebe Freundin

Angelika erzählte einmal bei einem Hauskreis, dass sie dachte, als sie mich vor 20 Jahren näher kennen lernte: „Von was für einem Stern ist die denn? ...“ Vor ca. 8 Jahren ist sie auch auf diesem „Stern“ gelandet. Der Satz ging weiter: „Nun bin ich vom gleichen „Stern!“ Danke Herr!
Eine andere Begebenheit in meinem Leben war für mich ziemlich schwer auszuhalten. Als ich vor 3 Jahren in einer Reha war, ergab sich am allgemeinen Frühstückstisch plötzlich die Aussage: „Wer das glaubt, glaubt auch an die Jungfrauengeburt bei Jesus.“ Alle lachten. Ich überlegte kurz und sagte: „An die Jungfrauengeburt von Jesus glaube ich. Die Bibel ist das Wort Gottes“ Darauf folgte ein kurzes peinliches Schweigen, worauf dann jemand sagte: „Es kann ja jeder glauben, was er will.“ Ich wurde seitdem aber von einigen Leuten als Alien angesehen. Das ist der Preis, den wir manchmal zahlen müssen. Menschenmeinungen müssen uns egal sein. Paulus sagt sogar, wenn wir den Menschen noch gefallen wollen, können wir nicht Christi Diener sein.
Und was sagt Jesus selbst?

„Denn wer sich Meiner und Meiner Worte schämt unter diesem ehebrecherischen und sündigen Geschlecht, dessen wird sich auch Der Sohn des Menschen schämen, wenn Er kommen wird in der Herrlichkeit Seines Vaters mit Seinen heiligen Engeln.“
Mk.8.38

Auch das Lukasevangelium erwähnt diesen Satz. Daran können wir erkennen, wie wichtig es Jesus ist, dass wir uns zu Ihm bekennen.
Jesus sucht gerade jetzt nach Menschen, die für Ihn brennen und die frohe Botschaft weitergeben ohne Kompromisse und ohne auf eventuelle Nachteile zu achten. Jetzt ist nicht mehr die Zeit, auf dem Sofa zu sitzen. Jetzt ist die Zeit einer orientierungslosen Menschheit Hoffnung und Licht zu geben. In den Prophetien aus der ganzen Welt höre ich fast täglich, dass Der Herr Seine Kinder AUFFORDERT, ihre Arbeit zu tun. Noch ist Gnadenzeit. Wer weiß,

wie lange noch. Jesus kommt bald!

Sei kreativ und aktiv

Unser Gott hat Dich einzigartig gemacht. Du kannst Dinge, die nur von Dir in dieser Weise gemacht sind. Du hast Ideen, die sonst keiner hat. Deine Art von Kreativität ist in Deiner Umgebung gefragt, vielleicht sogar weit darüber hinaus. Überlege Dir einmal, wie Du Gottes Liebe durch Deine persönliche Kreativität weitergeben kannst. Vielleicht kochst Du gerne. Wäre es möglich, eine private Kochgruppe zu gründen, bei der nebenbei von Jesus gesprochen wird?

Oder Du backst gerne. Da fällt mir ein, meine Kinder und ich haben, als sie klein waren, am 23. 12 jedes Jahr Plätzchen gebacken und den alleinstehenden Leuten in unserer Straße welche vor die Türe gelegt.

Als meine Eltern im Seniorenstift wohnten, habe ich der gesamten Station mitsamt dem Pflegeteam hin und wieder Plätzchen gebacken, christliche Karten für jeden verteilt und zu Neujahr christliche Kalender für jeden abgegeben.

Eine Frau aus der Gemeinde erzählte einmal, dass sie ihre komplette Straße zum Alphakurs eingeladen hat. Ein Ehepaar hat sogar teilgenommen.

Immer, wenn ich in einer Reha war, verschenkte ich christliches Material. Meistens haben sich die Patienten über die Karten gefreut. Oft habe ich auch an Gemeinschaftsorten einfach mehrere Sachen hingelegt.

Meine Freundin Ulla hat immer christliches Material dabei. Wo sie geht und steht, verteilt sie es und erzählt den Menschen von Jesus. Ich hatte ja schon von meinen Nachbarkindern erzählt. Sie klingeln gerne bei mir und erzählen, was sie erlebt haben. Ich habe zwei Kindern versprochen, ihnen den Psalm 23 aufzuschreiben. Sie hatten erwähnt, dass sie nachts oft Angst haben. Wie schon erwähnt, ist dieser Psalm laut ausgesprochen, mein kampferprobtes Mittel gegen die Angst. Ich will einfach, dass die Kinder wissen, dass Gott sie sieht und sich um ihre Belange kümmert. Am 31.10, an dem die Welt Halloween feiert, bekamen alle Kinder, die klingelten, eine Tüte mit Süßigkeiten und einer christlichen Karte.

In unserer Gemeinde gibt es öffentliche Connectgruppen für jeden Geschmack, vom Bibelstudium über Englisch- oder Spanischkurs zum gemeinsamen Sport, die offen für alle sind. Ich beteilige mich an einer Bastel- und Malgruppe. Kreativität zur Ehre Gottes! Vielleicht gelingt es uns, im nächsten Jahr eine öffentliche Ausstellung zu organisieren.

Wir sind in unserer Gemeinde mit vielen außergewöhnlich begabten Musikern gesegnet. So genießen wir jeden Sonntag wunderschönen Lobpreis. Das ist jedoch nicht alles. Sie haben eine Band gegründet und schon mehrere CDs mit eigenen Kompositionen zur Ehre Gottes herausgebracht. Mit der Erlaubnis von Thea Backker, die ich schon seit fast dreißig Jahren kenne und außerordentlich schätze, werde ich die inspirierenden, selbstkomponierten Texte aus der neuen CD mit in den Anhang packen. Es ist mir eine Ehre!

So gibt es unzählige Beispiele, für andere Menschen ein Segen zu sein und Gottes Liebe weiterzugeben.

Reinhard Hirtler sagte einmal, dass ihn die Bibelstelle, wo Jesus sagt, dass wir sogar größere Werke tun werden als Er, (siehe Joh.14.12) besonders fasziniert hat. Wie könnte das möglich sein? Die Antwort ist, durch die Reichweite, die wir heute haben. Durch die sozialen Netzwerke ist es möglich, Menschen auf der ganzen Welt mit einer Predigt zu erreichen. Durch solche Predigten über zum Beispiel You Tube haben unzählige Menschen im Nahen und Mittleren Osten zu Jesus gefunden und IHM ihr Leben gegeben. Das ist durch viele Zeugnisse bekannt geworden. Evangelisationsdienste aus der ganzen Welt können heute fast überall auf der Welt gehört werden. So hat das Internet zum Glück nicht nur Schrott gebracht, sondern dient auch zur Verbreitung des Evangeliums. Wenn Du nicht selber predigen möchtest, kannst Du auch eine der

christlichen Organisationen, die das tut, (beispielsweise One für Israel) finanziell oder durch Gebet unterstützen
Nun ist wie gesagt nicht jeder ein Prediger. Da sind noch viel mehr Möglichkeiten. Es gibt beispielsweise unter den unzähligen (manchmal recht nervigen) Influencern auch christliche. Man nennt sie Christfluencer. Diese meist jungen Leute verbreiten ihren Glauben über das Internet. Durch ihre individuellen, kreativen Beiträge haben sie oft eine enorme Reichweite:
Da wären Gabriel und Jess Conti aus Australien, die mit ihren witzigen Videos sowie christlicher Musik Zehntausende junger Leute auf tic toc begeistern.
Der junge Footballer Tim Tebow aus Florida nutzte seine Karriere und Präsenz auf dem Spielfeld, um Millionen auf den christlichen Glauben aufmerksam zu machen. Vor einem wichtigen Spiel hatte er sich, wie die Footballspieler das gerne tun, etwas unter die Augen gemalt. Unter seinen Augen war jedoch der Vers aus Phil. 4.3 zu lesen:

„ Alles vermag ich durch Den, Der mich kräftigt“

Das Spiel wurde gewonnen und dieser Spruch wurde sein Markenzeichen. Die Marketingabteilung der Mannschaft war begeistert, weil Millionen von Menschen diesen Spruch gegoogelt und dieses der Mannschaft noch mehr Publicity verliehen hatte. Er trug ihn zu jedem Spiel. Eines Tages spürte er, dass Gott ihn aufforderte, den Spruch zu ändern: Er sollte sich nun Joh.3.16 unter die Augen schreiben.

„Denn so hat Gott die Welt geliebt, dass Er Seinen eingeborenen Sohn gab, damit jeder, der an Ihn glaubt, nicht verloren geht, sondern ewiges Leben hat.“

Die Marketingabteilung war erst mal nicht so begeistert von der Änderung des Spruches, handelte es sich doch um das Endspiel. Sie

änderten ihre Meinung jedoch, als sie erfuhren, dass 94 Millionen Menschen nach dem Spiel diese Bibelstelle gegoogelt hatten. Man lasse sich diese gewaltige Zahl auf der Zunge zergehen. Wie viele Menschen werden durch diesen einen jungen Mann beeinflusst. Er schaffte es sogar einmal auf die Liste der 100 Einfluss reichsten Personen der Welt.
Auch Deutschland hat seine Christfluencer. Mir fällt da Jana Highholder ein, die ehemals Poetryslammerin nun auf You Tube über ihren Glauben spricht. Oder die Zwillinge Lisa und Lena, welche durch ihre Beiträge wie z. B. eine Dance challenge der Jugend zeigt, dass christlicher Glaube alles andere als langweilig ist. Dann wären da noch die Hip Hopper Alex und Maxi, zusammen O `Bros, die das Evangelium durch ihr Genre verbreiten und die Jugend erreichen. Der Comedian Johnbcrist erreicht auf einer Plattform 1000000 Follower und auf einer anderen 500000. Von der kreativen Gruppe um den im Juni verstorbenen Philipp Mickenbecker, den Real Life Guys , die durch kreative Outdoorchallenges auf sich aufmerksam machten, wurde schon berichtet.
So kann praktisch jeder seine eigene Besonderheit oder Fähigkeiten zur Ehre Gottes einsetzen und so manchmal ein Millionenpublikum für Jesus erreichen. Wenn auch das nicht so Dein Ding ist, sei einfach auf den sozialen Plattformen, auf denen Du Dich bewegst, als Botschafter Christi unterwegs. Poste christliche Inhalte, Predigten und Bibelverse. Schau, wen Du durch Gottes Wort ermutigen kannst. Du kannst auch einen Bibelvers in Deinen Status setzen. Viele Menschen werden das sehen. Ich habe außerdem als Info drin: Nicht „Hallo ich benutze What´sApp“ sondern „Der Herr ist mein Hirte, mir wird nichts mangeln.“ Darauf wurde ich einmal von einem Bekannten angesprochen. Er meinte: „Das ist aber mal ein mutiges Statement.“ In der Tat ist es eines meiner Statements, auf die ich mich immer wieder berufe. Soll die Welt wissen, worauf mein Vertrauen steht.
Bist Du gar nicht im Internet unterwegs, verschicke christliche Ermutigungskarten an bedrückte oder einsame Bekannte. Lass Deine

Bekannten oder Kollegen bei Gesprächen wissen, wie Du mit Problemen und Herausforderungen umgehst. Lade ein paar Freunde zu einem Gebetsspaziergang ein. Durch Gebet verändern wir die Welt! So gibt es Hunderte kreative Ideen. Wie wunderbar werden Deine sein!

Unsere Aufträge

Wenn wir Christen werden, das heißt, wenn wir durch Jesus ein neues Leben in einem anderen Königreich bekommen haben, haben wir viele neue Segnungen, die alle für uns gelten. Wir können ein Leben im Sieg führen und sind auf dem Weg in den Himmel. Hört sich super an, oder? Aber – stopp mal! Gibt es in diesem neuen Königreich auch Aufträge für uns?
Vor einigen Wochen hörte ich mal wieder eine Predigt von Tobias Teichen. Er machte darin viele Aussagen, die genau hier herein passen
Den ersten Auftrag finden wir gleich zu Anfang der Bibel:

„Seid fruchtbar und mehret euch und füllt die Erde und macht sie euch untertan und herrscht über die Fische des Meeres und über die Vögel des Himmels und über alle Tiere, die sich auf der Erde regen." Gen.1.28

Hier finden wir unseren Auftrag, „die Erde als liebevolle Gärtner und Hirten zu verwalten."
(Tobias Teichen). „Macht euch die Erde untertan" ist wohl im Allgemeinen ganz schön nach hinten losgegangen. Der Egoismus der Menschen hat die wunderschön erschaffene Erde mit genügend Ressourcen für alle Menschen in einen kranken, ausgelaugten, vermüllten Planeten verwandelt. Es liegt in der Verantwortung jedes einzelnen, vor Gott verantwortlich mit der Erde um zu gehen. Möglichkeiten dazu gibt es genügend, auch ohne unbedingt ein E Auto

fahren zu müssen. Tobias Teichen sprach danach von unserem „Grundcalling". Als Stellvertreter Jesu Christi auf dieser Erde ist es unser Sinn des Lebens zu lieben. Denn Er hat die Agapeliebe in unser Herz gelegt, damit sie nicht dort bleibt, sondern ausgegossen wird:
Zu Gott
Zu uns selbst
Zu den Menschen
Diese Liebe, die fähig ist sich ohne Gegenleistung zu verschenken, unterscheidet uns von den Menschen in der Welt. Aus dieser Liebe kommen Anbetung für unseren Gott, der Wunsch, in Ihm zu wachsen, unsere Zeit in Seiner Gegenwart zu verbringen, uns zu reinigen und zu heiligen für den Dienst, sowie all unseren Mitmenschen mit Liebe zu begegnen. Denn wir sind in Jesus Christus, Sein königliches Priestertum.

„Ihr aber seid ein auserwähltes Geschlecht, ein königliches Priestertum eine heilige Nation, ein Volk zum Besitztum, damit ihr die Tugenden dessen verkündigt, Der euch aus der Finsternis zu Seinem wunderbaren Lischt berufen hat."
1.Petr.2.9

„...und uns gemacht hat zu einem Königtum, zu Priestern Seinem Gott und Vater..."
Offb.1.6

Wenn wir uns diese Bibelstellen ernsthaft anschauen, finden wir darin für uns eine große Verantwortung.
Dazu gehört für die Schwachen einzutreten, und für diejenigen, die keine Lobby haben.
Die Allerschwächsten in einer Gesellschaft sind die Kinder, besonders die ungeborenen Kinder! Sie haben weltweit so gut wie gar keine Lobby. Wenige Menschen setzen sich für ihr Wohl ein. Es wird immer normaler, sich ihrer einfach zu entledigen, wenn sie

nicht in die Umstände oder den Zeitplan passen. Als Christen können wir für sie beten oder eine Petition für das Leben, die es immer noch gibt, (z. B. SOS Leben), im Internet unterschreiben. Von einer anderen Möglichkeit gibt es noch eine kleine Geschichte aus meinem ersten Buch:

Sieg für das Leben

Seit einigen Jahren haben wir in der Gemeinde eine Whatts App Gruppe, in der viele Mitglieder auch für private Anliegen beten, wenn sie in der Gruppe geäußert werden.

Die Gruppe heißt „Bitte um Gebet". Zurzeit hat sie dreiundzwanzig Teilnehmer.

Kurze Zeit nach ihrer Gründung gab es mehr und mehr Gebetsanfragen für Mütter mit ihren ungeborenen Babys. Das liegt daran, dass zwei der Gruppenteilnehmerinnen ehrenamtlich bei „abtreibung.de" arbeiten. Beide sind Vollblutmütter und lieben Kinder. Beide haben aber auch ein besonderes Herz für die werdenden Mütter mit ihren Nöten.

Diese Gruppe hat sich gegründet als Alternative zu „Pro Familia". Während bei „Pro Familia"
die Frauen sehr oft auf eine Abtreibung hin beraten werden, zeigt „abtreibung.de" den Frauen auch alle Hilfen auf, die möglich sind, wenn sie sich für das Kind entscheiden. Die Wertschätzung für die Mütter bleibt bestehen, wie auch immer ihre Entscheidung ausfällt. Auch ist die Gruppe selbst, bestens mit Ärzten und Behörden vernetzt und kann oft helfen. Meistens wissen die Frauen gar nicht, welche Risiken sie mit einem Schwangerschaftsabbruch für sich selbst eingehen.

Sehr viele Frauen leiden ihr Leben lang unter Traurigkeit, Verlust und weiterem.

So bekommen wir oft Gebetsanliegen für Frauen mit ihren ungeborenen Kindern, die wir gar nicht kennen. Das ist nicht schlimm, denn Gott sieht, kennt und liebt sie alle. ER möchte nicht, dass Mutter oder Kind leidet. In den letzten Monaten beteten wir vor allem für zwei Frauen irgendwo in Deutschland, welche die

Möglichkeit einer Abtreibung in Erwägung zogen, sich aber nicht sicher waren. Sie litten beide unter schwierigen Lebenssituationen. Ihre Umstände sprachen in ihren Augen gegen ein Kind, und sie fühlten sich hilflos, schwach und machtlos. Auch die Menschen in ihrer Umgebung setzten sie unter Druck. Teilweise verweigerten auch irgendwelche Behörden den Müttern ihre Hilfe. So vergingen die Tage und die Wochen.
Wir beteten alle weiter für die beiden, unabhängig von den äußeren Umständen.
Der Abtreibungstermin stand fest und rückte näher. Unsere Helferinnen verbrachten Stunde um Stunde, manchmal die halbe Nacht, um die Mütter zu ermutigen und ihnen emotional beizustehen.
Dann erhielten wir durch die Helferinnen erst von einer, dann auch von der anderen die Nachricht, dass sie sich in letzter Sekunde für ihr Baby entschieden hatten. Nun freuten sie sich sogar auf die Kinder.
Was für eine Gebetserhörung!
Die gesamte Gruppe freute sich wie die Schneekönige mit den Müttern und den Helferinnen . Wieder dürfen zwei unglaublich wertvolle kleine Menschen leben. Den gleichfalls unglaublich wertvollen Müttern wird geholfen.
Ich bin so dankbar, dass wir in dieser What´s-App Gruppe die Möglichkeit haben, völlig fremden Menschen in ihren Nöten bei zu stehen und im Gebet für sie einzustehen.
Gebet wirkt!

PS: Laut Daten der Weltgesundheitsorganisation werden jedes Jahr weltweit zwischen 40 und 56 Millionen Abtreibungen durchgeführt!
So viele Leben, die nicht gelebt werden dürfen!
So viel Leid!

Ps.139. 13 – 16
„Denn DU bildetest meine Nieren.

DU wobst mich in meiner Mutter Leib.
Ich preise Dich darüber, dass ich auf eine erstaunliche ausgezeichnete Weise gemacht bin.
Wunderbar sind Deine Werke, und meine Seele erkennt es sehr wohl.
Nicht verborgen war mein Gebein vor Dir, als ich gemacht wurde im Verborgenen, gewoben in den Tiefen der Erde.
Meine Urform sahen Deine Augen.
Und in Dein Buch waren sie alle eingeschrieben, die Tage, die gebildet wurden,
als noch keiner von ihnen da war."

Gegen Ungerechtigkeiten auf zu stehen, gehört zu unseren Aufträgen. Auch, wenn sie mich nicht selbst betrifft. Das bedeutet, nicht einfach blind durch den Alltag zu laufen. Wenn ich irgendwo Unrecht sehe, schaue ich nicht weg, sondern mische mich ein: Beispielsweise
das berühmte Eingreifen, wenn ein Schwächerer auf meinem Weg drangsaliert wird
eintreten für Arbeitskollegen, die gemobbt werden
eintreten für die Rechte derer, die es nicht können

„Ist nicht vielmehr das ein Fasten, an dem Ich Gefallen habe: Ungerechte Fesseln zu lösen, die Knoten des Jochs zu öffnen, gewalttätig Behandelte als Freie zu entlassen, und dass ihr jedes Joch zerbrecht? Besteht es nicht darin, dein Brot dem Hungrigen zu brechen und dass du heimatlose Elende ins Haus führst? Wenn du einen Nackten siehst, dass du ihn bedeckst, und dass du dich deinem Nächsten nicht entziehst?
Jes.58.6,7

Weiterhin stehen wir im Fürbitte-Dienst. Als Priester können und sollen wir unsere Mitmenschen und unsere Regierung, unser Land und unsere Geschwister sowie schwierige Umstände vor Gottes

Thron bringen und Fürbitte für sie einlegen. Unser (andauerndes) Gebet hat viel Gewicht. Wenn Gottes Zeit dafür gekommen ist, werden sie alle erhört, vielleicht nicht immer nach unseren Vorstellungen, aber keines davon geht verloren.
Erinnern wir uns einmal daran, dass das Ende der Diktatur in der DDR nicht durch eine Revolution herbeigeführt wurde, sondern durch Gebet.
Meine Freundin Lucy erzählte mir am Telefon eine Geschichte aus der Praxis. Eine Bekannte von ihr rief an und erzählte schockiert, dass sie vermutet, dass ihre Geldbörse ihr während einer Zugfahrt gestohlen wurde. Natürlich war sie äußerst beunruhigt und aufgebracht. Lucy reagierte sofort und proklamierte folgend Vers aus der Bibel über ihre Situation:

„Rufe Mich an, dann will Ich dir antworten und will dir Großes und Unfassbares mitteilen, das du nicht kennst. „
Jer.33.3

Dann betete sie folgendes über die Situation: „Vater ich danke Dir, dass Du ...hilfst. Und ich proklamiere, dass das Portemonnaie in der Tasche des Diebes so heiß wird, dass er es nicht behalten kann, und dass wenn sie es zurückbekommt, nichts fehlt." Einige Tage später meldete sich ihre Bekannte und erzählte, jemand hätte ihr Portemonnaie wiedergefunden und nach ihrer Adresse gefragt. Sie habe gesagt, er solle sich einen kleinen Finderlohn herausnehmen und es ihr zuschicken. Dann meldete sie sich bei der Polizei, um zu melden, dass ihr Eigentum wiedergefunden worden war. Als sie den Namen des Finders nannte, erklärte ihr der Polizeibeamte, dass dieser „Finder" einer der bekanntesten Taschendiebe der Gegend sei! Wie treu unser Gott dieses Fürbitte-Gebet erhört hat. Es gibt in meiner Umgebung viele solcher erhörten Gebetszeugnisse. Hier ist ein weiteres:

Matheo

Vor einiger Zeit wohnte mein jüngerer Sohn ein paar Jahre in Berlin. Gerade dorthin hatte ich ihn nicht gerne ziehen lassen, aber er war erwachsen und traf seine eigenen Entscheidungen.
So hatte es für mich mal wieder „loslassen" geheißen. Da er kaum telefonisch erreichbar war, wusste ich oft längere Zeit nicht, ob es ihm gut ging. Wie gewohnt legte ich ihn ganz in Gottes Hand, war er doch wiedergeborener Christ. Nahezu jeden Tag bat ich für seinen Schutz und Bewahrung vor den Gefahren und Verführungen der Großstadt. Ich bin sicher, dass ich lange nicht alles weiß, was meine Kinder so mitgemacht haben. Wahrscheinlich ist das auch besser so.
Irgendwann gelang es mir, meinen Sohn ans Telefon zu bekommen. Er erzählte mir, dass in seine WG ein junger Mann aus der Schweiz eingezogen war, der eine Zeit lang in Berlin eine Sprachenschule besuchte. Die beiden hatten sich angefreundet und so erzählte mein Sohn ihm zum Ende von Matheos Aufenthalt in Berlin schließlich von Jesus, und was ER für ihn getan hatte.
Tatsächlich nahm Matheo, Jesus als seinen Erlöser und Herrn an. Er kam aus einem gänzlich atheistischen Hintergrund und dahin kehrte er auch in ein paar Wochen zurück.
Ich machte mir darüber Gedanken. Wer würde in der Schweiz für ihn da sein, wer würde seine Fragen beantworten, wer für ihn beten?
Ich nahm Matheo in mein tägliches Gebet mit auf. Damals gab es in unserer Gemeinde eine Frauengruppe, die für die Anliegen und den Schutz Jugendlicher und junger Erwachsener eintrat. Auch dorthin nahm ich „Matheo" mit und wir beteten intensiv für ihn, ohne ihn zu kennen. Das taten wir sehr gerne, hatten wir doch schon oft Gebetserhörungen erfahren dürfen. Jahre später fragte ich meinen Sohn bei einem Besuch, ob er etwas von Matheo gehört habe. „Ja" sagte er begeistert, "das ist echt erstaunlich! Wir sind immer in Kontakt geblieben. Manchmal besucht er mich. Als Matheo damals wieder in die Schweiz kam, begegnete er überall

Christen. An die hielt er sich. So wuchs er im Glauben und arbeitet heute sogar in einer christlichen Organisation."
Voller Freude über die Macht des Gebetes erzähle ich diese Geschichte immer wieder gerne.
So eine kleine Geste hat ein junges Leben zu Gott hin beeinflusst. Heute bringt Matheo andere junge Menschen zu Jesus, die dann ihrerseits wieder Frucht bringen.
Ich glaube fest daran, dass kein ehrlich gemeintes Gebet verloren ist. Irgendwann, vielleicht erst im Himmel, werden wir erfahren, was unsere Gebete alles bewirkt haben. Ich freu mich drauf, der Herr ist treu!
Und noch eine...

Gespräch am Arbeitsplatz
Seit elf Jahren arbeite ich in meiner jetzigen Firma. Meine Arbeit dort am Fließband ist ziemlich anstrengend. Meine eigentliche Motivation dort zu arbeiten, ist den Menschen in dieser Firma das Evangelium zu bringen. Meistens ist es zu laut, zu hektisch, oder wir stehen zu weit auseinander, so dass ich nicht jeden Tag Gelegenheit bekomme, darüber zu sprechen.
Der Betrieb hat mehrere hundert Mitarbeiter. Viele davon kenne ich nicht persönlich oder mit Namen, sondern nur vom Sehen. Oftmals bin ich müde und erschöpft. Aber dann sage ich mir immer wieder, dass ich nicht ohne Grund hier bin. Gott kann das gebrauchen! So bat ich Den Herrn um eine Ermutigung und um eine Gelegenheit, mit einer Person zu sprechen, deren Herz ER schon vorbereitet hatte.
Eines Tages wurde ich an einen Platz eingeteilt, wo ich mit einer Mitarbeiterin einer Leihfirma zusammenarbeiten musste. Es war eine junge Frau Anfang dreißig. Sie erzählte mir aus ihrem Leben. In unserer Firma hatte sie einen netten Kollegen kennen gelernt, mit dem sie eine Beziehung angefangen hatte. Leider hatte auch er nur einen befristeten Vertrag über eine Leiharbeitsfirma. Die beiden wohnten zusammen und wollten sich gerne ein

gemeinsames Haus kaufen. Doch ihre finanzielle Lage ließ dies nicht zu.
Vor dieser Beziehung war sie mit einem Mann zusammen gewesen, der sie finanziell ausnutzte und kein Interesse an einer festen Beziehung geschweige denn einer Familie zeigte.
Er hatte ihr überhaupt nicht gutgetan.
Ich hörte ihr zu und bat Den Herrn um Weisheit und Führung.
Dann sagte ich zu ihr: „Weißt Du eigentlich, dass Gott uns liebt, dass wir Ihn um alles bitten dürfen, und dass Er Gebet erhört? Bitte Ihn doch um einen neuen Arbeitsplatz." „Ja," antwortete sie, „aber, wenn ich um etwas bitten dürfte, wäre das etwas anderes." Still bat ich Den Herrn um Offenbarung aus ihrem Herzen, was sie sich wünscht. Ich bekam den Gedanken „ein Kind".
So fragte ich sie: „Du wünschst dir ein Baby, nicht wahr?" Tränen traten in ihre Augen. So nahm ich sie in den Arm und bot ihr Gebet an. Sie stimmte zu, hatte aber Bedenken wegen ihres Alters und der finanziellen Situation. Darauf machte ich sie auf die Geschichte von Sarah aufmerksam, die noch mit neunzig Jahren ein eigenes Kind von Gott geschenkt bekam.
Ich ermutigte sie mit Gottes Allmacht, die alles kann und auch versorgt.
Nach diesem Gespräch begann ich jeden Dienstag für sie zu beten. Als Zeichen meines Glaubens fing ich an, eine Babydecke zu häkeln.
Die war noch nicht halb fertig, da hörte ich von anderen Kollegen, dass die besagte Frau von der Arbeit freigestellt sei, da sie schwanger ist. Außerdem hatte ihr Partner bei unserer Firma einen festen Arbeitsvertrag bekommen.
Wie begeistert war ich über diese Nachricht! Ich bat um ihre Adresse und schrieb ihr einen Brief. Darin fragte ich sie, ob sie sich noch an unser Gespräch erinnern könne und wünschte ihr weiterhin alles Gute.
Bald erhielt ich ihren Antwortbrief. Sie teilte mir darin mit, dass dies das Erste war, welches ihr in den Sinn gekommen sei, als sie

von ihrer Schwangerschaft erfuhr. Dafür lobe und danke sie Gott!
„Oh Gott, Dir sei Ehre, Der Großes getan.
Du liebtest die Menschen, nahmst Sünder Dich an.
Dein Sohn hat Sein Leben zum Opfer geweiht.
Der Himmel steht offen zur ewigen Freud!“

Gerlinde

So gibt es unzählige Zeugnisse über erhörte Fürbittegebete. Was für einen Einfluss können wir durch diesen Dienst im Leben einzelner Personen und in der ganzen Gesellschaft haben.
Ähnlich diesem Dienst ist auch unser Wächterdienst. Wir sollten, über das, was in der Gesellschaft, in der wir leben, vor sich geht, informiert sein. Kynan Bridges sagte in seiner Predigt: Wir sollen nicht gleichförmig der Welt sein (siehe Röm.2.2), jedoch schon wissen, was in ihr vorgeht. Durch unsere Stellung in Jesus Christus können wir so Autorität über böse Mächte nehmen und unsere Umwelt schützen. Er bezog sich in diesem Fall auf das Konzert von einem Rapper, bei dem acht junge Menschen totgetrampelt wurden. In seinen Texten geht es wohl gerne mal um den Tod. Wenn dann so ein großes Publikum diese Texte feiert und mit grölt, wird in der geistlichen Welt jemand eingeladen, ja richtig, der Geist des Todes!
Oft werden in solchen Konzerten von den Kids meist nicht bewusst, böse Mächte angebetet.
Wir Christen sollten in der unsichtbaren Welt gegen solche Angriffe aufstehen, Stellung beziehen und die Bösen binden. Wir sollten unserem Gott vermehrt Lobpreis und Anbetung bringen und SEINEN Namen über die ganze Musik Szene erheben!
Zum Wächterdienst gehört auch, für die Wahrheit einzutreten.
Große Teile der verschiedenen Konfessionen lehnen viele Wahrheiten, z. B. über die Identität der Menschen als Mann und Frau, die Jungfrauengeburt, Gottes Idee der Familie, der Weg in den Himmel und viele mehr ab. Wer ist das Wort Gottes? Wer ist die Wahrheit? Genau. JESUS!

Stimmen wir mit jenen ein, die IHN und seinen Anspruch, der einzige Weg in den Himmel zu sein, ablehnen, überein? Schweigen ist stille Zustimmung! Die Zeiten des „pretty, pretty pony“ Evangeliums (Joseph Z.) sind vorbei! Stehen wir für die Wahrheit ein, auch wenn sie uns aus der Komfortzone lockt, uns unbequem wird? Wir sollten unbedingt, wenn wir mit Menschen über das Evangelium reden, Phrasen vermeiden wie: „Wir sind ja alle Gottes Kinder.“ Das entspricht nicht der Wahrheit. Wir sind alle Gottes Geschöpfe. Gottes Kinder sind jedoch nur diejenigen, die durch das Annehmen des Opfers Jesu für sich persönlich vom Königreich des Teufels in das Königreich Gottes gewechselt haben. Markus erzählte heute in seiner Predigt von einem Richard Wurmbrand in Rumänien. Er war ein lutherischer Pfarrer. Zur Zeit des Kommunismus wurden irgendwann alle Pfarrer in ein großes Kongresszentrum „geladen“. Dort mussten sie sich einzeln öffentlich am Mikrofon zum Kommunismus bekennen. Viele brachen ein und taten, wie ihnen befohlen war. Kurz bevor Richard Wurmbrand an der Reihe war, ermahnte ihn seine Frau, er solle doch bitte die Schande, die seine Kollegen Jesus Christus ins Gesicht geworfen hatten, mit der Wahrheit abwischen. Er tat es, wissend, was ihn erwartete. Jahrelange Dunkelhaft und Folter für die Wahrheit! Dort gründete er eine Untergrundkirche und führte viele Menschen zu Jesus, unter anderem seine Peiniger. Was für ein Zeugnis!

Markus stellte in seiner Predigt folgende Frage: „ Mit welcher Erwartung beugst Du Dich Jesus? Für Sicherheit? Für Wohlstand? Für Anerkennung? Dafür, dass er möglichst Deiner Agenda folgt? Interessante Fragen stellen sich uns da. Jesus war sich Seines Status in der Welt immer bewusst. Er suchte keine Anerkennung oder Bestätigung von Menschen. Er war gekommen, um zu dienen. Seine Aufgabe auf Erden war es, den trennenden Vorhang zwischen Gott und den Menschen zu zerreißen. Das tat Er mit dem Preis Seines Lebens.

Als Gesandte an Christi statt (siehe 2.Kor.5.20), ist es auch unsere

Aufgabe zu dienen, und zwar dort, wo Jesus uns hinstellt.
Unsere Aufgabe ist es, den Menschen zu sagen: „Lass Dich mit Gott versöhnen!" Das ist der Versöhnungsdienst. Machen wir uns keine Sorgen über unsere Begrenztheit. Denken wir an die Geschichte von der Witwe, deren Ölkrüge durch ein Wunder von Elisa gefüllt wurden. Alles, was sie irgendwoher auftreiben konnte, wurde gefüllt.
Unterschätze nicht, was Gott in Deine Hand gelegt hat. Gib IHM das, was Du hast wie der kleine Junge bei der Brotvermehrung. ER macht daraus etwas unerwartet Großes!
Last but not least gibt es natürlich für uns, den Missionsauftrag, den Jesus Seinen Jüngern erteilt hat, bevor ER in den Himmel auffuhr! Er wird in zwei Evangelien erwähnt.

„Geht nun hin und macht alle Nationen zu Jüngern, und tauft sie auf den Namen Des Vaters, Des Sohnes und Des Heiligen Geistes, und lehrt sie, alles zu bewahren, was Ich euch geboten habe!"
Mt.28.19-20

„Und Er sprach zu ihnen: Geht in die ganze Welt und predigt das Evangelium der ganzen Schöpfung!"
Mk.16.15

Hier steht es ganz deutlich: „Geht nun hin!" Dieses bedeutet, dass wir aufstehen und aktiv werden, und nicht auf dem Sofa unserer Komfortzone (ich bin ja auf dem Weg in den Himmel, nach mir die Sintflut) sitzen bleiben. Wie genau das für den Einzelnen aussieht, zeigt uns Der Heilige Geist. Genauso wie die Art, wie wir das Evangelium verkünden: Mit Weisheit und Liebe, niemals anklagend und furchterregend, jedoch klar und wahr. Es gibt nur diesen einen Weg in den Himmel, und das war immer, ist, und bleibt für alle Ewigkeit JESUS CHRISTUS! Ich möchte dieses Kapitel mit einem Zitat beenden.

„Lass meine sterblichen Lippen das ewige Evangelium verkündigen und meine sterblichen Hände Dein ewiges Reich bauen, zur Verherrlichung Des Vaters:“
Reinhard Bonnke

Schlusswort

Nun sind wir so ziemlich am Ende unserer Reise in die Tiefen des Lebens als Christ aus der Sicht einer einfachen Frau, die durch nichts anderes qualifiziert ist, darüber zu schreiben, als durch ihre Liebe zu ihrem wunderbaren Gott, angekommen.
Einige Bibelstellen hast Du vielleicht doppelt gelesen. Das macht aber nichts, denn doppelt gemoppelt hält besser.
Du hast Denkanstöße darüber erhalten, wer Du wirklich in Jesus Christus bist und welche Rolle Du in Seinem Königreich übernehmen möchtest. Die Entscheidung darüber liegt allein bei Dir!
Hast Du Seinen Ruf, ein Jünger nicht bloß ein Kind zu sein gehört? Du hast darüber gelesen, wie wichtig es ist, seinen Gott, sich selbst und seine Feinde zu kennen. Du hast darüber gelesen, was Dich auf Deinem Weg stören oder ablenken kann, Dir gar schaden kann; und was Dich stark macht, dauerhaft im Sieg zu bleiben. Du hast über kreative Vorschläge gelesen, wie Du die Liebe Gottes zu den Menschen tragen kannst.

„Der Geist Des Herrn ist über Mir, darum, dass Mich Der Herr gesalbt hat. Er hat Mich gesandt, den Elenden zu predigen, die zerbrochenen Herzen zu verbinden, zu verkündigen den Gefangenen die Freiheit, den Gebundenen, dass ihnen geöffnet werde:“
Jes.61.1

Das gilt für Jesus und jetzt für uns alle.

Ich hoffe, liebe (r) Lesende, dass Du davon inspiriert wurdest, mit neuem Feuer den Löwen von Juda in die Welt zu tragen. Es ist ernst! Es geht um Jesus! Es geht um verlorene Menschen! Es geht um Dich! Ja, genau um DICH!
DU machst den Unterschied in Deiner Umgebung. DU wirst gebraucht!

Wir sind nicht umsonst in diese spannende Zeit geboren worden. Gottes Zusage, uns immer zu schützen, zu versorgen, unsere Kämpfe zu kämpfen, uns niemals zu verlassen, ect. steht. Wir müssen uns jetzt darauf verlassen und ohne Angst das Licht in unserer Umgebung sein, das Der Herr schon immer in uns gesehen hat. Ich bin mir sicher, dass Zeichen und Wunder uns in diesen Zeiten begleiten werden.
Die Welt wird sehen, dass Der Herr Seine Kinder in allem segnet!
Wir sind „der *Kopf und nicht der Schwanz*"(siehe 5.Mose28*)*
In Jesu Namen dürfen wir das Land einnehmen, auf das wir unseren Fuß setzen *(*siehe Jos.1.3)
Mein Gebet für uns alle ist, dass wir in Liebe, Treue und Vollmacht vorangehen und uns durch nichts mehr zurückhalten lassen.

„Herr regiere in uns,
Herr regiere um uns,
Herr regiere durch uns!"

„ Deshalb beuge ich meine Knie vor Dem Vater, von Dem jede Vaterschaft in den Himmeln und auf Erden benannt wird: Er gebe euch nach dem Reichtum Seiner Herrlichkeit, mit Kraft gestärkt zu werden durch Seinen Geist an dem inneren Menschen; dass Der Christus durch den Glauben in euren Herzen wohne und ihr in Liebe gewurzelt und gegründet seid; damit ihr imstande seid, mit allen Heiligen völlig zu erfassen, was die Breite und Länge und Höhe und Tiefe ist, und zu erkennen die die Erkenntnis übersteigende Liebe Des Christus, damit ihr erfüllt werdet zur ganzen Fülle Gottes. Dem aber, Der über alles hinaus zu tun vermag, über die Maßen mehr, als wir erbitten und erdenken, gemäß der Kraft, die in uns wirkt, IHM sei die Herrlichkeit in der Gemeinde und in Christus Jesus auf alle Geschlechter hin von Ewigkeit zu Ewigkeit! Amen!"
Eph.3.14-21

Zum Schluss grüße ich Euch alle ganz herzlich, die bekannten und die unbekannten Geschwister!
Ich bete für Euch alle und freue mich über jeden einzelnen! Wie unfassbar wertvoll Ihr alle seid! Ihr seid auch nicht alleine, wir sind viele! Lasst uns zusammenstehen!

Gerne würde ich von Euch hören, welche Erfahrungen Ihr mit dem Weitergeben der einzig wirklich frohen Botschaft gemacht habt. Schreibt mir gerne unter: margret.jakobs@web.de
Die Idee für mein nächstes Buch entsteht gerade. Es wird über gelebte Liebe in schweren Zeiten handeln und viele Zeugnisse darüber enthalten. Wenn Deines dabei sein soll, lass es mich wissen!

Herzliche Grüße, Margret

Anhänge

Texte der neuen CD von CGN Musik aus Nordhorn

Du lebst in mir
CGN Music

Aus nichts schuf Er das All, sein Wort spannt den Himmel weit
Der Schöpfer aller Welt, Er haucht mir Leben ein

So sanft und doch so stark, spür ich deine Kraft in mir
Du sprichst mir leise zu, Liebe erobert mich

Ich bin Dein und Du bist mein
Hier steh ich, will bei dir sein

Höchster Herr, nur Dir sei Ehr'
Dir mein Gott den ich verehr'
Jesus, Herr, Du lebst in mir
Nah bei dir, Herr, ruhe ich
Deine Kraft sie festigt mich
Höchster Herr, Du lebst in mir

Du leuchtest mir den Weg, Herrlichkeit kommt über mich
Du schenkst mir Glauben Herr, den Himmel spüre ich

I I I I I

Allerhöchster, Du regierst, Jesus Herr Du lebst
Wie herrlich und geheimnisvoll, Jesus dass du lebst
In mir

Du liebst mich

Timon Uilenberg

Intro:

Du hast mich erkannt, hast mich gesehn
Du hörtest mein Bitten und mein Fleh'n
Als ich voller Furcht und Zweifel war
sogar Todesangst über mich kam
Herr ich ruf zu Dir, Du rettest mich
Du belebst und Du erneuerst mich
Du warst da als ich ganz unten war
Und du nahmst die Fesseln von mir ab

Du mein Gott, Du bist
Höher als der höchste Berg, Du bist
Tiefer als der Ozean, Du bist
Der, der mich vollkommen liebt, Du liebst mich

Du hältst mich, sicher in deiner Hand
Du schützt den, der sich auf dich verlässt
Du hältst mich fest, mein König, Herr

Du mein Gott, Du bist, höher als der höchste Berg
Tiefer als der Ozean, Der, der mich vollkommen liebt, Du liebst mich

Du regierst
CGN Music Chidi Dimkpa

I I I I I I I I

Herr ich schaue nur auf Dich, der meine Seele liebt

Mein Herz bleibt fest in Dir, Du bist mein Alles, Herr

König, niemand kommt Dir gleich, Auferstandner Herr
Mit liebe nun gekrönt, Ewig auf dem Thron

Deinen Ruhm verkünden wir, damit die Welt es sieht
Du regierst in Ewigkeit, die ganze Erde singt

Komm, Jesus regier
Lass dein Reich entstehn, was du willst gescheh'
Komm, Jesus regier
Herr mach uns bereit, komm in Herrlichkeit
Ende: Komm in Herrlichkeit

| | |

Wenn die Zeit zu Ende ist
Werden wir dich seh'n
Der allerhöchster Herr
Der ewiglich regiert

Du warst da
Timon Uilenberg

Du warst da durch alle Zeiten
Wir haben deine Spuren gesehn
Herr Du bist allgegenwärtig, Du bleibst bestehen

Du warst schon da im Vergang'nen
Ich konnte deine Werke sehn
Ich weiß Herr Du bist immer mit mir, gleich hier bei mir

Ich durfte sehen dass du gut bist, Du machst es wahr
Meine Augen sind nun offen, ich sehe klar

Ich schaue auf, Herr, zu den Bergen, wo mir Hilfe her kommt
Ich weiß dass Du für mich kämpfst, ich sehe es ganz klar
Du bist mein Beschützer, bewahrst mich vor dem Bösen
Bist mit mir wenn ich kämpfe, ich sehe es ganz klar

Herr du zogst mich aus dem Dunkeln
Begleitest mich durch jedes Leid
Bist meine Kraft und mein Heiler, Herr Du regierst

Und wenn der Sturm aufkommt, vertraue ich auf dich
Und in der tiefsten Nacht , trägst Du mich in dein Licht
Herr Du bist immer stark, nichts kann vor Dir bestehn
In dir gewinnen wir, entschieden ist der Sieg

Ehrenkönig
René Luik

Wir ehren den Namen Jesus, der in jedem Kampf gesiegt
Den Tod hat Er überwunden, Jesus Christus, Er regiert

Wir schauen auf den Erlöser, sein Blut hat uns rein gemacht
Er führt uns in seine Freiheit, Er hat uns hierher gebracht

Öffnet die Tür, werft auf das Tor, lasst den Ehrenkönig ein
Steht nun auf für den mächt'gen Gott

Wir heben den Namen Jesus hoch, Erhebt eure Stimme und singt sein Lob
Preist den Herrn, preist den Herrn, unsern Ehrenkönig

Wir heben den Namen Jesus hoch, erhebt eure Stimme und singt sein Lob
Preist den Herrn, preist den Herrn, unsern Ehrenkönig

Macht Bahn unserm Ehrenkönig, der vom Himmel zu uns kam
Um für uns am Kreuz zu leiden, nahm Er die Siegeskrone an

Öffnet die Tür   öffnet die Tür
Öffnet die Tür , lasst den Ehrenkönig ein
Öffnet die Tür , lasst den Ehrenkönig ein
Öffnet die Tür, werft auf das Tor, Lasst den Ehrenkönig ein
Steht nun auf für den mächt'gen Gott
Steht nun auf für den mächt'gen Gott

Wir heben den Namen Jesus hoch, erhebt eure Stimme und singt sein Lob
Preist den Herrn, preist den Herrn, unsern Ehrenkönig
Wir heben den Namen Jesus hoch, erhebt eure Stimme und singt sein Lob
Preist den Herrn, preist den Herrn, unsern Ehrenkönig
Preist den Herrn, preist den Herrn, unsern Ehrenkönig
Preist den Herrn, preist den Herrn, unsern Ehrenkönig

Friedefürst
CGN Music - Rene Luik

Bricht deine Welt zusammen, sind Tage schwarz wie Nacht
Scheint Er in all dem Chaos, als Licht, das nie erlöscht
Wenn alle Hoffnung schwindet, und Furcht das Herz ergreift
Dann schaue doch auf Jesus, Er steht dir immer bei

Schau auf den Friedefürst
Der Stürme stillt und Ängste nimmt

Halt' an Ihm fest
Sein Name lässt das Dunkel flieh'n
Jesus, Jesus

Wirf alle deine Lasten und Zweifel nun auf Ihn
Denn Er hält auch die Zukunft, und bahnt den Weg für dich
Komm trau dich aus den Schatten, aus Elend und aus Leid
Denn sieh ein neuer Morgen, bricht an und Licht erscheint

Unser Gott beschützt uns vor dem Bösen, Er bleibt immer bei uns
Der Friedefürst ist hier
In den Sturm bergen wir uns bei ihm, Er bleibt immer bei uns
Der Friedefürst ist hier

Du bist der Friedenfürst
Der mir die Angst und Stürme nimmt
Ich trau auf Ihn
Sein Name lässt das Dunkel flieh'n
Jesus, Jesus, Jesus

Maranatha
CGN Music

Immer stärker, immer klarer, immer näher deine Hand
Lass es uns noch heut erfahren, Jesu Heil in unserm Land

Unabwendbar, unvermeidbar, ist das Ende dieser Zeit
Du wirst kommen und erneuern , Unvollkommenes wird befreit

Seht Er kommt dann mit den Wolken, jedes Auge wird ihn sehen
Um die Seinen abzuholen, Halleluja Er regiert

Ewig wird die Freude sein, nah an deinem Herz zu sein
Nicht mehr Fragen nur versteh'n, nicht mehr Glauben sondern sehn
Du hast schon vorausgedacht, deine Pläne längst gemacht
Wartest nur auf unsern Schrei, Zeig uns deine Herrlichkeit!

Unaufhörlich, ja beständig, immer weiter wirkst Du Herr
Deine Wege, deine Liebe, deine Stimme immer mehr

Maranatha, Jesus komm, Maranatha, wir erwarten dich!

Ende:
Zeig uns deine Herrlichkeit!
Zeig uns deine Herrlichkeit!
Maranatha Jesus komm!

Menschensohn
CGN Music

| | | | |

Er kommt in Macht und Majestät
Und jeder wird seine Schönheit sehn
Die Augen flammen in seinem Gesicht
was im Verborg'nen liegt, bringt Er ins Licht

So wird es sein wenn unser Herr erscheint
Die Dunkelheit muss fliehn wo Er sich zeigt

Menschensohn, Jesus du bist
Anfang und End, der herrscht in Ewigkeit
Dir sei Ehr, Dein Name sei erhöht
König Herr und Menschensohn (zur Bridge)

Er kommt und siegt über Dunkelheit
und richtet alle Ungerechtigkeit
Seine Stimme rauscht wie Wellen im Meer
Die Schlüssel von dem Totenreich hält Er

|| | | | ||

Stimmt ein herrliches, schallendes Loblied an
Unserm mächtigen, König der, den Tod überwand

Heilig heilig, Gott allmächtig Der der ist, der war, der kommt
Auch der Himmel beugt sich in Ehrfurcht vor dem auferstandnen Sohn

Tag
| | | |

Messias
CGN Music
Tempo: 101 BPM

Freude statt Trauer, Freiheit statt Knechtschaft
Ein Ruhmesgewand, reichst du uns an

Du nimmst das Zerbroch'ne, und krönst es mit Ehre
Herr, Du schenkst dein Licht, so daß Blinde seh'n

Hab' keine Angst, und fürcht' dich nicht

Seine Nähe, sie umgibt uns, der Himmel öffnet sich

Der Messias, Gott der rettet, unsre Schmerzen heilt
Der starke Krieger besiegt die Angst, Er freut sich über uns
Messias, Gott, ist hier

Du führst Gefang'ne, in deine Freiheit
Dein Segen kommt, heilt jedes Leid

Die Zeit ist da, sein Segen ist hier
Er leitet uns aus dem Dunkeln heraus
Die Zeit ist da, die Rettung ist hier
Alles wird neu, unser Gott er regiert

Gott er regiert, Gott Er regiert 2x

Spuren
Text: Thea Bakker Musik: Timon Uilenberg & Thea Bakker

Bis ans Ende dieser Welt hast Du versprochen wirst Du mit uns sein
Von Deiner Liebe kann uns Nichts und Niemand trennen Du wirst für uns sein

Jesus nach Dir verlange ich, deine Liebe sie umwirbt mich

Manche Tage ist uns nicht ganz klar ob du uns hörst und du uns siehst
Herr dann bring uns in Erinnerung dass Du uns kennst und Du uns liebst

Jesus komm berühre mich, ich vertraue nur auf Dich

Und schaue ich zurück Herr dann weiß ich, Du bist bei mir
Auch wenn ich es nicht spüren kann

Ist Dein Wort trotzdem wahr, Du bleibst mir immer nah
Und Du lässt deine Spuren zurück
Du tust vieles für mich was ich vorher nicht sah
Und doch warst Du immer da

Wenn das Leben manchmal schwierig wird dann zeige es mir nochmal, Herr
das du hältst was Du versprichst und Deine Worte bleiben niemals leer

Herr Du lässt mich nie im Stich, deine Worte stärken mich

Es ist wunderbar, Du bist für mich da
In jedem Atemzug, jedem Blick zurück
Egal wie es mir geht, egal wohin ich seh
Du bist immer bei mir

Über alle Namen

Ich laufe zu Dir, Du ziehst mich näher Herr
Ich weiß du liebst mich, schenkst mir Geborgenheit
Mein Gott du hältst mich, und lässt mich nie mehr los
Mein Herz freut sich an Dir

Intro, Vers 1

Deinen Namen heb' ich hoch
hoch über alle Namen, Jesus Herr
Der auferstand
Und unsre Schuld und Schande nahm

In deiner Nähe, spür ich wie Du mich liebst
Mein Herz schlägt schneller, und es wird hell in mir
Ich heb die Hände hoch, und sehe nur noch Dich

Mit Freude jubel ich!

Chorus groß 2x
Chorus klein
Chorus mid Aufbau
Chorus groß, ende repeat 3x, intro

Alternative Bridge
Deinen Namen ehre ich
Lass mein Lob ein Opfer sein
Du bist heilig, würdig und wunderschön
Herr wir feiern dich!

Verändert
CGN Music

Durch deine Gnade darf ich zu Dir kommen
Trotz meine Fehler sagst Du Ja zu mir
aus Liebe nun gekrönt
Voller Gnade nahmst du mich vollkommen an

Verändert ist mein Herz weil Du vergibst Herr
Du hast den Tod besiegt und mich erlöst
Was du für mich getan
All das werde ich niemals vergessen, Herr

Komm und lob den Herrn! Preis den Namen Jesus!
Hier nah bei dir darf ich sein
Herrlicher Retter, mir ist vergeben
Mein König hat mich geheilt

Unendlich, unerschöpflich deine Gnade
In Treue hältst Du das was Du versprichst
In Liebe schenkst du mir
Deinen Frieden der all mein Verlangen stillt

So fern der Osten vom Westen ist
So weit entfernst Du die Schuld von mir
So weit wie das Sternenzelt
So bleibt deine Liebe die mich hält

Gottfakten im neuen Bund

... „Als wir Gott noch als Feinde gegenüberstanden, hat Er uns durch den Tod Seines Sohnes **mit Sich versöhnt.**“
(Röm.5.10)

... „**In Christus hat Gott selbst gehandelt** und hat die Menschen mit Sich versöhnt. ER hat ihnen **ihre Verfehlungen vergeben und rechnet sie nicht an.**“
(2.Kor.5.19)

... „Wir rühmen uns damit, dass wir **Gott auf unserer Seite haben.** Das verdanken wir Jesus Christus, unserem Herrn...“
(Röm.5.11)

... „Ebenso werden alle **vor Gott zu Gerechten**, weil Der Eine gehorsam war.“
(Röm.5.19)

... „Ihr seid **tot für die Sünde**, aber weil ihr mit Christus verbunden seid, lebt ihr für Gott.“
(Röm.6.11)

... „ ich bin **tot für das Gesetz**...und jetzt **lebe ich für Gott.** Ich bin **mit Christus am Kreuz gestorben.** Darum lebe nun nicht mehr ich, sondern **Christus lebt in mir.**“
(Gal.2.19-20)

... „denn ihr lebt **nicht mehr unter dem Gesetz**, sondern unter der Gnade.“
(Röm.6.14)

... „Aber jetzt seid ihr **vom Dienst der Sünde frei geworden** und dient Gott.“

(Röm.6.22)

... „Der Lohn, den die Sünde zahlt, ist der Tod. Gott aber schenkt uns unverdient, aus reiner Gnade, **ewiges Leben** durch Jesus Christus, unseren Herrn."
(Röm.6.23)

... „So **dienen wir Gott in einem neuen Leben, das Sein Geist in uns schafft**, und nicht mehr auf die alte Weise nach den Buchstaben des Gesetzes."
(Röm.7.6)

... „Vor dem Gericht Gottes gibt es also **keine Verurteilung mehr**, für die, die mit Jesus Christus verbunden sind."
(Röm.8.1)

... „denn so, wie es vor Gott angemessen ist, **legt ER (HL Geist) Fürsprache ein** für die, die Gott als Sein Eigentum ausgesondert hat. „
(Röm.8.27)

... „Für die, die Gott lieben, **muss alles zu ihrem Heil dienen."**
(Röm.8.28)

... „dann steht auch fest, dass sie **an Seiner Herrlichkeit teilhaben."**
(Röm.8.30)

... „ aber mitten in all dem **triumphieren wir als Sieger** mit Hilfe dessen, Der uns so sehr geliebt hat."
(Röm.8.37)

... „**Nichts in der ganzen Welt kann uns jemals trennen von der Liebe Gottes**, die uns verbürgt ist in Jesus Christus, unserem Herrn"
(Röm.8.39)

... „Euch aber hat Gott zur Gemeinschaft mit Jesus Christus berufen. Mit IHM hat Er uns alles geschenkt. ER ist unsere Weisheit – die wahre Weisheit, die von Gott kommt....Durch Ihn hat Gott uns zu einem heiligen Volk gemacht und uns von aller Schuld befreit....
(1.Kor.1.30)

... „uns hat Gott dieses Geheimnis enthüllt durch Seinen Geist, Den ER uns gegeben hat. Denn Der Geist erforscht alles, auch die geheimsten Absichten Gottes."
(1.Kor.2.10)

... „Euch gehört doch alles, ob es nun Paulus ist oder Apollos oder Petrus; euch gehört die ganze Welt, das Leben und der Tod, die Gegenwart und die Zukunft. Alles gehört euch, ihr aber gehört Christus, und Christus gehört Gott."
(1.Kor.3.21 –23)

... „und ihr gehört nicht mehr euch selbst. ER hat euch freigekauft und als Sein Eigentum erworben."
(1.Kor.6.19 – 20)

...Christus hat für euch bezahlt...
(1.Kor.7.23)

... „wie viel mehr wird dann die Herrlichkeit Gottes von dem ausstrahlen, was für immer besteht!"
(2.Kor.3.10)

... „Wir alle sehen mit unverhülltem Gesicht die Herrlichkeit des Herrn wie in einem Spiegel. Dabei werden wir selbst in Sein Bild verwandelt und bekommen mehr und mehr Anteil an Seiner Herrlichkeit. Das bewirkt Der Herr durch Seinen Geist."

(2.Kor.3.18)

... „Die Lebenskräfte, die ich von Natur aus habe, werden aufgerieben.; aber **das Leben, das Gott mir schenkt, erneuert sich jeden Tag.**“
2.Kor.4.16)

... „Weil ER für sie gestorben ist, **gehört ihr Leben nicht mehr ihnen selbst, sondern Dem**, Der für sie gestorben und zum Leben erweckt worden ist.“
2.Kor.5.15)

... „Wenn also ein Mensch zu Christus gehört, **ist er schon eine neue Schöpfung**. Was früher war, ist vorbei; etwas ganz Neues hat begonnen.“
(2.Kor5.17)

... „Gott hat Christus, Der ohne Sünde war, **an unserer Stelle als Sünder verurteilt**, damit **wir durch IHN vor Gott als gerecht bestehen können.**“
(2.Kor.5.21)

... „Jesus Christus, Dem Herrn, Der **Sein Leben für unsere Sünden gegeben hat, um uns aus der gegenwärtigen Welt zu befreien**, die vom Bösen beherrscht wird.“
(Gal.1.3-4)

... „Gott hat euch durch die gute Nachricht dazu berufen, dass **ihr unter der Gnade steht**, die Christus gebracht hat.“
(Gal.1.6)

... „“Sie wollten sich zu Richtern über die **Freiheit** machen, **die wir durch Jesus Christus haben...**“
(Gal.2.4)

... „Christus hat uns **von dem Fluch freigekauft**, unter den uns das Gesetz gestellt hatte. Denn ER hat an unserer Stelle den Fluch auf Sich genommen"
(Gal.3.13)

... „Ihr seid jetzt **mündige Söhne und Töchter Gottes** – durch den Glauben und weil **ihr in engster Gemeinschaft mit Jesus Christus verbunden seid.**"
(Gal.3.26)

... „Durch eure Verbindung mit Jesus Christus seid ihr alle **ein neuer Mensch** geworden."
(Gal. 3.28)

... „Weil ihr nun Gottes Söhne und Töchter seid, **gab Gott euch den Geist Seines Sohnes ins Herz.** Der ruft aus uns „Abba! Vater""
(Gal.4.6)

... „...dann bist du nach Gottes Willen auch **Erbe:**"
(Gal.4.7)

... **„Gott hat euch erkannt, und das heißt: euch erwählt."**
(Gal.4.9)

... „Christus hat uns **befreit;**"
(Gal.5.1)

... „Wenn ihr euch aber vom Geist Gottes führen lasst, dann **steht ihr nicht mehr unter dem Gesetz."**
(Gal.5.18)

... **„Der Geist Gottes dagegen lässt als Frucht eine Fülle von Gutem wachsen, nämlich:**

Liebe, Freude und Frieden, Geduld, Freundlichkeit und Güte, Treue, Bescheidenheit und Selbstbeherrschung."
(Gal.5.22)

... „Denn durch Christus hat ER **uns Anteil gegeben an der Fülle der Gaben Seines Geistes in der himmlischen Welt:"**
(Eph.13)

... „Schon bevor Er die Welt erschuf, hat ER uns vor Augen gehabt als Menschen, die zu Christus gehören.; in Christus hat Er uns schon damals erwählt, dass wir **heilig und fehlerlos** vor Ihm stehen."
(Eph.1.4)

... „Durch Dessen Blut sind wir **erlöst, unsere ganze Schuld ist uns vergeben**....In Seiner überströmenden Gnade schenkte ER uns **Einsicht und ließ uns Seine Wege erkennen.**"
(Eph.1.7,8)

... „Durch Christus haben wir **Anteil** bekommen **am künftigen Heil.**"
(Eph.1.11)

... „Durch Christus hat Gott euch **Den Heiligen Geist gegeben**, Den Er den Seinen versprochen hatte; damit hat Er euch **Sein Siegel aufgedrückt.**"
(Eph.1.13)

... „Ihr sollt begreifen, wie **überwältigend groß die Kraft ist, mit der Er an uns, den Glaubenden wirkt."**
(Eph.1.19)

... „Alles hat Gott Ihm unterworfen; **Ihn aber, Den Herrn über alles, gab Er der Gemeinde zum Haupt."**
(Eph.1.22)

... „Er hat uns **Seine ganze Liebe geschenkt**."
(Eph.2.4)

... **„Er hat uns mit Jesus Christus vom Tod auferweckt und gemeinsam mit IHM in die himmlische Herrschaft eingesetzt."**
(Eph.2.6)

... „Durch Jesus Christus hat Er uns **so geschaffen, dass wir nun Gutes tun können**. Er hat sogar **unsere guten Taten im voraus geschaffen**, damit sie in unserem Leben Wirklichkeit werden "
(Eph.2.10)

... „Christus ist es, Der uns allen **den Frieden gebracht** und **Juden und Nichtjuden zu einem einzigen Volk verbunden** hat. Er hat die **Mauer eingerissen**, die die beiden trennte und zu Feinden machte. Denn durch Sein Sterben hat Er **das jüdische Gesetz** mit seinen zur Trennung führenden Vorschriften **beseitigt**. So hat ER Frieden gestiftet. Er hat die getrennten Teile der Menschheit mit Sich verbunden und daraus **einen neuen Menschen geschaffen**...durch Seinen Tod hat Er **alle Feindschaft für immer getötet**."
(Eph.2.14 – 16)

... „Durch IHN dürfen wir beide, Juden und Nichtjuden, **in einem Geist vor Gott, Den Vater treten."**
(Eph.2.18)

... „Ihr habt **Bürgerrecht im Himmel** zusammen mit den Engeln, ihr **seid Gottes Hausgenossen."**
(Eph.2.19)

... „Weil ihr zu Christus gehört, seid auch ihr **als Bausteine in diesen Tempel eingefügt, in dem Gott durch Seinen Geist wohnt."**
(Eph.2.22)

... „Und auch die **versprochenen Gaben hat ER ausgeteilt.**"
(Eph.4.11)

... „so wie **Gott euch durch Jesus Christus vergeben hat**, was ihr Ihm angetan habt."
(Eph.4.32)

... „Nehmt euch Gott zum Vorbild. Ihr **seid doch Seine geliebten Kinder!**"
(Eph.5.1)

... „aber jetzt **seid ihr Licht**, weil ihr mit dem Herrn verbunden seid."
(Eph.5.8)

... „Wir dagegen haben schon jetzt **Bürgerrecht im Himmel**, bei Gott."
(Phil.3.20)

... „**Allem bin ich gewachsen**, durch Den, Der mich stark macht."
(Phil.4.13)

... „ so gewiss Er euch durch Jesus Christus **am Reichtum Seiner Herrlichkeit teilhaben** lässt."
(Phil.4.19)

... „Denn Er **hat euch befähigt, teilzuhaben am Leben Seiner heiligen Engel im Reich des Lichtes. Er hat uns aus der Gewalt der dunklen Mächte gerettet und uns unter die Herrschaft Seines geliebten Sohnes gestellt.**"
(Kol.1.12,13)

... „Aber weil Christus in Seinem menschlichen Leib den Tod auf

Sich nahm, **hat Gott mit euch Frieden gemacht. Als Sein heiliges Volk steht ihr jetzt rein und fehlerlos vor Ihm da.“**
(Kol.1.22)

... „In Christus allein wohnt wirklich und wahrhaftig die Heilsmacht Gottes in ihrer ganzen Fülle und **durch Ihn allein wird euch die Fülle des Heils zuteil...“**
(Kol.2.9)

... „ Durch Christus seid auch ihr **beschnitten worden** – nicht am Körper, sondern so, dass ihr den ganzen Körper, sofern er unter der Herrschaft der Sünde steht, abgelegt habt.“ (Taufe)
(Kol.2.11)

... „Aber Gott **hat euch mit Christus zusammen lebendig gemacht. Er hat uns unsere ganze Schuld vergeben. Den Schuldschein...hat Er für ungültig erklärt.“**
(Kol.2.13,14)

... „Ihr **seid ja schon gestorben, und euer Leben ist mit Christus bei Gott verborgen.“**
(Kol.3.3)

... Ihr **habt doch den alten Menschen mit seinen Gewohnheiten ausgezogen und habt den neuen Menschen angezogen: den Menschen, der in der Weise erneuert ist, dass er nun Gott erkennt und weiß, was Gott will.** – der erneuert ist nach dem Bild Dessen, Der ihn am Anfang nach Seinem Bild erschaffen hat. “
(Kol.3.9,10)

... „Ihr **seid von Gott erwählt.**, Der euch liebt und euch zu Seinem heiligen Volk gemacht hat.
Darum zieht nun wie eine neue Bekleidung alles an, was den neuen Menschen ausmacht:

Herzliches Erbarmen, Freundlichkeit Bescheidenheit, Milde, Geduld."
(Kol.3.12)

... „ in diesen Frieden hat Gott euch alle miteinander gerufen, denn ihr **seid ja durch Christus ein Leib."**
(Kol.4.15)

... „Gott, Der euch **Seinen Heiligen Geist gegeben hat**, damit ihr so leben könnt, wie es Ihm gefällt."
(1.Thes.4.8)

... „Ihr alle **seid vielmehr Menschen, die dem Licht und dem Tag gehören."**
(1Thes.5.5)

... „Ihr **seid von Jesus, Dem Herrn geliebt**. Von allem Anfang an hat **Gott euch dazu erwählt**, dass ihr gerettet werdet."
(2.Thes.2.13)

... „Gott, unser Vater hat uns Seine Liebe erwiesen und uns in Seiner Gnade **einen ewig gültigen Trost und eine sichere Hoffnung geschenkt**."
(2.Thes.2.16)

... „Denn Gott hat uns nicht einen Geist der Feigheit **gegeben sondern den Geist der Kraft und der Liebe und der Besonnenheit."**
(2.Tim.17)

... „ER hat **dem Tod die Macht genommen."**
(2.Tim.1.10)

... „Du aber, mein Sohn, werde **stark durch die Gnade, die dir durch Jesus Christus geschenkt ist!"**

(2.Tim.2.1)

... „**Ihn (HL. Geist; Anmerkung von mir) hat ER in reichem Maß über uns ausgegossen durch Jesus Christus, unseren Retter.**"
(2.Tim.3.6)

... „darum sind wir auch **eingesetzt zu Erben des ewigen Lebens**..."
(2.Tim.3.7)

... „**So hat Er die Menschen befreit**, die durch ihre Angst vor dem Tod das ganze Leben lang Sklaven gewesen sind."
(Hebr.2.15)

... „Darum, meine Brüder und Schwestern, die ihr **Gott geweiht und zur Teilhabe an der himmlischen Welt berufen** seid, schaut auf Jesus.."
(Hebr.3.1)

... „**Wir haben einen Obersten Priester, Der Platz genommen hat zur rechten Seite Gottes auf dem Thron Der göttlichen Majestät im Himmel.**"
(Hebr.8.1)

... „ICH werde ihnen Meine Gesetze nicht auf Steintafeln, sondern in Herz und Gewissen schreiben. ICH werde ihr Gott sein, und sie werden Mein Volk sein."
(Hebr.8.10) - der NEUE Bund

... Jetzt aber ist Christus gekommen als Der oberste Priester, Dessen Opfer uns in Gottes Augen wirklich vollkommen gemacht hat....Und ER ist **ein für allemal hineingegangen** in das eigentliche, das himmlische Allerheiligste....sondern mit Seinem eigenen Blut. Und so **hat ER uns für immer von unserer Schuld befreit.**"
(Hebr.9.12)

... „ER ging in den Himmel selbst, um von jetzt an **ständig in der Gegenwart Gottes zu verweilen und bei IHM für uns einzutreten.**"
(Hebr.9.24)

... „Durch das, was Gott verlangt hat, nämlich dadurch, dass Jesus Christus Seinen eigenen Leib zum Opfer brachte, **sind wir nun ein für allemal von jeder Schuld gereinigt und zu Gottes Eigentum geworden.**"
(Hebr.10.10)

... „Denn mit einem einzigen Opfer hat Er alle, die Gottes Eigentum werden sollen, **für immer zur Vollendung geführt.**"
(Hebr.10.14)

... „Wir **haben also freien Zutritt zum Allerheiligsten**! JESUS hat Sein Blut geopfert und **uns den Weg durch den Vorhang hindurch frei gemacht**, diesen neuen Weg, der zum Leben führt.
Der Vorhang aber, das ist Er selbst, so wie Er in einem irdischen Leib gelebt hat. Wir **haben also einen ganz unvergleichlichen Obersten Priester**, Der über das Haus Gottes gesetzt ist."
(Hebr.10.19-21)

... „Darum wollen wir vor Gott hintreten mit offenem Herzen und in festem Glauben; **unser Gewissen wurde ja von aller Schuld gereinigt und unser Leib in reinem Wasser gewaschen.**"
Hebr.10.22)

... „ denn **Gott, DER die Zusagen gegeben hat, steht zu Seinem Wort.**"
(Hebr.10.23)

... „Wir wollen dankbar sein, weil wir **schon jetzt Anteil an jener**

neuen Welt bekommen, die durch nichts erschüttert werden kann. „
(Hebr.12.27)

... „Jesus unseren Herrn, durch dessen Blut **ER den ewigen Bund in Kraft gesetzt hat.“**
(Hebr.13.20)

... „Aus Seinem freien Willen hat ER uns durch das Wort der Wahrheit, durch die Gute Nachricht, ein neues Leben geschenkt. So **sind wir gleichsam die Erstgeborenen Seiner neuen Schöpfung.“**
(Jak.1.18)

... „nehmt bereitwillig das **Wort an, das Gott euch ins Herz gepflanzt hat.“**
(Jak.1.21)

... „In Seinem großen Erbarmen **hat ER uns neu geboren und mit einer lebendigen Hoffnung erfüllt.“**
(1.Petr.1.3)

... „**Der Geist, Den wir durch Christus empfangen haben,** war schon in ihnen wirksam...“
(1.Petr.1.11)

... „Nicht mit Silber und Gold seid ihr **freigekauft worden** – sie verlieren ihren Wert – sondern **mit dem kostbaren Blut eines reinen und fehlerlosen Opferlammes, dem Blut von Jesus Christus.“**
(1.Petr.1.18,19)

... „Ihr habt die rettende Wahrheit im Gehorsam angenommen und dadurch euer Denken und Fühlen gereinigt, um eure Brüder und Schwestern aufrichtig lieben zu können... **Ihr seid doch als neue Menschen wiedergeboren worden, aber diesmal nicht gezeugt**

durch den Samen von sterblichen Menschen, sondern durch das Wort Gottes, Das lebt und für immer bestehen bleibt..“
(1.Petr.1.22, 23)

... „Ihr aber seid das erwählte Volk, das Haus Des Königs, die Priesterschaft, das heilige Volk, das Gott selbst gehört. ER hat euch aus der Dunkelheit in Sein wunderbares Licht gerufen, damit ihr Seine machtvollen Taten verkündet.“
(1.Petr.2.9)

... „aber jetzt habt ihr Sein Erbarmen erfahren.“
(1.Petr.2.10)

... „Damit sind wir für die Sünden tot und können nun aus Glauben leben. Durch Seine Wunden seid ihr geheilt worden!“
(1.Petr.2.24)

... „Gott in Seiner Macht hat uns alles geschenkt, was wir zu einem Leben in wahrer Frömmigkeit brauchen. Er hat es dadurch getan, dass Er uns Jesus Christus erkennen ließ, Ihn, Der uns in Seiner Herrlichkeit und Kraft berufen hat.“
(2.Petr.1.3)

... „Leben wir aber im Licht, so wie Gott im Licht ist, dann haben wir Gemeinschaft miteinander, und das Blut, das Sein Sohn JESUS für uns vergossen hat, reinigt uns von aller Schuld.“
(1.Joh. 1.7)

... „Ihr aber habt von Christus Den Heiligen Geist empfangen, und ihr alle habt die wahre Erkenntnis.“
(1.Joh.12.20)

... „Solange Dieser Geist in euch bleibt, habt ihr keinen anderen

Lehrer nötig. Denn ER belehrt euch über alles."
(1.Joh.2.27)

... „Seine Liebe ist so groß, dass ER uns Seine Kinder nennt. Und wir sind es wirklich, Gottes Kinder!"
(1.Joh.3.1)

... Wer Gott zum Vater hat, sündigt nicht, weil das Erbgut seines Vaters in ihm wirkt."
1.Joh.3.9)

... „Wir wissen, dass wir den Tod hinter uns gelassen haben und das unvergängliche Leben erreicht haben."
(1.Joh.3.14)

... „Aber ihr, meine lieben Kinder , stammt von Gott und habt die falschen Propheten besiegt. ER, Der in euch wirkt, ist mächtiger als der, der diese Welt regiert."
(1.Joh.4.4)

... „Gott hat uns Anteil an Seinem Geist gegeben."
(1.Joh.4.13)

„Wir lieben, weil Gott uns zuerst geliebt hat."
(1.Joh.4.19)

... „Der Sieg über diese Welt ist schon errungen – unser Glaube ist dieser Sieg!"
(1.Joh.5.4)

... „Gott hat uns ewiges Leben gegeben, und wir erhalten dieses Leben durch SEINEN Sohn."
1.Joh.5.11)

... „Und wenn wir wissen, dass ER uns hört, wissen wir auch, **dass wir schon haben, worum wir IHN bitten.“**
(1.Joh.5.15)

... „Der **Sohn Gottes ist gekommen und hat uns die Augen geöffnet,** damit wir Den einzig wahren Gott erkennen. **Wir sind mit Dem einzig wahren Gott verbunden, so gewiss wir verbunden sind mit SEINEM Sohn Jesus Christus.**
DER einzig wahre Gott, DER ist das ewige Leben.“
(1.Joh.5.20)

Bibelstellen über sich Sorgen

„Es ist umsonst, dass ihr ...esset euer Brot mit Sorge.“
Ps.127.2

„Sorge macht alt vor der Zeit“
Sir.30.26

„...ein Mensch, der ohne Sorge lebt“
Sir.41.1

„Die Sorge der Welt und der...Reichtum ersticken das Wort“
Mt.13.26

„Marta, du hast viel Sorgen und Mühe“
Lk.10.41

„...nicht beschwert mit täglichen Sorgen...“
Lk.21.34

„Ich möchte aber, dass ihr ohne Sorge seid“

1.Kor.7.32

„außer all dem noch Sorgen für die Gemeinden"
2.Kor..11.28

„alle eure Sorge werft auf Ihn"
1.Pet.5.7

„Wie lange noch soll ich sorgen in meiner Seele?"
Ps.13.3

„Der Herr aber sorgt Sich für mich"
Ps.40.18

„sich sorgen (um den Reichtum) lässt nicht schlafen"
Sir.31.1

„Sorgt nicht um euer Leben"
Mt.6.25

„Sorgt nicht, wie oder was ihr reden sollt"
Mt.10.19

„sorgt für den Leib nicht so, dass ihr verfallt"
Röm.13.14

„Wer ledig ist, sorgt sich um die Sache Des Herrn"
1.Kor.7.32

„damit die Glieder in gleicher Weise füreinander sorgen"
1.Kor.12.25

„Der so herzlich für euch sorgen wird"
Phil.2.20

„Sorgt euch um nichts"

Phil.4.6

„Er sorgt für euch“
1.Petr.5.7

(Quelle: Wortkonkordanz zur Lutherbibel 1984 , Deutsche Bibelgesellschaft)

Eph.6.10-17, geistliche Waffenrüstung

„Schließlich: Werdet stark im Herrn und in der Macht Seiner Stärke! Zieht die ganze Waffenrüstung Gottes an, damit ihr gegen die Listen des Teufels bestehen könnt! Denn unser Kampf ist nicht gegen Fleisch und Blut, sondern gegen die Gewalten, gegen die Mächte, gegen die Weltbeherrscher dieser Finsternis, gegen die (geistigen) Mächte der Bosheit in der Himmelswelt. Deshalb ergreift die ganze Waffenrüstung Gottes, damit ihr an dem bösen Tag widerstehen, und, wenn ihr alles ausgerichtet habt, stehen (bleiben) könnt.
So steht nun,
eure Lenden umgürtet mit Wahrheit,
bekleidet mit dem Brustpanzer der Gerechtigkeit,
und beschuht an den Füßen mit der Bereitschaft (zur Verkündigung) des Evangeliums des Friedens!
Bei alledem ergreift den Schild des Glaubens, mit dem ihr alle feurigen Pfeile des Bösen auslöschen könnt!
Nehmt auch den Helm des Heils...
...und das Schwert des Geistes, das ist Gottes Wort!“

Bibelstellen über Vertrauen

„Wenn Der Herr die Stadt nicht bewacht, wacht der Wächter

vergebens."
Ps.127.1.b

„ Das Pferd wird gerüstet für den Tag der Schlacht, aber Rettung ist (Sache) Des Herrn"
Spr.21.31

„Siehe, die Hand Des Herrn ist nicht zu kurz um zu retten, und Sein Ohr nicht zu schwer, um zu hören."
Jes.59.1

„...Ich werde euch herausführen..., euch aus ihrer Arbeit erretten und euch erlösen mit ausgestrecktem Arm und durch große Gerichte. Und Ich will euch Mir zum Volk annehmen und will euer Gott sein."
2.Mo.6.6-7

„Der Herr ist mir ein Fels und meine Burg und mein Erretter. Mein Gott ist mein Hort, bei Dem ich Zuflucht suche.... Mein Retter, vor Gewalttat rettest Du mich."
2.Sam.22.2-3

„Wer kann vor Seinem Groll bestehen, wer standhalten bei der Glut Seines Zorns? Sein Grimm ergießt sich wie Feuer, die Felsen bersten durch Ihn. Gut ist Der Herr. Er ist ein Zufluchtsort am Tag der Bedrängnis; und Er kennt die, die sich bei Ihm bergen.
Nah.1.6-7

„Wenn du durchs Wasser gehst, Ich bin bei dir, und durch Ströme, sie werden dich nicht überfluten. Wenn du durchs Feuer gehst, wirst du nicht versengt werden, und die Flamme wird dich nicht verbrennen. Denn, Ich bin Der Herr dein Gott, Ich, Der Heilige Israels, dein Retter."

Jes.43.2-3.a

„Er wird sich nicht fürchten vor böser Nachricht. Fest ist sein Herz, es vertraut auf Den Herrn. Beständig ist sein Herz, er fürchtet sich nicht, bis er heruntersieht auf seine Bedränger."
Ps.112.7-8

„Der Herr ist für mich, ich werde mich nicht fürchten. Was könnte ein Mensch mir tun? Der Herr ist für mich, unter denen, die mir helfen...Es ist besser, sich bei Dem Herrn zu bergen, als sich auf Menschen zu verlassen."
Ps.118.6-8

Sendschreiben an Laodizäa

„Und dem Engel der Gemeinde in Laodziää schreibe: Dies sagt Der Amen, Der treue und wahrhaftige Zeuge, Der Anfang der Schöpfung Gottes:
Ich kenne deine Werke, dass du weder kalt noch heiß bist. Ach, dass du kalt oder heiß wärest!
Also, weil du lau bist und weder heiß noch kalt, werde ich dich ausspeien aus Meinem Munde. Weil du sagst: Ich bin reich und ich bin reich geworden und brauche nichts, und nicht weißt, dass du der Elende und bemittleidenswert und arm und blind und bloß bist, rate Ich dir, von Mir im Feuer geläutertes Gold zu kaufen, damit du reich wirst und die Schande deiner Blöße nicht offenbar werde; und Augensalbe, deine Augen zu salben, damit du siehst. Ich überführe und züchtige alle, die Ich liebe. Sei nun eifrig und tu Buße! Siehe Ich stehe an der Tür und klopfe an; wenn jemand Meine Stimme hört und die Tür öffnet, , zu dem werde Ich hineingehen und mit ihm essen, und er mit Mir. Wer überwindet, dem werde Ich geben, mit Mir auf Meinem Thron zu sitzen, wie auch Ich überwunden und Mich mit Meinem Vater auf Seinen Thron gesetzt habe.
Wer ein Ohr hat, höre, was Der Geist den Gemeinden sagt!"

Offb.3.14-22

Psalm 139
„Herr, Du hast mich erforscht und erkannt.
Du kennst mein Sitzen und mein Aufstehen, Du verstehst mein Trachten von fern.
Mein Wandeln und merin Liegen – Du prüfst es.
Mit allen meinen Wegen bist Du vertraut.
Denn das Wort ist noch nicht auf meiner Zunge – siehe Herr, Du weißt es genau.
Von hinten und von vorn hast Du mich umschlossen, Du hast Deine Hand auf mich gelegt.
Zu wunderbar ist diese Erkenntnis für mich, zu hoch: Ich vermag sie nicht zu erfassen.
Wohin sollte ich gehen vor Deinem Geist, wohin fliehen vor Deinem Angesicht?
Stiege ich zum Himmel hinauf, so bist Du da.
Bettete ich mich in dem Scheol, siehe, Du bist da.
Erhöbe ich die Flügel der Morgenröte, ließe ich mich nieder am äußersten Ende des Meeres,
auch dort würde Deine Hand mich leiten und Deine Rechte mich fassen.
Und spräche ich: Nur Finsternis möge mich verbergen und Nacht sei das Licht um mich her:
Auch Finsternis würde vor Dir nicht verfinstern, und die Nacht würde leuchten wie der Tag,
die Finsternis wäre wie das Licht.
Denn Du bildetest meine Nieren.
Du wobst mich in meiner Mutter Leib.
Ich preise Dich darüber, dass ich auf eine erstaunliche, ausgezeichnete Weise gemacht bin.
Wunderbar sind Deine Werke, und meine Seele erkennt es sehr wohl.

Nicht verborgen war mein Gebein vor Dir, als ich gemacht wurde im Verborgenen,
gewoben in den Tiefen der Erde.
Meine Urform sahen Deine Augen.
Und in Dein Buch waren sie alle eingeschrieben, die Tage, die gebildet wurden, als noch keiner von ihnen(da war).
Für mich aber – wie schwer sind Deine Gedanken, o Gott!
Wie gewaltig sind ihre Summen!
Wollte ich sie zählen, so sind sie zahlreicher als der Sand.
Ich erwache und bin noch bei Dir.
Mögest Du o Gott den Gottlosen töten! Ihr Blutmenschen, weicht von mir!
Sie, die mit Hinterlist von Dir reden, vergeblich (die Hand) gegen Dich erheben!
Sollte ich nicht hassen, Herr, die Dich hassen, und sollte mir nicht ekeln vor denen, die gegen Dich aufstehen?
Mit äußerstem Hass hasse ich sie. Sie sind Feinde für mich.
Erforsche mich, Gott und erkenne mein Herz.
Prüfe mich und erkenne meine Gedanken!
Und sieh, ob ein Weg der Mühsal bei mir ist, und leite mich auf ewigem Weg!"

(Unter Zuhilfenahme der Themenkonkordanz, christliche Verlagsgesellschaft, Dillenburg, 6.Auflage 2007 sowie der Elberfelder Bibelübersetzung

Erklärungen und Erläuterungen

Agape (griechisch) - für Liebe, welches durch das neue Testament auch außerhalb des Griechischen zum festen Begriff geworden ist. Es bezeichnet eine göttliche oder von Gott inspirierte uneigennützige Liebe. Im Gegensatz dazu werden für die menschliche Liebe oft die Wörter Eros, Storge und Philia gebraucht. (Wikipedia)
Christengemeinde Nordhorn, Stadtring 44, 48527 Nordhorn; christengemeinde.nordhorn.com
Joyce Meyer - Bibellehrerin, Bestseller Autorin, Fernsehprogramm: Enjoing everyday life; Hilfsdienst: Hand of hope, Joyce Meyer Ministries; verheiratet, lebt in St. Louis, Missouri, USA
Maria Prean - Maria Luise Prean Bruni ist eine österreichische Missionarin in Uganda und Autorin mehrerer christlicher Bücher (Wikipedia)
Rhema (griechisch) - wird im Neuen Testament für die mündliche Rede, das gesprochene Wort gebraucht. Ein Rhema Gottes ist immer lebendig, wirksam und kraftvoll und schafft durch die göttliche Offenbarung Glauben im Herzen.(christliches Zentrum Rhema e.V)
Johannes Hartl - deutscher katholischer Theologe, Buchautor, Referent, Liedermacher, Gründer und Leiter des Gebetshauses in Augsburg (Wikipedia)
Churchill - Sir Winston Churchill gilt als bedeutenster Staatsmann des 20. Jahrhundert, war zwei Mal Premierminister - 1940 – 1945; sowie 1951 – 1955, führte Großbritannien durch den zweiten Weltkrieg (Wikipedia)
Reinhard Bonnke – Deutscher Evangelist, bekannt für seine Massenevangelisationen in ganz Afrika, Gründer von CFaN, Autor, 19.04.1940 – 07.12.2019
Daniel Kolenda – geb. Florida, Missionar, Evangelist, Leiter von CfaN, hat in Afrika auf Großevangelisationen mehr als 22 Millionen Menschen zum Herrn geführt
Frank Hammond - Christlicher Buchautor, insbesondere über den

Befreiungsdienst, gründete mit seiner Frau das Kinderbrotministerium. 12.10.1921 – 17.03. 2005

Jim Elliot - Amerikanischer evangelikaler Missionar in Ecuador, der von Huaroni Indianern getötet wurde. 08.10. 1927 – 08.01.1956

Corrie ten Boom – Niederländische Christin und Judenretterin, Autorin, Sprecherin. 15.04.1892 – 15.04.1983

Gregory Dickow – Autor, Senior Pastor von Life Changers Internatinal

Sokrates – für das abendländliche Denken maßgeblicher griechischer Philosoph, Athen, 469v. Chr. – 399v. Chr.

Sid Roth – Gründer von Supernatural Television, Charlotte, North Carolina, Strategie: Geh erst zu den Juden (Röm.1.16), Sendung teilt Gottes Wunder , er findet, dass ist die beste Methode, Juden für das Evangelium zu erreichen

Billy Graham – 07.12.1918 – 21.04.2018, US Baptistenpastor, einer der einflussreichsten christlichen Prediger des 19. Jahrhunderts

Franklin Graham- - 14.07.1952, Sohn von Billy Graham, Amerikanischer Evangelist

One for Israel – Initiative von Israelischen Christen mithilfe von high tech media Evangelisation , Proklamation der Errettung für Israel

GAIN – Global Aid Network, Gießen, Christliches Hilfswerk, unterstützt bedürftige Menschen nahezu weltweit und bringt ihnen das Evangelium

Open Doors – nicht dominatiales weltweit operierender Hilfswerk im Dienst für verfolgte Christen; Gründer 1955, Bruder Andrew de Sil, bekannt als der „Schmuggler Gottes“

Philip Mickenbecker – Bekannter christlicher Youtuber: The Real Life Guys, 09.06.2021 gestorben mit 23 Jahren

Neuruppin – 20.09.1898 Berlin

Danielle Strickland – Kanadische christliche Autorin, „Angstfrei-Aufbruch in ein neues Leben“, Gerth Medien

Reinhard Hirtler – Österreichischer Autor, Gründer von Brazilian Kids Kare

Tobias Teichen – Jahrgang 1977, Pastor und Gründer des ICF

München
Martin Luther – Deutscher Urheber der Reformation, Theologieprofessor, 10.11.1483 – 18.04. 1546
Joseph Prince – Pastor, Gründer New Creation Church Singapoure, Autor
Derek Prince – international bekannter Philosoph und Bibellehrer, dessen tägliche Radioprogramme „Today with Derek Prince“ von der Hälfte der Weltbevölkerung empfangen werden konnte. Geb. 14.08.1915 in Bangalore, Indien, gest. 24.09.2003 in Jerusalem
Gert Hoinle – Pastor, leitet das Christliche Glaubenszentrum im Nordbayrischen Geldersheim, und You tube Kanal „Online Kirche mit Gert Hoinle“
Alisa Childers – amerikanische Bloggerin, Autorin
Hans. W. Wolff – Deutscher Autor und Dichter
Herbert Ullrich – Leitung Mannheimer Stadtmission, Leitungsteam Gebetshaus Mannheim
Leben ist mehr – CLV evangelistisches Lesebuch
Dan Mohler – Pastor, Prediger, Harvest Chapel, Neck Ministries
Daniel Maritz - DLM Christian Lifestyle auf Facebook, Counseling and teaching
Dr. Kynan Bridges – Autor, Senior Pastor und aposstolischer Leiter von Grace and Peace Global Fellowship
Joseph Z – Amerikanischer Pastor aus Colorado Springs
Michael Signorelli – Lead and Founding Pastor von V1 Church New York
Joe Kirby – Off the Kirb Ministries, Großbritannien
Laura Schreoff – Amerikanische Verkaufsleiterin, Marketingspezialistin, Autorin, u.a.„Immer Montags beste Freunde“, „Bevor du weitergehst“
Richard Wurmbrand – rumänischer Pfarrer, Gründer der Märtyrerkirche, die sich für verfolgte Christen einsetzt. 24.03.19009 – 17.02.2001
Doron Schneider – Israel, Gemeindegründer, Publizist und Redner, Dolmetscher zweier Kulturen

Ludwig Schneider – Journalist, Gründer des messianischen Nachrichten Magazins „Israel – Heute“, 1941 in Magdeburg – 3.11.2018 in Jerusalem

Abtreibung.de - HYPERLINK "http://www.abtreibung.de" www.abtreibung.de; Hilfe und Unterstützung von kompetenten Mitarbeiterinnen bei ungewollten Schwangerschaften, (24St auch am Hilfstelefon)

„Raus aus der Angst, rein ins Leben“ von Caroline Feilmann

Konkordanz „Bibel von A bis Z“, Wortkonkordanz zur Lutherbibel 1984, Deutsche Bibelgesellschaft, Stuttgard

Bibel Info; biblische Verheißungen; www.bibelinfo.com

Thea Bakker - Lobpreisleiterin CGN Nordhorn und bei CGN Musik, zwei eigenproduzierte CDs, Songwriterin

Eddie Bakker „Außergewöhnlich leben“ Buch; - Ältester in Christengemeinde Nordhorn, Autor zweier Bücher, internationale Predigtdienste

Alpha Kurs - ein Kurs über die Grundlagen des christlichen Glaubens, ursprünglich in den 1970ern in der Holy Trinity Brompton Church, einer anglikanischen Gemeinde in London , entwickelt 1990 von Charles Marnham (Wikipedia)

Wilkin van der Kamp, Pastor der deutsch/niederländischen „Euregio Christengemeinde in Aalten/Nl. (Wikipedia)

„Die geheime Kraft von Gottes Wort in deinem Mund“ von Joyce Meyer

Themenkonkordanz, Christliche Verlagsgesellschaft Dillenburg 6. Aufl. 2007